小林よしのり×井上達夫×山尾志桜里
×枝野幸男×伊勢﨑賢治×
山元一×井上武史

属国の9条
ゴー宣〈憲法〉道場

Ⅱ

黒帯

毎日新聞出版

属国の9条
ゴー宣〈憲法〉道場

Ⅱ

黒帯

はじめに

小林よしのり

わしは福岡県大野城市の山深いお寺で生まれた。母はわしをおぶって町まで行き帰りしていたが、山の中なのでとても寒い。それでわしは喘息になってしまった。

喘息とは、アレルギー反応で気管支が収縮する病気で、今は薬で抑えられる。フィギュアスケートの羽生君とか、いろんな人が喘息を経験している。

でも当時、病院の医者は、わしの病気を「依頼心が強いから喘息になるんだ」と言った。だから親はわしの依頼心をなくすためという理由で、庭にプレハブを建てて、そこにわしを放り込んだ。発作が出てもプレハブの中で、一人でゴホゴホ咳していいるしかない。

そういう育てられ方をしたので、わしに依頼心はもうない。根本的に人に依存するっていう感覚がなくなってしまっている。これがわしの国家観に、ものすごく影響を与えていると思う。

日本には主権がない。米軍基地は日本中どこにつくってもいいことになっている。北方領土を取り返したくても、ロシアの外交官に「北方領土に米軍基地を置くのか」と質問されると、日本の外交官は「置かないとは言えない」と答えるしかない。だから北方領土は戻ってこない。

この国は米軍に占領されたままだから、イラク戦争をはじめ、いろんな戦争をアメリカが始めたって、政府はそれを批判できない。九条はこの状況を固定化している。九条のせいで、沖縄に米軍基地を置き、日本を守ってもらう必要性が生まれた。だから護憲派は、本当なら沖縄に同情する資格などないのだ。日本はアメリカに完全に依頼心を発揮し、この状況を自分であらためようともしない。わしにはまったく理解ができない。

イラク戦争が始まったとき、侵略戦争は絶対に許されないとわしは言った。すると保守の側だと思っていた論客は、実は皆、親米、従米ばかりで、彼らはイラク戦争に賛成だと言い始めた。これが保守の言い分か、訳が分からんぞ、そうわしは思った。

一方、護憲派もアメリカに依頼心を持っている。憲法は変えない、戦力も持たない。そう主張するのは、つまりは米軍に頼ろうと言っているのと同じことだ。保守も護憲派も、いざとなればアメリカ様が助けてくれる、そう思っている点で考え方が一緒である。

自分の国は自分で守ろうっていうのがわしの考え。ところが、そう言うだけで、わしは非常に過激な右側の人のように思われている。こういう状況のなかで、山尾志桜里議員が、立憲的改憲、つまり国民が権力を縛るという発想で、憲法をつくり直そうと言い始めた。

これなら権力がアメリカに従属して、勝手に戦争を始めることを防げる。なんだ、このほうが平和主義じゃないか、そう思って支持することにした。つねづね誤解されているが、わしは平和主義者をもって自認しており、侵略戦争にはずっと反対しているのだ。

憲法をどうするか、右は右で、日本会議などが動員をかけて、集会をやっている。ただ彼らはとにかく憲法は変えるべき、自衛隊を明記しろと叫ぶだけで、まともな議論とは到底思えない。左は左で、相変わらずの護憲派たち、運動家らが、改憲反対の奇声を上げ、庶民を馬鹿にした主張を繰り返すだけ。どこが熟議だろうか。憲法について考えようと思ったら、もっと頭を使う議論が必要なはずだ。立憲主義とは何か、そんな基本的なことさえ、まだまだ理解されていない。国民が憲法で権力を縛る、それが本来のあり方だということも、なかなか浸透していかない。

明治維新以降、自由民権運動で、四十数種類もの民間憲法草案が作られた。国民の手で憲法を作ろう、そういう草の根の運動がかつてあった。ただし、残念ながら伊藤博文が、ドイツを参考にした憲法案を作って、上から与えてしまう。

当時、中江兆民という知識人がこう言っていた。恩賜の民権と、回復の民権がある。恩賜の民権とは上から憲法を与えるという考え方。回復の民権は、草の根から憲法を作ろうということであると。その時代には大日本帝国憲法が限界だったのかもしれないが、とにかく、このとき草の根から憲法を作る動き、回復の民権は絶たれてしまった。

戦争が終わって、GHQがやってきて、日本国憲法が作られた。これが押し付け憲法かどうかっていう右と左の論争もあるが、少なくとも、草の根からの運動で国民が作った憲法ではない。だから、今回の山尾議員の立憲的改憲という、熟議をしながら憲法改正案を作っていくやり方は、草の根から憲法を作る運動が、今度こそ成功するかどうかという、歴史的な意味を持っている。しかも、立憲主義をきちんと踏まえて、本当の意味での平和憲法を作ろうとしている。これだけの条件がそろった試みは、日本が国民国家になって初めてのことではないだろうか。

果たして成功するかどうか、それは、皆さんがた一人ひとりの理解と姿勢にかかっている。

わしが主宰している公論の場「ゴー宣道場」に、山尾議員と、いろんな憲法学者に来ていただいて、憲法についての「熟議」を行っている。その内容を毎日新聞出版が『ゴー宣〈憲法〉道場Ⅰ白帯』という本にしたが、本書はその続編である。

続編であり、白帯より強くなった「黒帯編」であるので、より難解だと思われるかも知れないが、今回は安全保障や日米関係をテーマにしたので、むしろ取っつきやすいだろう。白帯編とあわせて読めばより理解が深まるが、黒帯編だけ読んでも問題ない。

慶應大学の山元一教授、九州大学の井上武史准教授という、優秀な憲法学者が今回も参加してくれた。井上達夫氏と伊勢﨑賢治氏を招いた回では、特別ゲストとして立憲民主党の枝野幸男代表も応援に駆けつけてくれた。また道場師範の高森明勅氏は憲法と天皇条項について、倉持麟太郎氏は立憲的改憲批判への応答、笹幸恵氏はグレーゾーン法制について、泉美木蘭氏はネトウヨとは何かについて、それぞれにとても面白い一文を寄せてくれた。

さらに、道場に集う門下生のコメントも収録した。安倍政権や立憲的改憲について、なかなかに面白いアイディアが集まっている。

優秀な憲法学者、理論家はみなこちらに集結している。立憲的改憲は憲法論議の王道であると、掛け値なしにわしは思う。これだけの猛者を率いて、山尾さんが立憲的改憲の旗を掲げてたたかっている。それをわしは応援しようと思っている。

改憲の真意を伏せるような姑息なやり方、国民投票で何も考えずにバツをつけろという、国民を馬鹿にしたやり方がまかり通っている今、憲法の議論をより一層盛り上げていかなければならない。

属国の9条　ゴー宣〈憲法〉道場Ⅱ　黒帯　目次

第Ⅲ部 天皇制と〈憲法〉

第Ⅴ部〈憲法〉を取り戻す

装画　小林よしのり
装幀　水戸部功
編集協力　吉田麻代
校閲　ゼロメガ

第Ⅰ部

左右の不毛な対立

教えて！　よしりん先生〜そろそろ憲法を変えないと危ない理由

小林よしのり
笹幸恵
泉美木蘭
岸端みな（よしりん企画）
〈進行・構成〉名古屋剛（毎日新聞出版）

「九条教」に頼らず平和のシステムを作るには

笹　白帯編のコラム（「ゴー宣女子部」）でも書いたことですが、憲法って、なんか触れちゃいけない話題というか、自分たちとは関係のないもの、みたいな感覚があるんです。

泉美　そもそも憲法に関心がなさ過ぎて自分と関係があるという意識が持てないんです。

小林　なるほど。

笹　だから今日はよしりん先生に、どうすれば憲法に関心を持てるのか、憲法に興味を持てないと、どんな危険があるのか、そのあたりを教えていただけたらと思っています。

泉美　笹さんと私、岸端さんのほかに、護憲派を代表して、「イケメン憲法学者」**木村草太**さんと、「憲法学界のキムタク」**長谷部恭男**さんも、どこかでお話を聞いているそうです。先生、講義を始めてください。よろしくお願いします。

小林　じゃあまず、こういう話からはじめよう。

今日は八月一五日だが、「七〇年間続いた平和を顧みるとき」という表現で、天皇陛下が平和を祈っておられた。即位して以来、戦死者の慰霊の旅を陛下は続けてこられたわけで、特に今年に限ったことではないんだけどね。

陛下の祈りは全国民の象徴としての祈りとなるわけで、ありがたいものだ。そもそも、日本国民に限らず、世界中の人々が平和を祈る心を持っている。ただ、国民も祈るだけでは、平和を守る役に立たない。九条をお題目みたいに唱えていればミサイルをはね返せるなら、それでもいいがね。

泉美　フォースの力みたいですね（笑）。

小林　フォースが本当にあればそれでもいいんだが、戦争が始まってしまえば、祈りなんて役にはたたんのですよ。なのに、とにかく平和を祈りましょうという連中がいる。

憲法や統治の仕組みを考えるのは難しくて面倒だし、議論するのも大変。とにかく九条を守り、平和を祈ってさえいれば、それで平和になる。だから国民みんなで祈りましょう！　……っていう輩がいて、もはや完全に思考停止している。

岸端　安倍昭恵なら言いかねませんね（笑）。

泉美　悪夢ですね（笑）。

小林　安倍昭恵には気をつけよう（笑）。

冗談はさておき、毎年、夏になると、マスコミやジャーナリズムは、戦争は悲惨だという番組や記事を、これでもかと流通させるのだが、いくら「厭戦気分」を国民に植えつけても、平和の役には立たないわけ。

イラク戦争のとき、自衛隊の宿営地は戦闘地帯だったことが自衛隊の日報でバレてしまったし、航空自衛隊は、米兵の輸送もしていたようだ。ベトナム戦争では沖縄が米軍の兵站として機能したし、実は日本はとっくに侵略戦争に加担している。

日本国民は天皇陛下と一緒になって「祈る」だけでなく、戦争をしないためのシステム、仕組みを考えることのほうに力を尽くさねばならない。

笹　天皇陛下の祈りは、国民の象徴というか、民意の結集みたいな意義がありますよね。

小林　国民は平和を望んでいることが、天皇を通して明らかになるね。

笹　平和への願いを具体的に実現することがわれわれの仕事ですよね。

小林　そう。平和のためのシステム、憲法改正で実現できる。それが「立憲的改憲」だ。

長谷部恭男と、**木村草太**という護憲派の憲法学者がいる。「自衛隊は合憲だから憲法を変える必要はない」というのが彼らの基本的な立場だ。

彼らの傲慢な態度には怒りさえ覚えるよ。**長谷部恭男**は国民が憲法を知らないほうが幸せだと公言しているし、**木村草太**も、正しい知識を持つ専門家以外は議論するなと言わんばかり。

ひとたび憲法を変えれば戦前と同じように国家権力が暴走する。護憲派はそういう考えなのかもしれない。だが「立憲的改憲」なら、「九条教」に頼らずとも、平和のためのシステムが作れる。そもそも護憲派の理想は、そうした戦争に巻き込まれない国をつくることだったはずだ。なのに、なぜ君たち護憲派は「立憲的改憲」を目の敵にしているのか。それがどれほどおかしいことか、これから戦前の帝国憲法を例に説明してみよう。

そもそも**木村草太**や**長谷部恭男**は、帝国憲法について理解していないのではないか。国民は馬鹿だから憲法なんて分からないと言う君らこそ、無知を反省するべきだ。

右翼が護憲派だった帝国憲法下の日本

小林　帝国憲法は、軍をまったく縛っていなかった。軍の統帥権は天皇がもっていた。だから政治家が軍を縛ろうとしても、「統帥権干犯だ」と右翼が反対した。

帝国憲法を読めば誰でも分かる。第一一条に「天皇ハ陸海軍ヲ統帥ス」とあるから、右翼の主張は憲法そのものだったわけ。軍部も右翼も、大日本帝国憲法そのままを主張していたに過ぎない。

要するに、戦前の右翼は護憲派だったということ（笑）。これ、大事なポイントですよ。

笹　右翼が護憲派って、今では笑えますね（笑）。

でもよく考えると、護憲派という呼び方と党派色は、本来無関係ということですよね。今でこそ、護憲派イコール真っ赤なイメージが定着していますが。

小林　戦前は右翼が護憲派で、戦後は左翼が護憲派なんです。間違えやすいから、しっかり理解しておくこと。

帝国憲法は「不磨《ふま》の大典」と呼ばれていた。憲法は『磨《みが》』く『不《べ》』からず、すなわち一字一句たりとも変えてはいけない。現在の日本国憲法も、同じく「不磨の大典」になってしまっているがね。

笹　ちなみに帝国憲法に改憲条項はなかったんですか。

小林　良い質問だね。改憲条項はあった。それに従って憲法を改正したのが、現在の日本国憲法。少なくとも建前としてはそういう立て付けになっている。

笹　改憲条項があるのに変えてはいけないって、憲法違反じゃないですか？

小林　わしもそう思う。

泉美　ですよね。

小林　憲法を変えてはならんというのは、戦前の右翼とまったく同じ発想だよ。**木村草太**と**長谷部恭男**よ、一度じっくりそのことを考えてみたまえ。戦前の護憲の主張は、平和を守るどころか、かえって軍部の独走を招いたのだ。

その頃、上杉慎吉と蓑田胸喜という、護憲派の学者がいた。護憲派と言っているが、もちろん二人とも右翼だよ。

彼らのような「護憲派」が「一字一句たりとも変えてはいかん」「帝国憲法は『不磨の大典』である」と主張して、憲法を変えさせなかった。だから政府や議会は解釈改憲でやりくりするしかなかった。これも今とまったく同じ。

美濃部達吉は「天皇機関説」を唱え、主権は国家にあり、天皇も国家の一部だと言った。

帝国憲法では、「大日本帝国ハ万世一系ノ天皇之ヲ統治ス」として、天皇主権だったわけです。

つまり「天皇機関説」は、天皇主権をあらためるという、一種の解釈改憲だったわけ。それが、憲法学会の通説になっていった。

これも「自衛隊は合憲」という修正主義的護憲派の解釈が通説化した現代と似ている。ちなみに修正主義的護憲派というのは、**長谷部恭男**や**木村草太**のように、政府解釈に追随して、自衛隊は合憲だと考える人々のこと。

さて、その天皇機関説に異を唱えたのが、さっきの上杉慎吉と蓑田胸喜といった、右翼と軍部だった。「天皇が国家機関とは何事だ」「軍の統帥権は天皇にある」と彼らは言ったが、これは主張としてまったく正しい。帝国憲法には主権は天皇にあると書かれていたからね。

だから、戦前は軍部を止められなくなった。

憲法を改正しなかったから軍部が暴走した

小林　ここに『憲法義解《ぎげ》』（岩波文庫、絶版）という本がある。これは、帝国憲法と皇室典範の解説書だ。著者は憲法を起草した伊藤博文自身。つまり、どういう意図で帝国憲法をつくったのかを書いた本だ。例えば帝国憲法第四条、『天皇は国の元首にして、統治権を総攬《そうらん》し、この憲法の条規によりこれを行う』について、『義解』ではこう解説をしている。『統治権を総攬するは主権の体なり』。

つまり、「統治権の総攬」とは主権の実体のことだと。さらに『憲法の条規によりこれを行うは主権の用（運用）なり』とも言っている。要するに、伊藤博文は天皇主権をめざして帝国憲法をつくったということがわかる。
つぎに、帝国憲法第三章「帝国議会」の解説では『第三章は帝国議会の成立及び権利の大綱を挙ぐ』と。『けだし議会は立法に参する者にして主権を分かつ者にあらず』。
泉美　議会は主権を分かつ者じゃない。
小林　そう。だから、帝国議会は主権を持っていないんです。
岸端　え、主権がないんですか。
小林　主権は天皇にあるから、議会に主権はない、ということなんだ。
これ、とても難しい文献だが、帝国憲法について勉強するには避けて通れない。保守派って、意外と帝国憲法について分かってないから、この『憲法義解』さえきちんと読んでいれば、奴らの主張なんかことごとく論破できてしまう。うひひ。
泉美　先生、急にいじわるな顔になりましたね（笑）。
岸端　生き生きとして見えます（笑）。
小林　で、つぎは第五五条。『国務各大臣は天皇を補弼《ほひつ》し、その責に任ず』の解説。国務大臣について『大臣の責を裁判する者は、君主にして人民にあらざるなり』とある。
泉美　大臣を裁くのは君主で、人民じゃないんだ。
小林　大臣は天皇が任命するから、一般国民は関係ない。『何となれば、君主は国の主権を有すればなり』とさえ言っている。つまり君主に主権があるから、大臣を任命するのも、罷免するのも、天皇であって、人民ではないということ。帝国憲法はすさまじいですよ、ほんと。ほとんど天皇親政を目指しているに等しい。

笹　伊藤博文は江戸幕府の力をそぐため、天皇に権力を集めようとしたわけですよね。

小林　そう。天皇に権力を集中させ、天皇中心の国をつくろうとした。

だから帝国憲法は、議会制民主主義を否定した。政党政治なんか絶対にさせないぞ、っていう憲法だったわけ。

笹　伊藤博文はその後、自分が政党の党首になりましたけど……。

小林　そう。ただ、政党は否定していたのよ。政党を許せば、選挙で総理大臣が決まってしまう。国民が総理大臣を決めてしまうと、帝国憲法に違反することになると。

笹　総理大臣の力が今とはまったく違うんですよね。

小林　もう全然違う。当時は元老がいたので、天皇に「あの人がいいですよ」と、総理大臣候補者を推薦していた。でも、だんだん元老の数が減り、かろうじて西園寺公望だけが残るという状況になると、総理大臣をなかなか決められなくなってしまう。

笹　元老がいたから、帝国憲法が機能していた。だから、元老がいなくなると、帝国憲法が機能しなくなった。

小林　そう。政党政治の時代を迎えた時点で、本来なら帝国憲法を改正し、天皇主権ではなく、国民主権にしなければならなかった。

笹　なるほど。よくわかりました。

小林　政治状況が変われば、当然、改憲が必要になる。ただ、戦前は護憲派である右翼に忖度《そんたく》して、憲法改正を先送りする。美濃部達吉の天皇機関説によって、解釈改憲ですませていた。だが、そうした憲法の「欺瞞」はその後、破綻を迎える。

五・一五事件によって、政党政治が終わってしまう。すると、もともと天皇主権である帝国憲法は、政党政治をとりもどす根拠としては機能しなかった。

その結果、軍部が暴走してしまう。「軍の大権は天皇だけが持つ」と言って、関東軍の石原莞爾が柳条湖事件を起こし、勝手に満州国をつくってしまった。それを参考に、支那派遣軍がまたまた暴走をはじめてしまう。

満州の権益が国内に環流しはじめると、恐慌にあえぐ世界を尻目に、日本は空前の好景気に沸く。すると国民は軍部に喝采を送った。「さすがは軍だ」「戦争は素晴らしい」と、国民すべてが思った。軍部の暴走さまさまだ、とね。中華民国の首都、南京までとうとう陥落すると、軍をたたえる提灯《ちょうちん》行列はもはや止むことがなくなっていた。

笹　暴走したのは軍部だけじゃないですよね。軍部は扇動したかもしれないけれど、国民もみな、軍部の方針についていったわけで。

小林　そう、国民もみな戦果に大喜びして、暴走していった。

笹　提灯行列までやったわけですね。

小林　「勝った、勝った、また勝った」で、大喜び。そういう状態になってしまった。

もし当時、帝国憲法に、軍の権限を明記するとか、権力を縛るような条文があれば、こうした暴走を防ぐことができたはず。立憲主義が重要な理由は、まさにここにある。

笹　そうですね。帝国憲法には、システムとして不完全な部分があったと。

小林　だから、本当に戦前の日本の政治を反省するなら、軍部や右翼や安倍晋三の人間性を問題にするより、まずシステムの問題を考えるべき。帝国憲法が時代にあわなくなり、権力統制システムが機能しなくなったことを、教訓として活用しなければならない。

護憲派もこのことを一度考えてみるほうがいい。憲法は一字一句たりとも変えてはならない、などと主張するのは、戦前の右翼が帝国憲法を「不磨の大典」と呼んだのと同じ。また権力を暴走させかねない、危険な考え方だと思う。

笹　戦前と同じように、安倍政権が暴走しはじめています。日本国憲法のシステムが機能しなくなっているからですね。

小林　そう。例えば、アメリカは今、イランやトルコと仲が悪い。

もしアメリカがそれらの国と戦争を始めると、自衛隊を中東に派遣することになる。集団的自衛権を認め、米軍の防護活動をやると決めた以上、これは現実に起こり得る戦争。

ただ、九条一項二項のせいで、自衛隊は戦力とは認められていない。それどころか、日本の法律では、実際に戦闘が始まっても、絶対に「有事」とは呼べない。ミサイル防衛だって、平時の警察権の範囲で行われる。さらに、米軍をねらったミサイルの迎撃は、自衛官個人の責任でやらなければならない（第V部二八〇頁参照）。こうした状況で、自衛隊を果たしてコントロールできるのだろうか。もし自衛隊を暴走させてしまったら、護憲派の責任じゃないのか。

長谷部恭男と**木村草太**、君ら護憲派が憲法を変えるなと主張したことが、戦前と同じように、軍の統制を外すことになるかもしれない。実際に安倍は二〇一五年の安保法制で、憲法の「穴」をついて、武力行使の範囲を拡大してみせた。こうしたことがまた行われるぞと、わしは言いたい。

笹　本来護憲派が絶対に避けたい状況を、彼ら自身で招いてしまうかもしれない。

小林　護憲派の言っていること、やっていることは、わしから見れば、戦前のように戦争につっこんで行きたい、好戦主義者の行動にしか見えないのだよ。本当は護憲派も戦争が好きなんじゃないかと思うわ（笑）。

泉美　よしりん先生が言うならよほどでしょうね（笑）。

小林　**長谷部恭男と木村草太**、君ら護憲派が「憲法を一字一句変えるな」と言うたび、軍部が暴走する未来が近づいているのだ。

言わば君らこそ、アメリカを隠れみのに戦争をしたい「好戦主義者」なのだ！

改憲派が安倍加憲案に反対しないのはおかしい

笹　かといって、なんでも好きなように憲法を変えればいいというわけじゃないですよね。自民党のいわゆる「安倍加憲案」が、「自衛隊と書くだけ」の憲法改正案だと本気で信じているような能天気な人は、実際にはほとんどいないでしょう。

小林　まず、もう一度条文をみてみよう。

〈現在の九条〉

第九条　日本国民は、正義と秩序を基調とする国際平和を誠実に希求し、国権の発動たる戦争と、武力による威嚇又は武力の行使は、国際紛争を解決する手段としては、永久にこれを放棄する。

二　前項の目的を達するため、陸海空軍その他の戦力は、これを保持しない。国の交戦権は、これを認めない。

〈自民党による追加条項案〉

第九条の二　前条の規定は、我が国の平和と独立を守り、国及び国民の安全を保つために必要な自衛の措置をとることを妨げず、そのための実力組織として、法律の定めるところにより、内閣の首長たる内閣総理大臣を最高の指揮監督者とする自衛隊を保持する。

二　自衛隊の行動は、法律の定めるところにより、国会の承認その他の統制に服する。

泉美　「自衛隊と書くだけ」な訳がないですよね。

笹　国民は信じていないでしょう。

小林　その通り。でも「反対」と言うだけでは、改憲を阻止できないだろうね。災害が起こるたび、自衛隊の好感度が高まっている。「自衛隊明記」自体に反対する人はいないよ。

笹　反対しにくいですよね。

小林　しかも、テレビＣＭを使った宣伝の大攻勢が待っている。何となく自衛隊明記でいいじゃないか、という世論がつくられてしまうだろう。だから安倍加憲案がこのまま可決される可能性はけっこう高い。

泉美　こんな条文案でも？

笹　改憲派や保守、右派は、こんなアホくさい案でも良いと思っているんでしょうか？

小林　そこが重要なポイントだね。「自衛隊」と憲法に書けば、「自衛『軍』」にはできなくなる。しかも組織名を変えられなくなる。憲法に「大蔵省」と書けば、「財務省」に変えるだけで、憲法から変えなきゃいけない。「自衛隊」という固有名を憲法に書くのはどう考えても愚策。それをなぜ、あえてやろうとしているのか、改憲派も何か裏があると、怪しく感じるのが正常だろう。

とにかく改憲することに意義がある、不備があればまた変えればいいと、そういう意見もあるだろう。だが次の改憲なんてそう簡単にはできないよ。安倍晋三ほどのタカ派が戦後最長の政権を築いて、ようやく発議が可能になったわけ。だから今回の改憲論議は千載一遇のチャンス。

その絶好のチャンスを、自衛隊明記だけでつぶしてしまって、どうすんの。右なら普通そう思うはずでしょうが。他にアイディアはないのかよ。わしは呆れ果てているよ。「自衛隊は戦力」とさえ書けない、へたれ改憲案じゃないの。この先下手をすれば数十年ものあいだ、この条文で固定化されてしまう。前進どころか、後退だよ。これのどこが自衛隊のためなのかと思ってしまうわ。改憲派の皆さんはこんな条文案で本当に良いのかよと。

笹　安倍シンパではないが改憲は賛成という人は、とにかく一度憲法を変えさえすれば、次から改憲のハードルが下がると思っていますよね。

小林　それはおかしいよ。だって、自民党は九条二項なんて削除してしまえっていう石破案を出していたわけ。本来そっちこそ自民党のやりたい方向性で、いずれフルスペックの軍隊を持つことを、自民党支持者なら期待していてもおかしくはない。

でも安倍加憲案のせいで、九条二項を削除する石破案が、超危険な案に見えてしまったじゃないの。これは保守にとってきわめて都合が悪い。安倍のせいで、本来やりたい方向性のハードルが、めちゃくちゃ高くなってしまった。

おい安倍晋三！　貴様のヘンテコな案のせいで、保守陣営長年の夢をよくもぶちこわしてくれたな？　何てことしてくれるんだ！　と、本来こう言うべきところ。

笹　本当だったら、そうならないといけないわけですよね。

泉美　そもそも安倍晋三は、日本会議の集会に送ったビデオレターの中で、「憲法改正のための具体的な議論を始めなければならない」と言っていたじゃないですか。

自民党はいつ、どこで憲法を議論していたんですか。どのように具体的な議論をしたのか、憲法改正によって自民党は何をしたいのか、まったく分からない。

小林　「戦後レジームからの脱却」と言っていたのは、一体何だったのか。みんな当然そう思うわな。改憲派はもっと憲法を議論して、日本をどんな国にしたいのか、改憲の意図は何か、きちんと明らかにしてから国民投票に問うべき。でも彼らはそういった視点で議論していないわけ。これは右からも左からも批判の集中砲火を浴びせるべき。

「美しい国」とか言っても、選挙用のキャッチフレーズでしかなかったじゃないの。国家の理想なんて安倍晋三は持っていなかった。憲法について議論しなければ、国民はきっとそう思うよ。

タカ派的な理想を正直に言うと、きっと国民から支持されないだろう。安倍晋三とシンパはおそらくそう思っている。だが、「フルスペックの戦力として自衛軍を設置しよう」といった国家理想は、憲法改正の前に、絶対に明らかにすべき。でなければわしのようなまっとうな国家を目指す、保守派の国民に対する重大な裏切りだ。

そもそも日和ったあげく「自衛隊の名前を書くだけ」というへたれぶりで、「中朝の脅威」から日本を本当に守れるのかよ（笑）。

笹　『Ｈａｎａｄａ』とか『Ｗ・ｉＬＬ』のいつもの勇ましい主張は、いったいどこへ行ってしまったんでしょう（笑）。

小林　ちゃんとした自衛軍をつくろうという改憲案なら、わしだって聞く耳は持っている。ところが安倍は今の自衛隊を何ひとつ変えないと言っている。それじゃサヨクとか、**長谷部恭男**、**木村草太**といった修正主義的護憲派と同じじゃないの（笑）。

笹　自衛隊は英語表記だと「セルフ・ディフェンス・フォース（Self-Defence Forces）」。「フォース」には「軍隊」という意味があります。九条二項で「フォースは持たない」と書いているのに、九条の二で自衛隊を明記、つまり「セルフ・ディフェンス・フォースを持つ」と書くのでは、全く意味がわかりませんよね。

自衛隊を明記するか否かより、自衛隊が軍隊かどうかをはっきりさせるほうが、よっぽど重要だと思います。一番重要な点を曖昧にした憲法改正には、私は賛成できません。

小林　自衛隊を明記しつつ、九条二項を外すならまだ分かるよ。自衛隊の立場を良くしたいならどうしても必要だから。でも安倍は現在の九条をいじらないので、憲法を改正しても、あいかわらず「戦力は保持しない」まま。これでは自衛隊を追記したところで、どうにもならない。

山尾さんの案でも九条二項はそのままにしている。ただ、九条一項二項の例外を厳密に書きつつ、その範囲で戦力は持つと、はっきり書いているわけ。

わしが山尾さんを応援している理由はここなんよ。安倍のへたれ改憲案なんかよりも、よほど自衛隊の立場がはっきりする。安倍よりも山尾案のほうが、まだ保守の理想に近いっていうこと。

もちろん山尾案でも、九条二項を削ったほうが、本当は分かりやすいはず。けれど安倍とそのシンパどものへたれ案が九条二項を残すせいで、削りにくくなってしまった。

九条二項削除という石破案が、ものすごいタカ派に見えているからね。山尾さんが削除したら、山尾さんが最右翼、タカ派に見えてしまう（笑）。安倍のせいで改憲論議の方向性が大きくゆがめられてしまった。

笹　安倍加憲案を見たとき、何という腰砕け案かと思いました。九条二項を維持したまま憲法改正して、何の意味があるのか。自衛隊に対する違憲の疑いはずっと残るじゃないですか。

その一方で「憲法違反かもしれない自衛隊に、命を張ってくれというのは無責任だ」というセリフは吐く。どの口で言っているのかと思います。安倍さんは自衛隊の立場を本当には理解していないんじゃないですか。いい加減な理屈で、自衛官を馬鹿にしているんじゃないかとすら思いますよ。

「戦後レジームからの脱却」はどこへ消えた……

——安倍さんの著書『新しい国へ』（文春新書）には、憲法観も示されています。

例えば憲法九条二項は「アメリカは、自らと連合国側の国益を守るために」「日本が二度と欧米中心の秩序に挑戦することのないよう」押し付けたと、はっきり書かれています。

戦力と交戦権を放棄した憲法九条によって、日本は独立国としての要件を欠くことになった、そう述べる箇所もあります。自衛隊の前身である警察予備隊が創設された当時、吉田茂首相が「これは戦力ではない」と説明したことを、安倍さんは「矛盾に満ちた無理な説明」とさえ言っています。

要するに、現在の憲法、特に九条はアメリカの利益にかなったもので、日本の属国化を導く真因であると、そういう問題意識はお持ちだと読み取れます。また意外なことに、解釈改憲にはかつては批判的だったようです。

笹　問題点は分かっているということですか。

——かつてはこういうお考えだったはずが、現在の安倍さんは対米従属一辺倒です。なぜこれほど変わってしまったのでしょうか。

泉美　コロッと意見を変えたりするのって、やっぱり安倍晋三本人が考えるんですか。

小林　いや、日本会議の伊藤哲夫あたりが知恵を付けているんでしょうな。

泉美　知恵を付けるというのは、どういうことなんでしょう。要は、日本会議の人たちは、権力基盤を維持するために安倍に知恵を付けているのか。それとも自衛隊明記が日本にとって良い方法だと、本当に考えたうえでやっているのか。

小林　九条二項をなくせば国民が絶対に反対する。そう思って、完全に及び腰になっているんだろうね。「自衛隊」と書くだけなら、なんとかいけそうだと。憲法改正には国民を説得しなければならないのに、それは早々に諦めてしまったんだろう。

笹　本当に安易な方向に進んでいるんですね。先ほどよしりん先生がおっしゃったように、国家の理想についての議論が必要なのに、憲法を変えやすいのはどういう方法か、それしか考えていないのですね。本来、憲法改正とは手段であるべきでしょう。なのに、手段が目的化してしまっている。

安倍さんは自分が歴史に名を残したいだけ、もはやそうとしか思えないです。

小林　安倍は最低の「レジェンド」になるだろうね。後世の歴史教科書では「憲法改正を成し遂げた名宰相」ではなく、「歴史に残る『へたれ』宰相」と書かれるから（笑）。

「戦後レジームからの脱却」とまで言った人間が、「自衛隊という単語をちょっぴり載せたいです」みたいな、ただの「へたれ」に成り下がった。安倍晋三という総理大臣はそういう小物でしたと、当然ながらそのように総括されるだろうね。

あらためて次の改憲を目指すなら、保守論壇はじきに安倍の憲法改正を徹底的に批判し始めるだろうね。「属国のまま、軍隊さえ持てない状態が安倍のせいで固定化されてしまった」と。

笹　保守論壇に期待なさってますか？

小林　すみません。期待してないのに、保守論壇が本来、やるべきことを言ってしまいました。保守論壇に「べき論」は通用しないね（笑）。

名前を書くことと戦力と認めること、どっちが自衛隊のため？

——そもそも保守であるよしりん先生が、山尾志桜里議員と連携しているのは不思議な光景ですね。

小林 一応断っておくと、山尾さんの案が安倍より断然わしの考えに近いのは確かだが、必ずしもわしの理想そのものではない。護憲と改憲以外に「第三の選択肢」がどうしても必要だから、妥協して応援しているところもある。

笹 山尾さんと連携しているのは、それが理由なんですね。

小林 一番問題なのは、立憲主義が国民に理解されていないこと。憲法で権力を縛るという意味や意義が、どうしても分からないという人が結構いる。

泉美 日本はこれまでアメリカの戦争に加担しつづけてきた、そういう意識が国民のあいだに薄いのかもしれないですね。自衛隊なんて自分とは何の関係もないと思っていそうです。憲法に無関心で、安全保障にも同じく無関心。

憲法九条があるのに、交戦権がほぼ解除されていましたよね（第V部二六九頁参照）。他国の兵力の殺傷も、敵ミサイル基地への攻撃も、憲法九条があってもできるそうです。でも、みんなそのことを知りません。護憲派の人はこういうことを知らないのに、一生懸命九条を守っています。

もし安倍加憲案が通って、自衛隊がイランやトルコに派遣されても、国民って、テレビのニュースでぼんやり見ているだけ。傍観することに罪の意識を感じたりもしないんだろうって思います。薄暗い、ある意味怖い印象すら感じます。

小林 結局、自民党がうまく国民を騙しているからだよ。「国際貢献」っていう名前にしたり、イラクには派遣するが、派遣先は戦闘地域ではないと言い張ったり。

岸端 非戦闘地域に限ると。

小林 イラクに非戦闘地域なんかなかった。それでも「自衛隊が行く所が非戦闘地域だ」と言う。

岸端 「今私に聞かれても分かるわけがない」って小泉は言いましたよね。

泉美 自衛隊ってなんかの無敵バリアーをまとう人たちですか（笑）。

笹 道具にしているというか、自衛隊員なら殺してもいいという意識さえ感じられます。

泉美 他人事なんですよ、自衛隊のことは。

笹 そう、もう完全に他人事なんですよ。自衛隊員は生身の人間だということさえ、まったく理解してもらえないし、想像もしない。

泉美 災害でも起きれば、みんなが「自衛隊さんありがとう」って言うけど。国防のために武器と戦力を持つ組織だっていう意識が、あまりにもなさ過ぎる。

笹 最近は社会貢献や災害派遣を志望する人が自衛隊に志願するそうですよ。

小林 自衛隊は平和維持組織で軍隊ではない、という自民党のイメージ作りが、わしは気に食わないわけ。だから自衛軍と、『サンダーバード』みたいな世界中の災害に駆けつける災害派遣隊『ジャパン・バード』と、二つの組織に分けたほうがいいと思う。

泉美 それはいいと思います。

笹 私もそれはありだと思います。

泉美 きっと商売になりますよ。

小林　どういう商売になるんだよ（笑）。

泉美　やっぱ日本に頼むと早いね、いい仕事するね、みたいな（笑）。

小林　被災地にお金出させることになるじゃないの。

笹　でも、確かに日本のステータスを高める効果がありそうですね。

小林　国連よりとにかく日本に頼め、みたいな。

笹　国際社会に貢献するには、災害派遣も一つの方法ですよね。

小林　「日本すごいな」って世界から信頼されるでしょ。災害救助隊『ジャパン・バード』なら自衛隊と違って各国と地位協定を締結する必要もないし。

泉美　日本でも毎年災害が起きているのに、世界にまで救助に行っちゃうのすごい、みたいな。

岸端　そのお金はどこから出るんですか？

小林　もちろん日本国民の税金から。

岸端　すごいお金かかりますね。

小林　でも、できるんですよ。お金じゃなく人命救助のためだと、プライドを持って救助に行くべきですよ。

泉美　日本は災害対応のプロですしね。

小林　自衛軍は外国の侵入を防ぐための戦力で、軍隊ですよと。だから災害救助隊と別の組織にするほうが、分かりやすいんじゃないかとわしは思う。志願者も自衛軍に入るか災害救助隊に入るか選べるほうが良いだろうし。もちろん財政難を理由に反対されるだろうが、日本のブランド力を高めることも安全保障の一環だよ。

笹　安全保障上の有利な立場を、じつは割安に得られるかもしれないですよね。

小林　「世界の救世主・災害救助隊『ジャパン・バード』を持つ日本に向かってミサイル撃つなんてありえない」と、世界中が考えるようになれば。

泉美　国際世論が、何してんの君たち、空気読めよ？　みたいな感じになる。

小林　前にも外国特派員協会に招かれたとき、わし、この案、言ったけどね。

笹　北朝鮮が日本にミサイルを撃ち込もうとしたら、中国が「待てよ。今日本を攻撃したら、国際社会から総スカンを食らうぞ」と。こういうことが抑止力になる。災害派遣のお金で済むなら、イージス・アショアを何基も配備するより安上がりですね。

泉美　あんなの買うより全然いいですよ。

小林　イージス・アショアは六〇〇〇億円以上というべらぼうな金額だよ。

泉美　しかも、配備されるのは十年後。そのころには時代おくれの兵器かもしれないのに。

小林　イージス・アショアのお金で災害救助隊をつくろうよ。

『戦争論』は誤読されている

笹　自衛軍のほうなんですが、フルスペックの軍隊の設置を、日本国民が果たして受け入れるだろうかという懸念もあります。

小林　かといって諦めるのは良くないよ。政治家は反対意見があっても議論しないと駄目だってば。

「新しい歴史教科書をつくる会」の記者会見にわしがはじめて出た時、居並ぶ記者たちからは「この軍国主義者め」と罵倒されたからね。

泉美 右翼扱いだったんですね。

小林 『戦争論』(幻冬舎)がどかんと当たるまで、日本全体が自虐史観だったわけ。とにかく日本は悪だと言っていたけれど、それはおかしいとわしは思っていた。

日本人のくせに、韓国のおばあちゃんのほうに感情移入していた。一方で日本のおじいさんたちだって戦争中は大変な苦労をなさったのに、こっちには感情移入せず、戦争犯罪者扱いしている。これはおかしいと。

慰安婦などの問題を個別に扱っていてもきりがないと思ったので、戦争のすべてを書くことにした。本を通じて、祖父の代、と言っても、当時は若者たちが、どれほど大変な思いをしながら戦争をやりとげたのか、その際の個人と国家の葛藤はどのようなものだったか、そういうことを描いた。それがわしの『戦争論』です。

刊行後、戦争に行ったおじいさんから「初めて孫から尊敬された」という感謝の手紙が山ほど来た。すると、言論空間そのものが一挙に変わった。「右手にジャーナル(「朝日ジャーナル」)、左手にマガジン(「週刊少年マガジン」)」っていう言い方があったけど、『戦争論』以前は、朝日ジャーナルや本多勝一の流れをくむ左翼本しかなかった。

泉美 書店に行ってごらんなさい。今、左翼本なんか影も形もない。右翼本ばっかり(笑)。『W i L L』とか『H a n a d a』とか。

小林　右翼と左翼の力が逆転してしまった。
なぜ逆転したかというと、批判に屈せず、きちんと議論したからだと思う。セカンドレイプだと批判され、脅迫を受けながらも、わしらは文字通り闘ったわけ。そういう議論を重ねていくと、ある日を境に空気が変わるんだよ。

泉美　闘えば「空気」も変えられるっていうことですね。

小林　逆に言えば、闘わないと変えられないということ。

――護憲派の一部は「国民投票では何も考えずにバツを付けてください」と宣伝していますが……。

泉美　何も考えずにバツを付けてくださいって（笑）。

笹　国民を馬鹿にしてますよね。

小林　「何も考えずにバツをつけろ」なんて、なんかもう、オウムと一緒じゃないの。
「何も考えずにポアしましょう」っていうのとどこが違うの？　ポアしていいかどうか、自分の頭で考えるというプロセスがないよ。

泉美　何も考えずに賛成しても、その後で責任を取れないですよね。ちゃんと賛成したことに責任を取って、国のかたちをつくろうというのが立憲的改憲です。護憲派のやりかたは、そこから一番遠いですよね。

――護憲派からは、彼らの宣伝を山尾さんが邪魔しているように見えるのだと思います。だから**長谷部恭男**さんや**木村草太**さんは、先手をとって山尾さんを批判する。

小林　**長谷部恭男と木村草太、君らはオウムと一緒だ！**

――いわゆる「ネトウヨ」の産みの親は小林先生だと言う人もいます。

小林　いますね。

岸端　『戦争論』を誤読した人たちのことですね。

小林　当時のわしのテーマは「個」と「公」。『戦争論』も「個」と「公」の問題を全面に押し出すように構成したわけです。大江健三郎や加藤典洋、吉本隆明といった、そうそうたる一流左翼人士たちは、わしの「個」と「公」の考えが間違っていると言って批判していた。

泉美　要するに自分の命のほうが大切だっていうことですよね。

小林　そう。「私」プラス「私」プラス「私」が、イコール「公」だ、なんていう変な等式を立てて、わしを批判していた。それをわしが全部論破したんですよ。

それから三年ぐらい経って、日韓W杯があった。そのころネットで韓国が不正をしたと大騒ぎをしていて、これがネトウヨ登場のきっかけだと言われている。

笹　『嫌韓流』というマンガもありましたね。

小林　ネトウヨが大流行して、朝日新聞が彼らにインタビューをした。すると「『戦争論』を読んだのが目覚めたきっかけです」というネトウヨがやっぱりいたんですね。それで『戦争論』を読むとネトウヨになる、というキャンペーンが始まったんです。

泉美　朝日新聞のキャンペーンだったんですか？

小林　そう、左のキャンペーン。それが定着して「小林がネトウヨの元祖」と言われるようになってしまった。

——『戦争論』に「嫌韓」っていう概念はなかったと思うのですが……。

泉美　後からくっついてきたものですよね。

小林　そうなのよ。『戦争論』では、差別はいかんとさえ描いているのに。左翼のキャンペーンが『戦争論』を読むと悪影響を受けると宣伝して、それをみんなが信じてしまった。

泉美　その宣伝が今の「しばき隊」とかにも受け継がれていますね。SEALDsの人間が、小林先生に会うなり「謝れ」って迫ってきたり。

小林　みんな宣伝だけ信じて、わしの本を読んでいないのよ。

爆発的に売れた本が誤読されるのは、ある意味仕方がない。むしろ『戦争論』の実売数から考えると、ネトウヨの人数って逆にめちゃくちゃ少ない。本というのは誤読も含めて売れるもので、作者のメッセージをそのまま読み取ってくれることのほうが少ないということ。

——安倍さんの本（『新しい国へ』）も、ある種の誤読をされているのではないでしょうか。「戦後レジームからの脱却」なんて、一切やっていないのですから。

小林　批判を恐れず、正しいことをまっとうに議論していれば、大炎上することもあるが、いずれ広まるんですよ。安倍はなぜそういう議論をしないのか。

笹　枝野さんの演説（『緊急出版！　枝野幸男、魂の3時間大演説「安倍政権が不信任に足る7つの理由」』扶桑社）では、安倍政権を「憲政史上最悪の政権だ」って表現していましたね。

泉美　ネトウヨだった人にインタビューしたところ、安倍晋三がなぜあれほど支持されるのかという質問に、小物だからじゃないかとおっしゃっていました。

小物だから、親しみが持てるんだそうです。大きな理想を掲げ、反対意見と闘いながら国民を説得するぞ、っていう気概がない。むしろ姑息な人だから、僕らの安倍ちゃんみたいな感覚を持ちやすいんじゃないか。そういう意見でした。

――実際、いい人だそうですね。

小林　あのね、いい人という理由で支持しちゃ絶対に駄目なの。政治家はみんないい人だしね。

笹　ゴー宣道場の初期には、政治家をゲストでお招きして、いろんなお話をしてもらっていましたが、みんなとてもいい人で、それこそ稲田朋美さんもすごい人気でした。

岸端　政治家って「人たらし」がやる仕事ですからね。

小林　安倍昭恵だって本人はいい人なんだよ。

泉美　安倍昭恵、ゴー宣道場に呼んでいたら大変なことになっていましたね。今頃みんなで「昭恵の仲間だと思われませんように」と祈っていたかもしれません（笑）。

小林　いい人は、人前ではいい顔をしたがるから、政治家として選んでは絶対に駄目です。安倍晋三の場合は、知識人に直接電話するわけよ。

笹　昔のブッチホン（故・小渕恵三元首相が著名人にかけた唐突な電話のこと）みたいな。

泉美　よしりん先生も安倍晋三から電話がかかってきたそうですね。

小林　『週刊文春』で彼を擁護するインタビューを受けたら、わしの仕事場に直接電話がかかってきて、わしがいなかったから、スタッフがお礼を聞いた。わしは安倍氏とは一緒に食事したこともありますけどね。

権力者から直接電話がかかってくると、みんな飛び上がって喜んじゃうのよ。そしてすぐファンになるわけ。自分は選ばれた人間だと思ってしまう。ダウンタウンだってそれで取り込まれてしまったわけだし。

「立憲的改憲」は安倍改憲を止められるか

――山尾案を盛り上げるには、どうすれば良いのでしょうか。

小林　まず、現行憲法でも敵基地攻撃さえできることを広める。護憲派は交戦権が今でもかなりの程度まで認められていることを、まったく知らないと思う。

今の憲法では戦力保有さえ駄目、自衛隊は戦力ではない、だから北朝鮮のミサイルに対して日本は何もできないと、改憲派も意外とそう思っているが、違うよと。

泉美　「国の交戦権は、これを認めない」って憲法にあるけど、この交戦権と、国際法上の交戦権は違うということなんですよね。国際法上のフルスペックの交戦権は認めないけれど、実は日本も結構やることはやれるようになっているんですよと。

小林　今の状況を放置すると、自衛隊の活動がどこまでも野放しになる。だから必要最小限の範囲で縛ろうというのが山尾さんの改憲案。

完全に平和のための案なんですよ。だから護憲派には、きちんと議論を重ねればいずれ分かってもらえるはず。一方、改憲派にはどう説明したものか……。

泉美　「将来は交戦権を解禁します」って言うとか（笑）。

小林　こらこら（笑）。

笹　改憲派には「本当に自衛隊を大事に思っていますか」と問いたいです。本当に自衛隊をリスペクトするなら、彼らがちゃんと活動できるようにするのが筋でしょう。安倍加憲案は、むしろ自衛隊の活動に悪影響を及ぼします。

小林　山尾さんの案の、特にこの三項なんか格好いいよね。『武力行使のための必要最小限度の戦力を保持することができる』って、なんか魅力的な感じがする。

岸端　改憲派にとっても魅力的なはずですよ。

――自衛隊は戦力だとはっきりさせた「立憲的改憲」山尾案のほうが踏み込んだ案ですよね。

小林　そう。戦力保有を認めた改憲案は、安倍案ではなく山尾案なんですよ。改憲派にとってどちらが魅力的な提案か、自明でしょうと。

泉美　山尾案のほうがなんか強そうじゃないか、みたいなイメージも大事かも。

小林　かといって山尾案はタカ派とは言えない。個別的自衛権の範囲で、必要最小限度の戦力に限定するからね。改憲派も護憲派も、山尾案をちゃんと知れば驚くよ。

――社民党や共産党では絶対にあり得ない提案ですよね。

泉美　『内閣総理大臣は、内閣を代表して、前項の戦力を保持する組織を指揮監督する』っていう条文も、イメージ的になんかかっこいい感じがして、改憲派をそそりそうです。

小林　あと、これ、『前条二項後段の規定にかかわらず、前項の武力行使として、その行使に必要な限度に制約された交戦権の一部にあたる措置をとることができる』。

泉美　これいいですね。改憲派に見つかりやすいように目立たせたい。ピッて。

小林　交戦権の一部の措置をとるんだぞと。安倍が怖じ気づいて日和っているのに比べて、山尾志桜里は交戦権を認めるって断言している。

泉美　よし、マーカーを引いておきましょう。

――安倍さんの案はできるだけ短くしたいという意図が感じられますが、山尾さんの案は条文が長くなることから逃げていない。その分、逆に格調高いと思う人も結構多そうです。

泉美　魅力的な文章がいっぱい詰まっていますよ。

笹　山尾さんも「白地から作ればシンプルな条文にできるのに」って何度かおっしゃっていました。この形になるまでかなり苦労されたんだと思います。

「属国からの脱却」を達成できるのは山尾案だけ

泉美　改憲派、ネトウヨ、保守の人たちに見られる、「とにかくアメリカ様を頼ってついて行きたい」という感覚を、何とかしないと駄目だと思います。あれってもう治らないんでしょうか。

小林　沖縄ではネトウヨが米軍を守っているらしい。不思議な連中だなと思うわ。アメリカ抜きで日本は守れないと思い込んでいる。

笹　そして、それを恥ずかしいとか、情けないとは思わない。

小林　まず、日本ほどでかい国が必要最小限の戦力を装備していれば、そう簡単には侵略できないよ。なおかつ、何がなんでもこの国は自分たちで守るという国民がいれば、たとえ相手が中国であっても、攻撃をためらうだろう。台湾でさえ、中国は手出しすることができず、戦艦を派遣して威嚇するのが関の山だ。島国を攻めるのはきわめて難しいということ。

情報化、グローバル化が進み、もし侵略戦争を始めれば、侵略の証拠となる画像や映像があっという間に世界中へ拡散し、侵略国は世界中から非難を浴びる。アメリカが駆けつけるだろうし、国連軍の反撃を受けるかもしれない。中国にせよロシアにせよ、他国を侵略することはあまり得にはならないんですよ。井上達夫さんが言っているように、徴兵制を導入するくらいの国防意識があれば、日本を侵略するのは不可能に近いはず。

——米軍がいなくても日本は守れるという自信が必要ですね。

小林　そう。実は守れるんですよ。

笹　安倍さんが言った「戦後レジームからの脱却」という言葉は、本来そういう「アメリカ従属からの自立」を意味しているはずですよね。

小林　まったくその通り。

泉美　日本はアメリカにコンプレックスを持ち過ぎているんですね。

小林　もしアメリカに逆らったり、中国を批判したら、また核を落とされるとでも思っているのかと。現在の世界情勢で核を落とし、日本人を再び虐殺すれば、アメリカや中国といえども、世界中を敵に回すでしょう。簡単にやれることではないですよ。

先日（二〇一八年八月一二日）の『激論！サンデーCROSS』（TOKYO MX）で若者が「その状況になったら、戦うしかないかもしれない」と答えていたね。

泉美　靖国神社前と渋谷駅前でインタビューして、どちらでも「戦争に行く」という答えがありましたね。びっくりしました。

小林　若者がこんな発言をする世の中になった。日本にも国防意識が目覚めつつある中、ネトウヨはロシアや中国がどうやって攻めてくると言うつもりなのか。

もし他国が北海道や沖縄に上陸したら、わしだって武器を取って戦うし、同じように考える人間が続々と現れるだろう。そういう潜在的なナショナリズムを、実はみんなが持っているわけ。

笹　その通りだと思います。

小林　政治家ならルソーの『社会契約論』をかならず読め、とわしは言いたい。『社会契約論』は国民国家の教科書であり、民主主義の教科書です。ルソーがこの本を書いたことで、フランス革命が起こり、国民国家と民主主義が生まれた。

その第五章「生と死の権利について」に、つぎのような一文がある。

『統治者が市民に向かって「おまえの死ぬことが国家に役立つのだ」と言うとき、市民は死なねばならぬ。なぜなら、この条件によってのみ、彼は今日まで安全に生きてきたのであり、また、彼の生命は単に自然の恵みだけではもはやなく、国家からの条件付きの贈り物なのだから』(『社会契約論』岩波文庫)

この考え方こそ国民国家の原点。徴兵制は当然の仕組みなんだ。

グローバリズムでは経済的な結びつきが抑止力になると言われていたが、戦争は変わらず続いている。国民国家と民主主義はまだ乗り越えられていないということだよ。

より良い民主主義と国民国家をつくるにはどうすればいいか、という意識を政治家が持たなければならない。同時に、国民も「公」との関係を考えなければ、国民国家と民主主義は機能しないよ。

自分たちが選んだ政治家と官僚に国の運営を丸投げできれば、それが一番楽ですよ。ただ、それでは一部の人間だけが政治を好きなように動かし、不正を働くようになる。現在の日本もそうなっているしね。そうならないためには、個人も時には「公」のために犠牲を払う必要がある。

でなければ、いずれ貧乏人が安い保険料で治療を受けるのは不公平だ、と言うやつだってあらわれる。アメリカなんか、貧乏人は病院に行けなかったわけだから。

泉美　盲腸でも家で寝ているそうですね。

岸端　盲腸なんて寝れば治る、っていう感覚。

小林　弱者切り捨てを進めるとそうなってしまう。財政が厳しい以上、これ以上福祉を充実するには、増税するしかない。デフレを脱却したら「消費税を二〇パーセントに上げて福祉に使おう」と言うのが筋だろうと。でも、自分の懐をあえて痛めるような国民はあまりいないのが現実だよ。

――国家に対する甘えを感じます。

小林　どうあっても国家は国民の手で背負うしかない。その点さえ国民にきちんと教えておけば、国歌や国旗を強制したり、愛国心教育をしなくても、いざというときにはみんな愛国心を発揮してくれるよ。

笹　世界のほうが、かつての日本国民の力を記憶しているかもしれないですね。
小林　大東亜戦争の記憶はだんだん薄れてきている。日本がアメリカに国防を頼りきっている状況も、北朝鮮なんかにはもう見抜かれているよ。
泉美　しめしめと思われてるわけですよね。
小林　北朝鮮は完全にこっちをなめているもんね。
笹　でも「いざとなったらやる」国民が増えれば、「やっぱり日本と戦争するのはやばい」と考える。
岸端　「また特攻だ」みたいな。
笹　「こいつらまた神風やるかも」と。そう思わせることが抑止力になるんですね。
小林　あのね、君たち調子に乗って、過激になってるよ（笑）。左翼が本気にしたらどうするの？特攻は統率の外道です。二度とやってはダメです。徴兵制も現実には必要ないでしょう。スイスのように、国民の心構えの問題として言ってるのです。
笹　でも、怒らせたら怖いぞって思わせるのが一番ですよね。
小林　そりゃな。中国なんてそれを一番恐れている。国民国家じゃないから、いざというときに国民は共産党政府を見捨てて逃げてしまう。
日本はそういう方向に進んではいけない。だから、国民を騙し、「個」と「公」の関係を切断してしまうような政権は、国民国家と民主主義の敵なんですよ。

（収録：二〇一八年八月一五日）

祖父母から受け継いだこの国をより良くするために、現在を生きる私たちが、誠実にかつ真剣に苦闘して、未来の子らに託した、そう胸を張って我が娘に語りたい。安倍政権には次世代に託すという視点が全く感じられません。**（埼玉県・地方公務員・はえちゃん）**

安倍加憲案では国を守れない
～眼前の危機、「グレーゾーン事態」とは何か

笹幸恵

以前、自称〝保守〟の知人がこんなことをドヤ顔で言っていた。

「オレ、共産党や社民党とは逆のことを言うようにしているの。そうしたら、まず間違いがないから」

唖然としてしまった。この人は自分の思考の軸を、共産党や社民党に丸投げしている。それだけ信頼しているということか？

一方で、これが「朝日新聞」になる人もいる。「朝日新聞が言っていることだから間違っている」というケース。ずっと朝日バッシングをしている雑誌もあるから、こういう判断基準には一定の賛同者がいるのだろう。

でも、世の中そんなに単純にはできていないと思う。

朝日新聞だって、自分の考えと合致して「よく言ってくれた！」と思うこともあれば、「なるほど」と納得させられることもある。「いやいや、違うだろう」と反論したくなることだってある。共産党しかり。あるいは産経新聞しかり。なんだってそうだ。

政権や政党、メディアといった「お上」の言うことを、無批判かつ盲目的に受け入れていると、それはもはや信仰に近い状態となり、他を受け入れない不寛容さにつながっていく。

挙句に「君は勉強不足だよ」なんて、上から目線で他人に講釈を垂れるようになったらオシマイだ。そういう人に限って、あとで「騙された」とか平気で言うんだろうな。自分の判断の甘さや思考停止を棚上げしてね。あるいは過去の自分に頬かむりして知らぬ顔を決め込むか。いずれにしても知的誠実さはカケラもない。

さて、安倍首相がぶち上げた「自衛隊明記」の

国の長に必要な要素は、国の将来を見据えて的確に判断、決定ができることと考える。だが、安倍政権は自己の権力を利用し、目先の利益を優先しているように感じている。
(香川県・明々)

加憲案。これも「安倍首相が言っていることだから正しい(あるいは間違っている)」という判断基準で考えてはいないだろうか。これは「陸海空軍その他の戦力は、これを保持しない」という憲法九条二項はそのままにして、「九条の二」という項目を新たに設け、そこに自衛隊を明記するという案だ。現在、自民党は改憲案としてこれを打ち出そうとしている。

『ゴー宣〈憲法〉道場Ⅰ 白帯』(毎日新聞出版)でも書いたけれど、これでは自衛隊を憲法上「戦力ではない」と規定することになる。すなわち「軍隊ではない実力組織」という摩訶不思議な存在が、憲法改正によってこのたび新たに誕生してしまうのだ。今まで軍隊と規定されていないがゆえに、どれだけ外交で二枚舌を使わなくてはならなかったか、どれだけ自衛官の立場をないがしろにしてきたか。「自衛隊さん、ありがとう」と本当に感謝しているなら、そうしたゴマカシを固定化するような安倍加憲案は、絶対に受け入れられないはずである。

憲法改正の論点は、自衛隊を憲法に明記するかどうかではない。自衛隊は軍隊であると規定し、それをどうコントロールしていくかが主眼でなければならないのだ。

グレーゾーン事態って?

護憲派も、安倍加憲案を支持する改憲派も、自衛隊が軍隊でないことによる不都合にまで考えがなかなか及ばない。国防は専門家任せでわれ関せず。その無関心が、我が国の存立を最も脅かしている、と言っても過言ではない。「今そこにある危機」が現に日本の安全を脅かしている。たとえば「グレーゾーン事態」がまさにそういった危機だ。

純然たる平時でも有事でもない状況、これが「グレーゾーン事態」といわれている。『防衛白書』(平成二九年版)には、「次のような状況がありうる」として、このグレーゾーン事態について

子供の教育に悪すぎるという理由で安倍政権は不支持です。質問されたことに全く答えない国会の姿と、「嘘とごまかしだけで人の上に立てる」という悪い例を、今の子供達には絶対に見せられません。**（京都府・デザイナー・石井耕太郎）**

説明している。

①　国家などの間において、領土、主権、海洋を含む経済権益などについて主張の対立があり、

②　そのような対立に関して、少なくとも一方の当事者が自国の主張・要求を訴え、または他方の当事者に受け入れさせることを、当事者間の外交的交渉などのみによらずして、

③　少なくとも一方の当事者がそのような主張・要求の訴えや受け入れの強要を企図して、武力攻撃に当たらない範囲で、実力組織などを用いて、問題に関わる地域において、頻繁にプレゼンスを示したり、何らかの現状の変更を試みたり、現状そのものを変更したりする行為を行う。

一読しただけでは、ちょっとピンとこない。具体的な事例でいうと、たとえば中国公船（中国政府に所属する船舶）による尖閣諸島周辺の日本の領海への侵入が挙げられる。

最も大規模な領海侵入は、二〇一六年八月上旬に起きた。およそ二百から三百隻（！）の中国漁船が尖閣諸島の周辺海域を航行し、続いて中国公船が領海に侵入した。八月五日から九日までの五日間にわたって、その数はのべ二八隻にのぼっている。

こうした中国公船による領海侵入や接続水域への進入は、今も日常的に続いている。今年に入ってからも、一月一五日には尖閣諸島の接続水域に中国の新型原子力潜水艦が進入しているし、六月には中国海軍の病院船が接続水域内を航行、七月四日には中国公船三隻の領海侵入が確認されている。また尖閣諸島のみならず、七月一五日には対馬と沖ノ島周辺の九州北部海域で中国公船二隻が初めて領海に侵入、続いて一七日には中国公船二隻が津軽海峡周辺の領海内を航行している。

こうした具合に、領土などの主張の対立を背景として、「武力攻撃と認定できない、あいまいな

安倍政権による皇室への横暴に怒り心頭です。就任早々、女性宮家創設案を握り潰し、皇位継承問題に対しては男系維持策さえ一切放置し、生前退位に抵抗して陛下のお気持ちを踏みにじった。安倍政権は逆賊です！**（岐阜県・会社員・san-jin）**

主権の侵害」が行われる事態が、いわゆる「グレーゾーン事態」である。

グレーゾーン事態の問題点

グレーゾーン事態の何が問題かというと、対処する手段がないという点に尽きる。

通常、日本の領海は海上保安庁（以下、海保）が警備している。たとえば中国の漁船に海上民兵（要請があれば軍の指示に従って行動する漁民。準軍隊に分類され、武装している場合もある）が乗り、尖閣諸島に上陸する意図を持って日本の領海に侵入したとする。しかし海保は法執行機関として退去要求を出すことしかできない。つまり「出ていきなさ〜い」と警告するだけ。もし島に上陸したら、海保の職員も島に上がって警察行動を行うことになっているけれど、いずれにせよ警察比例の原則（※1）に従う必要があり、圧倒的な武力で上陸を阻止したり、制圧したりすることはできない。

もし中国側の行動がエスカレートして、海保だけでは対処できないと判断された場合はどうなるか。海上自衛隊（以下、海自）に海上警備行動（※2）が発令される。

海保が対処できないケースには「量」と「質」の二通りがある。前者は大量の漁船が押し寄せてくるような事態で、後者は重装備の中国のコーストガード（海警）が出てきた場合である。

多くの人は、海自が出てくれればもう安心だ、と思うかもしれない。何と言っても国防に任ずる自衛隊だし、規模も能力も海保よりは上だろうから。

ところがそれは幻想だ。なぜなら、もし海上警備行動が発令されて海自が出ていっても、彼らには海上保安庁法第二〇条（※3）が準用されるからである。つまり海保と同じ行動しかとれないのだ。

要するに武器の使用については「警察官職務執行法」を適用してね、という内容だ。いわゆる

権力を持つ者が好き放題やって、それを黙って我慢しているだけの国民でいいのですか?自分は嫌なので安倍政権は支持しません。**(自営業・焙煎珈琲)**

「ポジティブリスト」(※4)であり、有事の際の行動に大きな制約がかかる。

そればかりか、第二〇条の一には、武器の使用は「軍艦と公船を除く」という主旨の条文が綴られている。中国公船に領海侵入されても、こちらからは警告する以外に手出しができないということだ。つまるところ海自は、法律で手足をがんじがらめに縛られた状態で、海保が対処できない「エスカレートした事態」に対処しなければならないのである。

もっと悪いことに、海上警備行動によって海自が出ていった場合、「中国海警の白い船VS海自のグレーの護衛艦」という構図ができあがる。これは誰がどう見ても「日本が先に軍事行動を起こした」とうつる。

すわ真珠湾攻撃か。

やっぱり日本は卑怯な手を使う。

中国は「日本が緊張を高め、事態を悪化させた」と宣伝するだろう。日本はまんまと乗せられ、中国にプロパガンダのための格好の材料を与えることになってしまうのだ。

いくら「海上保安庁と任務は変わらない」「軍事行動ではなく警察行動である」と言ったところで、どこからどう見ても軍隊ではないかと一蹴されるのがオチ。むしろそんな弁明こそが不信を招く。「自衛隊は軍隊ではない」などというまやかしなど、国際社会では一切通用しないのである。

精神論でお茶を濁す愚

「エスカレートした事態」を未然に防ぐには何が必要か。現実的には海保の装備の強化や、海保と海自との連携強化などが挙げられるだろう。しかし当の海保は海上保安庁法第二五条(※5)を金科玉条としており、海自とは距離を置いている。

すでに今の法律では対処できない事態が生じているというのに、このままでは法律守って国滅ぶ、なんてことになりかねない。

そればかりか、領海侵入を繰り返している中国

安倍政権不支持。お互い意思疎通不可能の支持派・反対派ができて、言論空間の分断を固定化したから。**（神奈川県・会社員・KAWA）**

海警局は、今年七月一日から武装警察部隊の指揮下に入ることとなった。これは中国軍を統括する中央軍事委員会の直轄組織である。今までと基本任務の属性は変わらないとしているものの、今後、中国海軍との連携による活動の活発化や武装強化の恐れは十分にある。いざというとき、どう対処するのか。その答えを、誰も出すことができていないのが今の日本なのである。

これらは自衛隊が軍隊と規定されていないがために生じている事態だ。国際水準に則った軍隊ならば、海自は「第二の海保」として手足を縛られることなく、法執行機関として領海を警備することができるし、主権の侵害に対しては軍隊として適切な措置を取ることができる。その存在はまた抑止にもつながる。

ついでに言えば、平時の自衛隊は盆暮れ関係なく警戒監視を行っているが、その任務は自衛隊法には記されていない。つまり、領域警備の任務が自衛隊にはない。しかし日頃のパトロールを怠るわけにはいかないから、苦肉の策として、防衛省設置法に基づく「調査・研究」という名目でそれを行っている。

私が時折、国会図書館で資料の閲覧や複写をするときの申請理由も「調査・研究」だ。自衛隊が軍隊でないことによる不都合を穴埋めする方便も、ここまでくると気の毒でさえある。

国を守るとは、観念ではなく現実であるはずだ。なお、二〇一六年八月上旬の大量の中国漁船の航行、および中国公船の領海侵入についてまとめた内閣官房副長官補室の文書には、概要の最後にこう記されている。

「尖閣諸島は歴史的にも国際法上も我が国の固有の領土であり、現に我が国はこれを有効に支配している。中国による一方的な現状変更の試みには、関係省庁が一体となって、我が国の領土・領海・領空は断固として守り抜くとの決意で毅然かつ冷静に対処している。（平成二八年八月上旬の中国公船及び中国漁船の活動状況について）」（傍線・筆者）

安倍政権にはまるで戦前のような全体主義を復活させる意図が見える。数の力で少数派を抑え込むのはファシズムの手法。弱者の意見に耳を傾けるのが政治の役割であるのに、それを無視して己の欲望に固執する様は非常に醜い。**（兵庫県・会社経営・軟体社長）**

いや、決意だけではどうにもならないから。どんなに断固たる決意があっても、三八式歩兵銃で勝てないことは歴史が証明したではないか。精神論でお茶を濁す愚を一体いつまで続けるつもりか。自衛隊を「戦力ではない実力組織」と規定してしまう安倍加憲案。「お上」の言っていることだから、あるいは「安倍さんが言っていることだから」とこれを支持する人々は、思考停止したまま「自衛隊さん、ありがとう」と言いつつ、自衛官の手足を縛って彼らを戦場に送り出す人々だ。それも無邪気に、無自覚に。

（※1）　目的達成のために合理的な範囲でのみ武器使用などを認めるという原則。

（※2）　自衛隊法第八二条　防衛大臣は、海上における人命若しくは財産の保護又は治安の維持のため特別の必要がある場合には、内閣総理大臣の承認を得て、自衛隊の部隊に海上において必要な行動をとることを命ずることができる。

（※3）　海上保安庁法第二〇条〈一部抜粋〉　当該船舶の進行を停止させるために他に手段がないと信ずるに足りる相当な理由のあるときには、その事態に応じ合理的に必要と判断される限度において、武器を使用することができる。

（※4）　例外的にできること、許可された行動を明示した規定。逆に明示されていない行動は禁止されるので、比較的厳しい統制とも言える（第Ⅱ部九二頁参照）。

（※5）　海上保安庁法第二五条　この法律のいかなる規定も海上保安庁又はその職員が軍隊として組織され、訓練され、又は軍隊の機能を営むことを認めるものとこれを解釈してはならない。

「私」むき出しのモリカケ問題、トランプにベッタリ、小手先の「自衛隊明記」の改憲のための改憲（＝改悪）…、「公」をぶち壊した安倍政権には反対です。**（ごっさん）**

快楽の奴隷、ネトウヨの限界

泉美木蘭

「政治の話などしたこともない友人が、急にネトウヨになった」

「父親が、フェイスブックをはじめてから、反日マスゴミがどうのと変な陰謀論を語るようになった」

最近、そんな報告をあちこちから聞く。

私が「ネトウヨ」という現象をはじめて見たのは二〇一二年のことだ。小林よしのり先生とネットの生放送番組を始めることになり、その初回のテーマが「脱原発論」だった。東日本大震災による福島県の惨状が連日報道され、原発がいかに取り返しのつかない深刻な被害を巻き起こすのか、その現実をまざまざと見せつけられた時期だった。全国的に脱原発の声が高まり、デモも盛んに行われていた。

生放送番組に集まったネトウヨ達は、話が本題に入る前から画面上に幼稚な悪口を大量に書き込んでいた。その後も内容にまったく関係のない、ネットで拾ったような誹謗中傷コメントをただひたすら繰り返し書き込んでいく。特に理論立った反論や、人を納得させられるだけの意見・アイディアがあるわけでもないようで、原発推進論者というよりは、単なる「アンチ脱原発」のようだった。

「反原発派はバカの集まりだな」

「原発が止まったら病院で死者が出るぞ」

「江戸時代に戻る気か？」「現実見ろよ」……

現実には、一般家庭から工場まで節電意識が高まって、原発を停止したままでも夏の電力を賄えることがハッキリしているのに、何を言っているのか？

生放送画面を埋め尽くしていく居丈高な言葉の

モリカケに見られるようなお仲間優遇の政策。権力者が正しいことを偽証するためにゆがめられる行政。安部政権は日本全国隅々まで病気に陥らせた元凶です。**（兵庫県・地方公務員・hiro）**

列を眺めていると、最初は腹が立ったが、だんだん魚群探知機でイワシの群れでも発見したような感覚になっていった。そのうちまとめて定置網にピチピチかかりそう。

「ネットの海を浮遊する、ただの大群」にしか見えないのだ。一人一人は人間なのに、何故こんな魚群に埋没してしまうのか。

権威主義と空虚感

パソコンの前に大人しく座り、みんなで同じようなアンチコメントを書き込んでいるネトウヨって、一体どんな人たちなのか。きっと社会的に恵まれない、嘆き暮らして怨嗟を抱えてしまった、よほど可哀そうな境遇なのだろうと思っていた。ところが、取材してみると意外な人物像が浮かび上がった。

まず最初に出会ったのは、フェイスブック上で日の丸をアイコンに掲げ、安倍政権のやることなすこと全て素晴らしいと大評価し、朝日新聞を執拗に「売国奴」と叩く男性K氏。「朝日新聞の報道はほぼ虚報」で、森友・加計問題も「安倍さんを貶めるための強引な印象操作」であり「反日マスゴミの陰謀」なのだそうだ。

K氏はサラリーマン風のスーツにムスク系の香水を漂わせた六二歳。名刺の肩書は数行に渡り、有限会社代表取締役、経営コンサルタント、心理なんちゃらアドバイザー、うんたらかんたらプランナー、ほにゃららカウンセラーなどを兼ねているとのことだが、投資で蓄えがあり、あくせく働いてはいないらしい。

新聞は購読しておらず、日課はネットで情報を仕入れること。主に産経新聞や、月刊『正論』『ＷｉＬＬ』『Ｈａｎａｄａ』などの執筆陣のブログや、ＳＮＳをチェックしているという。

K氏は「櫻井よしこ先生」「青山繁晴先生」「小川榮太郎先生」など、論壇人や政治家のことを敬称で呼ぶ。しかし、実際には誰とも知り合いではないし、「話したことがある」という人でも、集

安倍晋三は決して大人物ではない。そんな彼の首根っこすら押さえられない現憲法になんの意味があろうか?**(福岡県・公務員・dai)**

会で記念写真をねだった程度の話だったので、わざわざ敬称をつけて呼ぶのは不思議に思った。なぜそこまで思い入れが?

それほど「先生」に従いたいのだろうか。権威主義的な願望も感じた。

K氏は、権威を感じる論者の主張をトレースして「天皇は男系男子であるべきだ」と語る。思わず「でも男系男子で皇族になるという人がいないですよね」と反論すると、深いため息をついて「まあ、あなたのような一般の人には複雑なことはわからないですよね。皇族の話はそう単純じゃないんですよ」と上から目線で返された。その後もしきりに「あなたは知らないだろうけど」と前置きしては、どこぞの先生の説やネットの言説を引用して私を教え諭す。

《自分は権威ある先生方の学説や、マスコミが伝えない事実をこんなに知っている。世間の人々は、何も知らずにのん気なものだ》

伝わってくるのは、そんな特別意識ばかり。

きっとK氏自身、初めて読んだ自称保守論壇誌や、垂れ流しの「テレビは伝えない真実」を知って衝撃を受けた経験があるのだろう。無条件に鵜呑みしたまま《無知な世間とは一線を画した自分》を誇らしく思っているのかもしれない。

ちなみにK氏は、妻子とは一〇年前から別居状態。戦場に散ったという叔父の思い出を聞かせてくれたあと、靖国神社限定という菊の御紋のカフスボタンを自慢げに見せてくれた。スーツの襟には、ゼロ戦のピンバッチと拉致被害者を救う会のブルーリボンバッチが光っていた。

「よければフェイスブックで友達申請してくださいよ。靖国参拝日記なんかも書いてます」

ムスクの香りとともに、そこはかとない空虚感がK氏を覆っていた。

ピュアで尊大な自尊心

ネトウヨの人は貧乏生活を強いられているのかと思ったが、まったく違った。K氏は妻子と別居

安倍政権は数の力で法案をゴリ押しして国民を欺く。だから洪水の被災地に出向き、膝をついて被災者の見舞いをしても、軽薄さが透けて見えてあざといと感じる。**（栃木県・KT）**

状態という孤独感からネットの闇に堕ちた面もありそうだが、妻と小学生の子を持つ四〇代男性、商社勤務の三〇代独身男性、子育て中の三〇代主婦、在宅勤務の四〇代女性、親元で暮らす学生など、ネトウヨの暮らしぶりはさまざま。

設備管理会社に勤める三〇歳男性U氏は、中学生時代に学校の図書館で小林よしのり氏著『戦争論』を読んで影響を受けたという。

『戦争論』では戦時中の日本人の公心に触れ、現代人の振る舞いを問い直す視点が描かれているが、U氏は自己検討とは真逆の方向へ暴走。「読解力が乏しかったので、完全に誤読してしまいました」と自身でも語る。

「世の中は自虐史観一色でしたし『昔の日本人はこんなに凄かったのか！』と衝撃を受け、『日本人は凄い』→『つまり僕も凄い』と超短絡的に解釈してしまったんです。そこには自己慰撫の感覚もあったと思います」

世間知らずだったことも手伝って、つるんとピュアな《開眼モード》に入ったU氏は、家族や友達、学校の先生など誰彼かまわず「歴史の真実」を布教しては咎められるようになる。真面目で理知的な語り口調の青年で、アブナイ人物には見えないが、その理知さとピュアさこそが落とし穴だった。学生の身でありながら《僕は真実を知っているのダ！》と自尊心ばかりが肥大化し、客観性を見失ってしまったようだ。

ＩＴ関連企業に勤める三二歳男性M氏も、ネトウヨだった自身のピュアさと自尊心を振り返る。職場で暇な時間が増え、たまたま最初に読んだ井沢元彦氏の著作がきっかけで保守系の本を中心にむさぼり読んでいたM氏は、同時に「2ちゃんねる（当時）」やSNS、ネットゲームのブログに入り浸るようになり、渦巻く陰謀論に感化されて右バネが暴発。自身もネトウヨ的な怒りの愛国ブログを書き、主張するようになっていった。

「とにかく『反マスゴミ』と『嫌韓・嫌中』でした。まずは二〇〇二年の日韓W杯で嫌韓感情が盛

安倍政権不支持。世界唯一の被爆国であり、原発事故も起きたのに、原子力発電をやめられないのは何故なのか。自然の脅威や人的ミスを防ぎきれないことを謙虚に受け止める必要がある。将来計り知れない禍根を残すことになると思う。**（栃木県・MEGU）**

り上がり、そこに慰安婦問題、中国への敵対心が加わった。『反日朝日新聞の裏には中国・韓国がいて、日本を貶めているのダ！』という陰謀論をピュアに信じていたんです。陰謀論には理屈がありません。でも、そこを突き詰めていくと信じたものが崩壊してしまう……だから詳しく考えたら負けなんです。思考停止したネトウヨたちは、日本とアメリカは対等だとも思っていますよ」

劣化しなければ維持できない信仰

　肥大化した臆病な自尊心を守るため、居丈高になれる言説だけを信じて、考えるのをやめたネトウヨたち。安倍首相が靖国神社で「不戦の誓い」をしたり、米国から「ケツなめ外交」と嘲笑されたり、「九条二項はそのままで自衛隊明記」と提言したりするたびに、《詳しく考えるべからず》という状況に追い込まれてゆく。現実から乖離《かいり》し、空想の世界にしがみつくその様相は、もはや信仰状態だ。

　同じく信仰状態であるのは、ただ九条を信仰する教条主義的護憲派にも言えるし、原理主義的なフェミニズムにも言えるし、オウム真理教のようなカルト教団の信者にも言えるだろう。現実は痛い。現実は厳しい。だから自己慰撫できる群れに埋もれて「これさえ唱えておけばあなたは偉い」とインストールされた《理想の教義》を盲信し、くり返し唱え続けたい。

　しかし、現実はどんどん変化してゆく。検討すべき事象が次々と起きる。自分が信じたものに違和感が生まれる。それでも安楽を維持するためには、私心に執着してどんどん劣化しなければならなくなる。

「ネトウヨは情報の更新がゼロ。一〇年前の言説をコピペしているだけです。今からネトウヨを始めても、数日で一〇年前からやってる人に追いつけますよ」

　そう語るM氏が見せてくれた八年前の日付の愛国ブログは、今のネット言説となんら変わらない

嘘、隠蔽、開き直り。政治、言論の意義をこれ以上ないほどおとしめた安倍自民に、公明正大な言論による明確なNOを! **(佐賀県・会社員・林)**

「マスゴミ批判」が展開されていた。

学生時代を「歴史の真実」の布教に費やしたU氏は、憧れから自衛隊に入隊したものの、現場の訓練の厳しさに挫折して目が覚めたという。そして愛国ブログのM氏は、身近な女性にブログを読まれてかなりイタい思いをし、客観性を取り戻したそうだ。

他人の黒歴史は面白い。一方で、自分自身はどうか。傷つくことを異様に恐れる風潮。一斉に叩きのめす大衆。ありえない暴論が市民権を得るボーダーレスなネット社会。最近では、働きづめの毎日から急に余暇のできたリタイア世代や、そもそも読書や新聞購読の習慣のない人などが、スマホを手にしたことでネット言説に感化され、ますます劣悪なネトウヨと化していく例が見られる。ネトウヨ政治家も増加する一方だ。

私心ばかりに執着し、「快楽の奴隷」へと堕していく現代人が増殖しているのは、人々が国家や憲法という公からすっかり遊離してしまってきたことと強く関連していると思う。公と向き合うことは、対米従属のような国際政治上の意味での「奴隷」だけではない、「個人の自立」を、みずからに課すことでもあるのだろう。

第Ⅱ部
属国を望む人々

属国を固定化する安倍改憲、属国を脱するための立憲的改憲

枝野幸男
伊勢﨑賢治
井上達夫

コスタリカ憲法は本当に軍備を禁止しているのか

井上達夫　モリカケ問題、文書改ざん、イラク日報、それからセクハラ事件とか、ああいったことで、野党の与党バッシングが激しくなり、安倍政権の支持率も低下している。

ということで、最近は自民党の方から改憲を押し出せなくなり、棚上げする姿勢を見せている。それで護憲派もちょっと安心というか、喜んでいる。

ただ私は、せっかく盛り上がってきた憲法論議が、これでぽしゃってしまったら逆に残念だ、憲法問題を政局の道具にしちゃいけない、そう思っていました。

ですが、憲法改正を論じるこの拡大版「ゴー宣道場」が本日満席になり、憲法について問題意識をお持ちの市民の方が、こんなにいっぱいいるということが分かり、非常にうれしく思っている次第です。

私自身の基本的な立場は、今まであちこちにも書いてきましたし、『ゴー宣〈憲法〉道場Ⅰ　白帯』（毎日新聞出版）の「九条は裸だ」という一文にも基本的なことは書いているので、同じ話はしません。その代わり、護憲派が日本の憲法とよく類比するコスタリカ憲法の話をします。

最近『コスタリカの奇跡』っていう映画の再上映がきっかけとなって、コスタリカがまた話題になって

います。コスタリカって、常備軍を廃止し、非武装中立だから、日本国憲法九条の思想を実践している国だと、護憲派が自分たちの思想を宣伝するためによく利用しているんです。

しかし、常備軍を廃止したのは事実ですが、非武装中立というのは全くの間違いです。むしろコスタリカ憲法をよく読むと、山尾さんたちが言っている立憲的改憲、伊勢崎さんが言っている護憲的改憲、私が言う戦力統制規範の明示とか、そういう方向に近いんです。というか、そういう方向そのものなんです。だから、今日は、この話をさせてください。

実は岩波書店の『世界憲法集』など、一般に出ている憲法集には、コスタリカ憲法、載ってないんですよ。小さい国だから。ネットにもない。だから、皆さん、あまり見る機会がないんで、嘘のイメージが流布しやすいのです。

ただ、吉田稔さんっていうラテンアメリカ専門の研究者で、姫路獨協大学の先生が『姫路法学』っていう大学の紀要に、全訳を掲載しています（『姫路法学』三七号、二〇〇三年、四五‐一〇五頁）。スペイン語からの直訳です。これをもとにコスタリカ憲法の内容をお示ししますから。皆さん、コスタリカの虚像と実像との違いについて認識してください。

結論から言うと、コスタリカは非武装でも中立でもありません。

米州機構に属していまして、中立ではない。しかも、非武装ではない。常備軍は持っていないけど、国家警備隊という武装警察を持っていて、これを憲法上も認めています。

さらに、必要とあれば軍隊を設置できることが、憲法によって明定されています。それから外国の軍隊の駐留も、国会の承認があればいいと憲法で認めていて、米軍も駐留できる枠組みになっています。

一九八三年にモンへ大統領っていう人が非武装、永世中立宣言を発表しました。ただコスタリカの国会はこれを憲法規定に組み込むことを拒否したんです。だから、コスタリカの憲法体制は非武装でも中立でもないんですよ。いいですか。この事実をまず認識してください。

コスタリカ憲法の全文、二〇〇条近いんですけど、これは軍備だけではなくて、環境権の規定だとか、社会権の規定だとか、それから人身の自由だとか、ものすごく先進的な規定が多数含まれます。ローマ・カトリック教を国教にしている点は問題だけど、他の宗教の信仰の自由も基本的には保障しています（第七五条）。

軍事力との関係で一番重要な条文が、次の一二条です。

〈コスタリカ憲法〉
第一二条　恒久的機関としての軍隊は禁止する。公共秩序の監視の維持のために必要な警察力は保持する。米州の協定により又は国防のためにのみ、軍事力を組織することができる。いずれの場合にも文民権力に常に従属し、単独または共同で声明又は宣言を審議することも発することもできない。
軍隊および国家警備隊を組織し統制する手続きについては次のような規定があります。
第一二一条　憲法が付与するその他の権限に加えて、国会は次の権限を専属的に有する。
（五）外国軍隊の国家領域への入国並びに軍艦の港湾及び飛行場への駐留を同意又は同意しない。
（六）国家防衛状態を宣言する、及び講和を締結する権能を、行政権に授権する。
第一三九条　共和国大統領の行使する排他的な義務及び権限は、次の通りである。
（三）国家警備隊の最高指揮権を行使する。

第一四〇条　大統領及び政府の大臣は、次の義務及び権限を連帯して有する。
（一六）国の秩序、防衛及び安全を守るために国家警備隊を管掌する。

第一四七条　大統領、大臣は次の職務を執行するために、大統領を議長とする内閣を組織する。
（一）国家防衛状態の宣言並びに軍の動員命令、軍の組織化及び講和交渉の権限を国会に請求する。

右の条文を見れば明らかなように、コスタリカ憲法は、国家警備隊を常設するだけでなく、国家防衛のために必要な場合は、国会の授権に基づいて大統領および内閣が軍隊を組織し、軍の動員命令を出すことを承認しています。今は、軍隊を置いていないだけ。

なぜ、今は軍隊を置かないかというと、一九四八年の大統領選挙のときに野党のほうが勝ったんだけど、与党側が選挙は無効だとして軍を使って争ったもんだから、内戦状態になったんです。結果的に、野党側を支持するフィゲーレスたちの反乱軍が勝ったんですけど、そのとき、四九年に憲法を改定して、内政問題で与党側に利用された常備軍は廃止し、その代わり、対外的防衛のために必要なときは軍隊を設置できる仕組みにしたのです。

一般にラテンアメリカ諸国では、軍隊がクーデターを起こし、政治に介入するということが頻繁にあった。だから、常備軍がないほうがいい。ただし、防衛上必要となれば、いつでも憲法の規定に従って軍事力を組織できる。このことが一二条をはじめとする憲法の諸規定にちゃんと書いてあるわけです。

しかも、実は徴兵制も採用できるんです。コスタリカ憲法の一八条に、コスタリカ人の義務が次のように書かれています。

第一八条　コスタリカ人は、憲法及び法律を遵守し、祖国に奉仕し祖国を防衛し、税金を納めなければならない。

コスタリカ国民は「祖国に奉仕し祖国を防衛」する義務を持つことが明確に宣言されています。これにより、先述した一四七条一項の「軍の動員命令」は、国民の徴兵も含みうることになります。実際、徴兵制が採用された場合に国民の参政権を保障するため、選挙の公正を確保する「選挙最高裁判所」の任務を次のように定めています。

第一〇二条　選挙最高裁判所は、次の権限を有する。

（六）選挙の過程が、制約のない保障と自由の条件の下で実施されるために、国家警備隊に適切な措置を命じる。又、軍事動員が命令される場合にも、裁判所はすべての市民が自由な投票ができるように、選挙過程が妨害されない適切な措置を命じる。これらの措置は裁判所みずから又は任命された派遣者により採られる。

国民の防衛義務を明確にする一方で、徴兵制が敷かれても軍事動員された国民の自由な投票権は特別な裁判所によって保障する、防衛義務の名の下に政府に対する国民の民主的統制権を侵害することは許さない、というのがコスタリカ憲法の姿勢です。

これは、民主的憲法とはいかにあるべきかについて、一つの範例を示すものです。

軍隊を軍隊と呼ばない安倍改憲のごまかし

軍隊とは別に常設されている国家警備隊は、武装警察とみなされている。その意味では、軍事力・戦力ではない実力組織だと日本政府が主張する「自衛隊」に、表面上は似ているんです。けれど、決定的な違いがあります。

何よりまず、世界有数の武装組織である自衛隊を、軍隊ではないと言うのは無理です。しかし、日本では九条二項で「陸海空軍その他一切の戦力」の保有を禁じ、「交戦権」も否定しているのに、政府が勝手な解釈改憲で自衛隊は合憲だと押し通している。しかも、自衛隊に対する法的統制が憲法で定められていない。一方コスタリカ憲法は軍隊だけでなく国家警備隊の存在も明記し、統制規範を明定しています。

いわゆる安倍改憲案は、戦力の保有・行使を禁じた九条二項を残しながら、自衛隊を憲法に明記するというものです。これは、実質的には戦力である自衛隊を、戦力ではないという、現在の解釈改憲の欺瞞を、そのまま固定化しようとするものです。

コスタリカ憲法はそんなごまかしをしていない。国家警備隊をあくまで警察力の枠内にとどめ、この枠を超える軍事力を保有・行使するなら、憲法が定める手続きに従って、明示的に軍隊を組織し軍事動員を行えと、はっきり規定しているのです。

コスタリカ憲法の精神に従うなら、日本でも自衛隊を戦力として承認した上で、文民統制・国会統制などの戦力統制規範を憲法に明記するべきです。つまり「立憲的改憲」こそ筋の通った改憲案です。

時間がもうないので、最後に憲法改正国民投票について一言だけ。日本の護憲派は、国民投票はファッショだとか言って、つぶそうとするわけ。デマゴーグたちに先導された愚かな国民が、ポピュリズムに走ってナチ、ヒトラーを生んだ、と。

だからヒトラー政権を誕生させたのは国民投票だっていうチラシを護憲派は配布しているんです。しかし、これはまったくの嘘ですよ。ヒトラーが独裁権力を獲得したのは、国民投票によってじゃありません。全権委任法という国会の法律によってです。

ナチが第一党になったのも、共産党排除などのひどい干渉はありましたが、国民投票ではなく選挙によってです。その後の侵略・圧政について事後的に追認させるための国民投票はありましたが、これもひどい干渉圧力によるもので、これまで世界で二五〇〇ほど行われてきた国民投票の中で、きわめて少ない例外です。詳しくは、『国民投票の総て』（今井一編、［国民投票／住民投票］情報室発行、二〇一七年）という本を参照してください。

軍事力っていうのは、一番怖い国家暴力装置でしょう。日本ではこれが憲法の外で肥大化している。九条が戦力を縛っているという護憲派の主張はまったくの嘘。九条で戦力は存在しない建前になっているから、日本国憲法は恐ろしい軍事力を縛る、戦力統制規範を一切定められない。こんなのじゃ駄目だというのが護憲的改憲や、立憲的改憲の趣旨なんです。

笹　井上先生、ありがとうございました。それでは伊勢﨑先生、お願いいたします。

主権を発揮するコスタリカ、主権がない日本

伊勢﨑　伊勢﨑です。コスタリカの話があったので、そこから始めたいと思います。

コスタリカには、コスタリカ政府と、国際連合の国連総会で決議されてつくった、国連に関連する組織の中で唯一、「平和」を専門にする、「国連平和大学（University for Peace）」があります。僕は、その大学院の特別プログラムの客員教授をもう一〇年以上やっているので、コスタリカは身近に感じるのです。

今、井上さんがおっしゃったことは、その通りです。付け加えるなら、戦争を統制する国際法では、常備軍があるかないかはあまり関係ないのです。コスタリカ政府は、それをしっかり承知しています。

常備軍があろうがなかろうが、それを警察と呼ぼうが義勇隊と呼ぼうが、国家の意思で動けば「戦力(forces)」なのです。それを「武器の使用」と呼ぼうが「武力の行使」と呼ぼうが、国家の「自衛」の意志で使用されれば「交戦」なのです。

「交戦」中には、当然、間違いが起きる。誤爆、誤射、そして一般の刑法が管轄するものよりはるかに規模が大きい「過失」が発生します。

「交戦」というと、日本人は九条二項の「交戦権」つまり交戦するうえでの「権利」のようなイメージが先に立ちますが、実は違います。

交戦とは、交戦中に間違いを犯さないという国家の「義務」なのです。そういう間違いが、いわゆる「戦争犯罪(war crime)」です。

その戦争犯罪とは何かを人類が合意してきた歴史が、戦時国際法、今でいう国際人道法、すなわち交戦のルールです。具体的な条約としては、ハーグ条約やジュネーブ条約ですね。どういう殺傷と破壊をしてはいけないか、その定義として、病院の誤爆や、民間人を傷付ける行為を禁じています。原子力関連施設への攻撃もダメです。

ではどういう武器を使ってはいけないか、対人地雷禁止なども比較的最近の例ですが、現在の課題は、ロボット兵器をどう規制するかです。

交戦のルールは、未来永劫、非戦を最終目標として、慣習的に集積され続けているのです。人類はまだ世界政府を持ち得ていません。世界で起こる戦争犯罪を、人権というただ一つの共通概念から、強制力をもって裁き、罰する仕組みというものは、まだありません。

だから、この慣習法としての戦時国際法は、何が戦争犯罪かを合意するだけです。戦争犯罪を罰するのは、それを批准する各主権国家に託されているわけです。

この責任を行使しうる能力が、国際政治においては「主権」と見なされます。

当たり前ですが、ただ単に「戦争をしません」という、自分に向けたオマジナイだけで、その責任能力を発揮しているとは、見てくれません。

コスタリカは、まさしくその主権を発揮しています。つまり、今、井上先生が言われたように、いわゆる国民軍（public forces）っていう、自衛権の発動する時にコアとなる陸・海・空の、小規模ですが精鋭の部隊を、コスタリカは維持しているのです。

そして、交戦において国際人道法で定義された戦争犯罪を、もしも自らが犯した場合、それを裁く法体系を、コスタリカはちゃんと整備しています。常設の軍事法廷は持っていませんが、それ以外は持っています。死刑のない国ですが、戦争犯罪は最高刑に処せられることもあります。

残忍・悪質な日ジブチ地位協定を議論しなければならない

伊勢﨑　日本でも、国際人道法にフル対応できる、国内法の整備が必要だとお話しすると、即、「軍法会議の復活」だと短絡させて批判する研究者が、憲法学の世界におります。

非戦を究極の理想にかかげ、交戦における非人道性を一つ一つ排除しようと、努力を続けているのが、国際人道法の本質です。それを踏まえると、この憲法学者の主張は非常に悪質で、ある意味では非人道的なミスリード、意図的な印象操作です。護憲という政治目的のためとはいえ、いやしくも法を扱う研究の徒なのですから、しっかり襟を正して議論してもらいたいと思います。

軍刑法はあるが、通常の法廷で軍事裁判を行うドイツなど、国家の国際人道法の違反を律する体制づくりには、「軍法会議」以外の方策がいくらでもあります。

立憲民主党のほとんどの議員は、かつて旧民主党におられましたね。枝野さんも、もちろんご承知でしょう。ジブチへの自衛隊派遣を決定したのは自民党ですが、自衛隊の駐留を半永久的な軍事基地に固定化し、見事に運用強化したのは、旧民主党政権です。

ジブチは主権国家ですから、外国の戦力を駐留させる場合、当然ながら「地位協定」の締結が必要です。そうです。日本は、自衛隊の駐留のために、ジブチとの間に、地位協定を結んでいますが、その内容が、まさにジブチに対して「加害国」として振る舞うものなのです。

日米地位協定では、「加害国」アメリカによって、日本の裁判権が大きく損なわれていますが、日ジブチ地位協定における「加害国」日本の地位は、日米地位協定における「加害国」アメリカより、はるかに有利です。公務内、公務外に関わらず、全ての事件、事故の裁判権を、日本はジブチに放棄させています。

僕は日米地位協定の不平等性を訴える運動を応援しますが、実は、日本は、そうするための法的な根拠を、既に喪失しているのです。またこの事実を、沖縄の米軍基地反対の運動もスルーしているのです。日本国内を飛ぶオスプレイが墜落する危険性を糾弾する人々は、なぜジブチの空を飛ぶ自衛隊機が墜落する危険性を糾弾しないのか。

もし自衛隊機がジブチで墜落したなら、どんな状況がわれわれを待っているでしょうか。

地位協定における日本の「加害者性」は、世界で唯一のもので、まさに異常ともいえるほど悪質、残忍性さえあります。なぜなら、憲法上「戦力」を認めていないため、国家の命令による行動中の軍事過失は、国家の指揮命令系統の責任ではなく、自衛隊個人の責任であり、彼らの一般過失だと責任転嫁するしかありません。しかも、その一般過失として裁こうとしても、刑法の「国外犯規定」によって、ジブチにおける戦争犯罪は、日本の刑法の管轄外となります。

見事なまでの「法の空白」が存在しています。日本政府だけでなく、九条護憲のために法制度の議論を妨げてきた人々は、このような悪質な抜け穴体制を、まさに国是としてしまっています。

これは、個々の自衛隊員への人権問題であると同時に、外交問題です。

憲法および国内法の範囲では、自衛隊が海外で事故を起こす可能性を完全に「想定外」としています。一方、日ジブチ地位協定においては、相手国で自衛隊が事故を起こす可能性を「想定」し、その裁判権をジブチに放棄させています。

言わば「外交詐欺」です。駐留受け入れ国の主権と国際人道法をこれほどまでに蹂躙するような国は、日本以外にはありえないでしょう。

世界でも指折りの「無主権国・日本」という現実

伊勢﨑　日本で漠然とリベラルと呼ばれている思想グループは、強い反米かどうかは個々に開きがあるとしても、日米地位協定の改定には絶対に賛成でしょう。

ですが、実は、日本のジブチに対する加害者性に、日本のリベラルは無関心です。それは、日本自身が被害者となっている日米地位協定での、比類のない日本の「無主権性」への無関心とも、直結しています。リベラルが支持する九条が、いくら交戦を否定していても、日米地位協定によって「交戦しない」権利は奪われているのです。それも戦後ずっと。

アメリカと地位協定を結び、米軍の駐留を許す国は数多あれど、いまだに駐留米軍の「自由出撃」を許す国は日本と韓国だけ。こういった状況に対して、リベラル・護憲派はあまりに鈍感です。アフガニスタンやイラクといった、今まさに戦時であり、米軍がいなければすぐ壊滅するような国でさえ、駐留米軍の出撃にはノーと言えるのです。そうした「主権」が地位協定で保証されています。

これは、国際関係では当たり前のことなのです。だって、国防を駐留米軍に頼っているとはいえ、駐留米軍の出撃により、その受け入れ国は国際法上の「交戦国」となりますから。アメリカに対する報復攻撃を直接受けるのは、アメリカ本土でなく、受け入れ国である日本です。米軍の出撃にノーと言えるかどうかは、本来なら国民の安全に直結する大問題です。

国防、そして主権の観点から考えれば極めて当然のことですが、駐留米軍の行動は、受け入れ国の「許可制」なのが普通です。

アメリカにノーと言える主権国家の集まりが同盟であり、日本と同じく敗戦国であるドイツ、イタリアも、この主権国家どうしの関係を基礎にして、「NATO（北大西洋条約機構）」を構成しています。

NATOのような多国間の枠組み以外、二国間の同盟関係をみても、中国の進出に神経をとがらせているフィリピンでさえ、主権を持っています。在フィリピン米軍基地に米軍が何を持ち込み、何をやるかは、全てフィリピン政府の許可制です。日本の国防の無主権性は、本当に際立っています。

かりに米朝が開戦したらどうなるか。国会議員でさえほとんど忘れている「朝鮮国連軍地位協定」により、横田を本部に九つの在日米軍基地が、後方支援の拠点として実動を始めます。

「朝鮮国連軍」は、実質、米軍であり、現在の国連事務局が匙を投げている、東西冷戦黎明期の遺物なのですが……（板門店の共同防御地区に行けば、米軍がいかに「国連軍」のイメージを広報することに躍起か観光できます）。

そして、同協定は、「自由出撃」と「全土基地方式」（※1）が支配する日米地位協定と連動し、日本の全体が、自動的に、戦時国際法上の「交戦国」になります。

交戦しないという主権がない国を、普通は主権国家と呼びません。軍事占領されている時期ならともかく、現時点でも戦争しない権利を持たない日本とは、一体、何なのでしょう。「自動交戦国」というアメリカのための捨て駒でしょうか。

一方で、この状態を問題視して改善に動こうとする声は、左右ともにごく少数です。この主権感覚のなさ、自分たちの国家主権に対する思考停止には驚きます。ひるがえって、軍事過失だけでなく海外での一般過失も裁けないのに、自衛隊を海外駐留させるという、他国を加害し主権を侵害することへの思考停止は、もはや残忍でさえあります。日米地位協定と日ジブチ地位協定は、日本人の比類なき無主権感覚というコインの表と裏をなしているのです。

九条がある限り日本は属国から抜け出せない

伊勢﨑　日米地位協定の「改定」と「破棄」は全然違います。

破棄、つまりアメリカ軍に出ていけということを実現するには、一時のフィリピンのように火山が爆発するとか、一時のイラクのように大きな事故が引き金となって、反米国民運動が巻き起こるとか、そうした状況を待つしか可能性はありません。

ですが、われわれが〝平時〟において、日米地位協定の改定をアメリカと交渉することは可能でしょうか。僕は十分できると思います。

なぜなら、アメリカが世界中で結んでいる地位協定の「世界標準」では、大使館をお互いに置き合う外交特権のように、互いに同じ権利を認め合う「互恵性（reciprocity）」が基準になっているからです。ドイツ、イタリアを含むＮＡＴＯ諸国には、アメリカも当初から互恵性を認めていました。冷戦が終わり、米軍駐留の正当性が各国で問われ、世論が形成されはじめると、この互恵性をフィリピンのような二国間の同盟にも認めるようになりました。なので、フィリピン軍がアメリカ本土に駐留した場合にも、過失時の裁判権は米軍がフィリピンで得ているものと、まったく同じ特権が得られるのです。

実際には米軍の駐留規模の方が圧倒的に大きいでしょうが、米軍とフィリピン軍は法的には「対等」であり、「アメリカができることは相手国もできる」「自分がして欲しくないことをアメリカは相手国に対してすることはできない」という関係性にあります。

つまり、日米地位協定において、この互恵性を獲得することで、「自由出撃」「全土基地方式」はもちろん、日本の主権が及ばない「横田空域」の存在なども、一瞬にして消滅させることができます。また在日米軍の訓練を含め、そのすべての行動は、日本政府の「許可制」になります。

これが、主権国家同士の同盟の世界標準です。だから、アメリカとの交渉カードは「国際比較」だけで十分です。日本と韓国が、唯一、この世界標準から取り残されています。だから日韓が協力すれば、地位協定の改定交渉はより一層簡単になるでしょう。

しかし、日本には、韓国にはない、アメリカに突かれそうな弱点があります。僕がアメリカの交渉官だったら、絶対にこう言います。互恵性を認めてもいいけど、アメリカ国内に自衛隊が駐留した場合、自衛隊の軍事過失もしくは一般過失を裁けないじゃないかと。

これは、先ほど日本がジブチに被せる比類なき加害者性として紹介した点です。それが、ひるがえって、日米地位協定改定の障害としてわれわれの前に立ち塞がるのです。

この問題の根源は九条二項です。実態として「戦力」があるのに、九条二項があるため、「戦力」の存在を認められない。それゆえ「戦力」が犯した過失の責任を問うこともできない。だから九条二項がある限り、日米地位協定の改定は不可能です。

高森　日米地位協定を変えようじゃないかと、もっと言えば、日米安保条約そのものを見直そうと、護憲派は主張してきたわけです。ただその主張を実現するための手だてを何ら打とうとしないどころか、手だてとなる九条二項の改正は断固阻止する、という姿勢をずっと貫いているわけですよね。米国のお先棒を担いでいると言われても仕方がないでしょう。

国際法を無視しても従米をつらぬく日本

山尾　ジブチとの地位協定の問題と日米地位協定の問題を、フェアに解決すべきという問題意識は、立憲民主党の中でも議論になっています。

あと、ついこの前、シリアが化学兵器を使ったのではないかということで、米、英、仏が軍事行動を起こしました。これに対して、問題点を法的に指摘する論調がすごく少なかったんです。あの軍事行動は個別的自衛権でもなければ、集団的自衛権でもない。国連の決議もないから、集団安全保障でもない。つまり国際法上では本来なら認められない軍事行動で、あえて言うなら、侵略戦争のカテゴリーにも入り得るものだったんです。

政権与党だけでなく、残念ながら私たち立憲民主党のあいだでも、そういう指摘があまり出てこないですね。このことは、伊勢﨑さんもかなり怒っておられると思います。

伊勢﨑　戦争に関する国際法のレジームは二つの概念で構成されています。これは国連ができる前から現在まで不変で、これからも変わらないでしょう。

一つは開戦法規。国家のような「交戦資格」のある主体が武力の行使を開始できる「言い訳」です。もう一つは、交戦法規。開戦法規によって始まった武力の行使、つまり交戦において、「やっちゃいけないこと」リストの集積です。すでに説明した、起こりうる戦争犯罪を規定する国際人道法ですね。

現代の開戦法規は、国連憲章五一条です。国連憲章で許される開戦の言い訳は、自衛権の行使と、国連安保理が決議する集団安全保障、この二つしかありません。国家独自の判断ができるのは自衛権だけです。それ以外のものは、全て侵略行為とみなされ、国連全体が敵に回ります。人類の開戦への統制は、やっとここまで来たのです。

昔は宣戦布告すれば戦争できる時代がありましたが、今では厳禁です。戦争する権利、交戦する権利は、九条に言われなくたって、九条ができる前から、とっくの昔に「死語」なのです。でも、交戦は偶発的に起きたり、侵略者が現れることがあります。そうした場合に取り得る手段として、一国で対処する個別的自衛権と、同じ脅威を明確に共有するお仲間と共同で対処する、集団的自衛権が認められています。どちらも自衛権です。でも、それは、国連安保理が行動を起こすまでの束の間だけ認められた権利です。ただ、二〇一八年四月に行われた、トランプ政権によるシリアのアサド政権へのミサイル攻撃は、アメリカ単独でやったでしょ。これ実は、国連史上まれに見る開戦法規違反です。

別にシリアにアメリカ人がいっぱい住んでいるわけじゃない。シリアのアサド政権はアメリカの主権を脅かしている交戦国ではありませんから、アメリカの個別的自衛権は成り立たない。単独ですから集団的自衛権も成り立たない。かつ、国連安保理決議もない。

だからこそ、アメリカ国内はもちろん、トランプのミサイル攻撃に支持表明したNATO諸国でも、国際法の研究者や法曹界が一団となって、おかしいじゃないかと声明を出すわけです。

安倍首相も支持表明しましたが、日本ではどうでしょうか。僕は日弁連で講演した時にこれを聞いてみて、「ああ、そうですね。でも、やっていません」といわれました。

高森　倉持さん、耳が痛いね。

倉持　僕は、日弁連のはぐれ者ですよ（笑）。

伊勢﨑　日本には戦争と平和に関する国際法の優秀な専門家がちゃんとおります。でも、なぜか、こういうときに発言しないのです。ひるがえって九条が問題になり、政治的な色がつくことを恐れてでもいるのでしょうか。何か奇妙なタブー感が漂っています。

しかし開戦法規を問題にしない社会は、非常に危ういと思います。感情論だけで武力行使をしかねない。

井上　ちょっといいですか。憲法九条二項があるにもかかわらず、自衛隊と日米安保は認めるっていう護憲派の欺瞞を批判する点では、国際法学者と、法哲学者である私は、わりと意見が一致しているんです。

二〇一六年一月に、国際文化会館の戦後七〇周年記念のシンポジウムでこの話をしました。かつて国連の事務次官を務め、日本でも有名な明石康さんが国際文化会館理事長でしたが、終わった後のパネリストたちの食事会で、明石さんが国際的な外交官らしく巧みなジョークを交えて、私にこうおっしゃいました。「井上さん、私もあなたと全く同じ意見だ。ただ違うのは、私はあなたほど、はっきりそれを言う勇気がないことだ」と。九条はこのままじゃ駄目だという意識は、国際法のプロは持っているんです。

しかし、九条について問題意識を強くもっている国際法学者たちも、米国の国際法違反に対する批判的姿勢は、皆無ではないが弱い。今、伊勢崎さんがおっしゃったように、トランプのシリア爆撃は明らかに国際法違反ですよ。でも国際法学者は何も言わなかった。

最近、国分寺のパブで開かれた伊勢崎さんのジャズ・ライブに、山尾さんがゲストとして出るというので、私は客として行きました。そしたら伊勢崎さんに、いきなりこの問題を振られた。なんで、日本の国際法学者は黙っているんだ、と。外務省はアメリカと喧嘩したくない、そんな外務省と日本の国際法学者は仲良くしていたいからじゃないかって、言っちゃったんだけど、国際法学者じゃないんで、本当のところは分かりません。

ただ、今、非常に危険なのは、アメリカの行動なら是非を問わず追従する日本のような国の姿勢が、アメリカの国際法違反を合理化するために利用されうる、ということです。

国際法において主権国家を拘束する規範として、まず当該国家が同意して締結した国際条約があります。しかし国際法にも、個別国家を同意なしに拘束する強行法規（*jus cogens*）というものがあるんです。

これは基本的にさまざまな多国間条約や、国連の諸決議、国際司法裁判所の判例などの積み重ねを経て、国際社会において歴史的に確立した国際慣行として、法的拘束力があるという信念が広く共有されている諸規範で、侵略戦争の禁止や、戦争遂行方法における国際人道法上の規制などはその典型例です。

こういう強行法規というものを、国内法を議会立法で変えるように、「世界立法議会」みたいなもので変える仕組みは、今はないんですよね。そうすると、既存の強行法規を変更するには、それと異なる慣例を、国家の実践によって国際社会に広めていくしかない。

今、アメリカでは、国際立法のこの限界を逆手にとって、アメリカの国際法蹂躙行為を擁護する議論が出てきている。国際強行法規を変える立法手続きが存在しない以上、ある国家が既存の強行法規に不満な場合、それを変えるために可能なのは、それに違反する行為をすることだ。最初は違法だと言われても、十分な数のフォロワーが出てくれれば、国際法は変えられる、と。

この議論は、「赤信号、みんなで渡れば怖くない」じゃなくて、「赤信号、俺が渡るから、お前らついてこい」っていう考え方です。既存の国際法に本当に問題があるなら、どこが問題か、どうそれを変えるべきかについて、国連などの国際的な協議プロセスを使って国際社会で広く議論すべきなのに、それをバイパスしている。自分に都合の悪いルールを勝手に蹂躙するアメリカの行動を「国際立法の欠陥の是正」としてむしろ合理化していると言える。日本の対米追従はまさに、赤信号を渡る親分に従う、チンピラの行動です。

違憲の自衛隊・安保も一定期間続けば、合憲化するという考え方が、九条をめぐる議論の背景にあるけど、法を破り続ければ法を変えられると主張する点で、これもまさに同じような議論。アメリカは国際法上許されない軍事行動を取っているけれど、それを追認する動きが固定化することで、国際法の強行規範が変えられたと判断できちゃうわけ。これは、ちょっと危ないですね。

アメリカからの戦争のお誘いを日本は断れない

山尾　国際法が曲がりなりにも認める範囲で、せっかく集団的自衛権を一部解除したんだから、おまえのところも武力攻撃に付き合ってくれよってアメリカから言われたら、今の日米関係で、断れるんですか。だから私たちは個別的自衛権に絞ろうと考えています。その代わり自主防衛は、少なくとも短期的には強化しなければならない。今の憲法九条には自衛隊の存在も書かれておらず、自衛権の根拠もない。憲法上、自衛隊はいわば透明人間なので、縛ることができない。これが今の憲法九条の問題点です。

一方で、安倍さんは自衛隊を憲法に書きましょうと、透明人間に色を塗って見えるようにしてあげましょうってことを言っている。でも、自衛隊を縛りません。

結局、憲法によるコントロールを諦めているか、そもそもやりたくないか、どちらかでしょう。いずれにしても、アメリカの戦争に巻き込まれることを防げない、という点では同じです。護憲派の人たちにも、改憲派の人たちにもともに、日本の安全を本当に守るための議論はできていますか、ということを言いたいですね。

もう一つ、憲法の話になると、どこからともなくやってきて話をする、自民党の高村正彦さんっていう人がいます。この人が『中央公論』という雑誌で、安倍改憲の正体を図らずも語ってしまっているんです。面白いのは、聞き手（井上武史・九州大准教授）が、安倍改憲が成功した後で憲法解釈を変えて、武力行使の基準を変えることがあるかと聞くところ。高村さんは次のように言いました。「安倍総裁はここが限度だと言い切ってます」。

恥ずかしくて自分の考えとは言えないのでしょう。高村さんは弁護士資格も持ち、安倍総理よりも法律に明るい方です。だから安倍総理が言った、自分の考えではない、と逃げをうったのです。

高森　嘘もつきたくない。

山尾　嘘もつきたくない。これが全てです。要するに、今の安保法制より基準を緩和するつもりはないと、安倍総理は言ったが、本当かどうか自分には分からないとおっしゃっているわけです。

安倍改憲は動機が不純である

笹　枝野幸男先生がいらしてくださいました、どうぞ拍手を。枝野先生、お越しくださいまして、ありがとうございます。

枝野　遅れてきてすぐに帰ることになって申し訳ないんですが、きょうは憲法記念日なので、いろんな集まりをはしごしておりまして、すいません。でも、顔を出せて良かったです。

笹　今、ちょうど、山尾先生が安倍改憲とは何かというお話をされていたところだったんです。ちょっとその辺りのところを、また、枝野先生のお考えもお聞かせください。

枝野　立憲民主党の憲法論は、山尾さんのお話で大体済むんです。そもそも、なぜ、憲法を変えようとしているのか、動機が不純であると。つまり、憲法によって権力が縛られているから、その縛りを少しでも外したいという政権側の都合と、それから、長いあいだ変えていないんだから、自分が変えて歴史に名前を残したいという個人的な野心と、それ以外にちょっと考えられないんです。だからこそ、最初は憲法改正の発議の三分の二条項をどうするか、みたいな変えやすいところから議論を始めました。

それから、最後はやっぱり九条にきましたけれども、他のいろんな条項の改正案も散らしておいて、何でもいいから変えたいという姿勢だし、変える方向が全部、憲法による権力の縛りを減らそうという方向でしかない。縛りを強めるという方向の話が一つも出てこない。したがって、動機が不純なので論外、というのが、安倍改憲の意味だと思っています。

だから、「安倍政権下での憲法改悪は許さない」という言い方に対しては、「安倍政権じゃなきゃいいのか」という反論が必ずあるんですが、そもそもこの人の動機が不純であるし、方向性が立憲主義とか憲法を理解していないので、やっぱり安倍政権下での憲法の議論は進めようがないね、というのがわれわれの立場だと思っています。

枝野　今の状態が続けば発議までいってしまう、ということもよく聞かれると思うんですが。

笹　楽観してはいけないと思っているんですが、憲法改正はそう簡単ではないという状況にも間違いなくなっていると思います。

国会って、過半数を持っていれば何でもすぐ決められるかといえば、そうではない。安倍政権の四年間で、国会運営の良き慣習が壊されているのは間違いないんですが、全部が全部、壊されたわけではない。改憲の発議をしようと思ったときに、どれぐらいの審議時間が要るのかとか、連立与党に公明党を抱えている中で、どこまで乱暴なことをやれるのか、などということを考えたときに、今の政治的体力の下、いろんな政治日程を考えたときに、発議を押し切るのは簡単ではないという状況に、急激に変化しているのは間違いないと思います。

それから、ここは多分、小林さんと若干、認識の違うところだと思うんですが、発議をしたら国民投票でどうなるか。これもあんまり楽観しちゃいけないんですが、イギリスのEU離脱の国民投票とか、大阪の大阪都構想の住民投票とか、大方の予想に反して否決されました。

良くも悪くも人間って保守的なところがあるので、急激に変えるということに対して、強引に物事を進めると、そうはいっても国民投票で、これは怖いよねっていう人が必ず投票に行く。だけど、例えば世論調査で聞かれると、七〇年変わってないんだから、変えてもいいんじゃない？　というような人は投票に行かない人が多い。なので、否決される可能性が結構高い。安倍さんはともかく、自民党でまともに憲法を考えている人たちは、意外とこういうことを分かっています。

笹　一番怖いのは、そうやって何も考えていない人たちが暴走する可能性もゼロじゃない、ということですよね。

枝野　政治的に言えば、やっぱり安倍さんを自民党の総裁でなくすること。これで状況は大分変わります。石破さんも同じように九条改正を考えていますが、さすがに安倍さんよりは真面目に考えているので、安倍さんみたいな分かっていないがゆえの暴走は、石破さんにはできないと思います。

安倍首相こそもっとも強硬な護憲派

小林　じゃあ、発議されたら、とにかく反対って仕切っていくっていうことですか。

枝野　むしろ僕は今のうちから、国民投票で否決するっていう運動をしているつもりです。強引な発議にも賛成する人が、国会には三分の二いるでしょうから、国会の中で呼び掛けるというより、国民の皆さん、しかも、現時点ではあんまり関心を持っていない人に、やばいよねっていうことをどれぐらい感じてもらえるのかが決め手になると思います。

一年前の憲法記念日前後の世論調査と、今年の世論調査で、憲法改正に明らかに消極的な回答も増えていますので、一定の効果は上がってきているんじゃないかと思います。

小林　今日の産経新聞に、オリンピックの後じゃなければ発議はできないんじゃないか、みたいな記事が載っていたけど、それまでに憲法論議そのものがしぼんでしまう。憲法論議自体はどう思ってます？　そのまましぼませていいと思いますか。

枝野　憲法論議は、二〇〇〇年代に入るときから憲法調査会がつくられて、そこから二〇年ぐらいやっているわけです。一番議論が進んだのはいつなのかというと、安倍さんみたいな人が余計なことを言わなかったとき。憲法調査会が、憲法調査特別委員会に切り替わりました。調査報告書を出したうえで、国民投票法を作るために、普通の委員会にしなきゃいけないと。自民党の中山太郎さんが委員長を務めました。この調査報告書の作り方は画期的で、最終的に調査報告書は委員会で議決したんですが、議決のとき当時の社民党と共産党は反対しましたが、彼らも中身にはコミットしているんです。当時、社民党のメンバーは辻元さんで、実は今われわれと一緒なんですが。とは言いながらも、全体構造としては社民と共産は議決には反対するというので、粛々と議決されたんです。当時、野党第一党の民主党が賛成して。このときが一番、進んだんですよ。

邪《よこしま》な考えで憲法をもてあそんでいる人が黙ったほうが、まっとうな議論は進むって、僕、ずっと言い続けています。最も強硬な護憲派っていうのは、実は安倍晋三さんなんです。あの人が余計なことを言うたび、まっとうな憲法の議論は止まるし、後退すると。あの人が退場して、勢力が小さくなることで、初めてまっとうな議論ができると思っています。

小林　例えば自民党の第二次改憲草案を見たら、立憲主義になってないじゃないですか。むしろ国民を義務で縛ろうとするような。でも、ああいう感覚の人が自民党の議員の中では多数派なんでしょう?

枝野　自民党の議員の中でも、あんまりよく考えてない人を中心に、多数派ですね。逆に立憲主義をちゃんと分かっている人を数えたほうが早いと思います。

小林　立憲民主党で枝野さんが主導して憲法を改正するとしたら、立憲主義をちゃんと貫徹する憲法にするっていうことですよね。

枝野　それは、別に立憲民主党じゃなくたって、本来、近代社会なら当たり前です。その当たり前のことがこの国では共有されていない。当たり前のことを共有するためには、立憲主義の観点に立てば、本当はこういう規定にしたほうがベターじゃないですか、みたいな話をきちんとしていくことだと思います。

小林　わし、ばらしてしまうけど、長谷部恭男っていう、憲法学の権威とされている人が何人か連れて、立憲民主党のほうに行って、それで山尾さんを暴走させるなっていうようなことを訴えに来たことがあるんですよ。ふざけたことに。政治家でもない学者が。

高森　山尾の暴走を止めろと？

小林　止めろと言ってきたことがあるんです。枝野さんがそのとき、山尾さんを出して、長谷部さんと直接会わせて、それで、うちは山尾さんにやらせていますのでと、面と向かって言ったら、長谷部さんはなんも言えなかった。で、すごすごと去っていった、そういうことがあったの。

だから、そういう枝野さんの態度を見ていると、やっぱり立憲主義を貫徹するっていうトーン、ポリシー、そのものを守ろうとしているんだな、ということが分かって、信用できるんですよ。

長谷部恭男さんの、この『憲法の良識』（朝日新書）っていう本、まだご覧になってない？

枝野　一応、見ております。

小林　ひどいでしょ。これ。われわれが言っていることと全然違うんです。わざわざ山尾さんの名前まで出してね。

笹　自衛隊のできることをポジティブリストとして憲法に書く、とか。

小林　ただ、山尾案をつぶせばいいっていうふうになってるわけです。

政治的な意図をもって憲法を語る人々

枝野　実は、きょう、いじめられたらこの話をしようと思ったんですが（笑）。憲法論って非常に難しくて、憲法論と政治論が一番、密接不可分になるのが、憲法っていうテーマなんです。なので、憲法論として何が正しいかっていう話と、それから政治論として、今、何ができるのか、何をすべきなのかって話が密接不可分なんです。

あえてどなたとは言いませんが、例えば憲法学者さんとかで、憲法論としての議論の中に、政治論が入ってきてしまう。安倍政権と同じ土俵に乗ってしまったら、政治的に向こうに巻き込まれるんじゃないかと。これは政治論なんですよね。それはそれで、政治論としては僕もその通りだと思いますが。だけど、その政治論と、憲法論としてどうあるべきかっていう話は切り離さなければならない。立憲的改憲っていうのは正しいけど、どのタイミングでどういうふうに打ち出すかによって、正しいことでも逆の効果を生みかねません。政治は時間の関数なので。

憲法論と、それを実現するための政治論を分けないといけないのに、どうしても一体化してしまう。良くも悪くも密接な関係があるので、しょうがないんですよ。

けれども、その混乱がいろんなところで起きている。これは特に政治の側が気を付けなければいけないことだと思っています。学者さんが学問的見地からだけでなく、いろいろ思い余って政治論に踏み込むとは往々にしてあるだろうと思うので、政治の側が政治論と憲法論をちゃんと理解して使い分ける必要がある。こういうことだと思います。

井上 一言だけ。立憲的改憲を出す政治的タイミングとおっしゃったけど、これには二つあると思います。安倍政権の下で国会で発議をし、国民投票にかけるまでというタイミングと、今から憲法論議の土俵に選択肢として乗せておいて、検討を開始しておくというタイミングです。

前者のタイミングはまだ先で、国会発議を急ぐべきではない、その前に十分議論しなければならないというのは賛成です。しかし、十分議論するためにも、後者のタイミングはもう先送りできない。これまで先送りしていると、結局、「安倍的改憲」みたいなものしか国民に選択肢が示されず、これが発議・国民投票の最終的なタイミングまでも支配してしまうことになります。

伊勢﨑さんたちが提唱した護憲的改憲は、九条削除論の私も「次善策」として支持しましたが、こういう立場は、学者・言論人が提唱している間は、ほとんどメディアで取り上げられなかった。けれど、政界で山尾さんが「立憲的改憲」を唱導し始めてくれたおかげで、今、政治の選択肢としても注目されるようになってきた。

でも、その中身はまだ十分、理解されているとは思えない。だから対抗的な改憲案には立憲的改憲がありますと国民に提示して、議論を深めてもらうには、もう待ったなしじゃないですか。

理想を目指しながらワーストを避ける営み

枝野　まさにそこは政治論のところで、そういう考え方があるのも分かりますし、全体として、どういうマネジメントがいいのか、という話です。憲法論については、今までは私がやっていた話を、党首の立場では政治論を優先しなければならず、いろいろとやりにくいところを、山尾さんが代わりにやってくれています。こういう役割分担ができる状況になっているなと思います。

憲法論については、山尾さんが言うことと、私の言うことはほぼ一緒だと思っていただいていい。ただ、政治論としてどうするかって話は、また別にある。

政治っていうのは、理想を目指しながら、ワーストを避ける営みです。ベストを目指すということを忘れてしまったら堕落しますけど、まずはワーストを避けることを忘れてはいけない。ゆえに政治論としてバランスを取りながら、あるべき論はしっかりと積み重ねていく。そしてそれをちゃんと広めていくということだと思います。

小林　立憲的改憲によって日本の主権を回復させないと、シリアの爆撃とか、アメリカが仕掛けていく戦争に意見もいえないし、日本も巻き込まれかねない。日米地位協定の問題も全部残っているし、日本がこのままアメリカの保護領か属国のままでいいとは誰も思いませんよね。

政治的に今は属国でも仕方がない、みたいな感じで自民党の議員はやっているのかもしれないけれど、さっき言われたみたいに、自分たちの目標として、日本人がちゃんと日本の主権を取り戻すという方向に持っていったほうがいいって、枝野さんも思っておられるわけでしょ？

枝野　そうでないと、例えば沖縄の基地問題も絶対に解決しません。他国の領土に、しかも沖縄にだけ、軍隊が七〇年も駐留しているなんて話は、普通あり得ないことなのであって、その状況を解消しようと思ったら、僕はアメリカとの二国間関係は日本にとって最も重要な関係であり続けると思いますが、もうちょっと対等な関係にしなければ沖縄問題の解決はあり得ないでしょう。

それから朝鮮半島において、南北の融和がそんなに劇的に進むかどうか。楽観視はしていませんが、でも東アジアの国際関係が一〇年も二〇年も今のままかどうか、全く分からないわけです。米中国交正常化自体が日本の頭越しに、ある日突然、勝手にやられて、日本は慌てふためいた、ということがかつてもあったわけです。日本がアメリカにとって、東アジアにおいて最も貴重な存在である、という状況が未来永劫続くはずはないわけです。そのときに備える動きは、今から始めても遅いぐらいでしょう。

もっとアメリカに対して、日本は自律的に、かつ国際社会の中で行動しなければならないし、そのためには、国内における、憲法を筆頭とする法秩序自体を、一気にはできなくても、少しずつ、そういう状況に備えて変えていかなければならない、というのは間違いないと思います。

立憲民主党の憲法に対する考え方

小林　辻元的な、教条主義的護憲派っていうのは立憲民主党にいっぱいいるんですか。

枝野　辻もっちゃんは、別に教条主義的護憲派じゃないですよ。

小林　本当に？（笑）

枝野　全然、違う。だからこそ、当時、社民党であったにもかかわらず、さっき言った憲法調査会の、衆議院の調査報告書を作るときには、絶対こんなもの作るのは反対だっていうんじゃなくて、ちゃんと中身にコミットしたんですよ、彼女。

私が立憲的改憲論であることは彼女も十分、知っています。立憲民主党は護憲ではない。かといって、安倍総理みたいな改憲にも絶対、反対するということ。護憲ではないということを常に強調してます。きょう私の名前で発表した談話も、山花憲法調査会長が事実上、作っているんですが、そのことをきちっと強調しています。それを前提に党を旗揚げしているし、それを理解していただいて立憲民主党に集まっていただいてるので、教条主義的護憲派はわが党にはいません。

小林　そうなの？

枝野　ただ、まさに政治論として、今、立憲的改憲論を高らかに党として打ち上げると、それは安倍さんの思うつぼじゃないですかっていうことです。

今、どうすべきかっていう話については、山尾さんは少数派です。だけど、それはまさに政治論として、そのタイミングなのかどうか、という議論にすぎなくて、あるべき論として、憲法を絶対に一言一句たりとも変えてはいけない、という立場では全くありません。九条についても、立憲的に自衛隊のできること、できないことをきちっと明確にするということについては、基本的に私自身がずっと言い続けていますから、異論はないです。

山尾　立憲民主党の公的ペーパーである「憲法に関する当面の考え方」にも書いていただいたんですよね。自衛権についてきちっと統制するならば、「明確かつ詳細に明記する必要があり、それは相当大部かつ厳格な規定となる」ということを。

高森　じゃあ、小林さんが辻元さんの応援演説をしたのは間違っていなかったんですね。

枝野　全然、間違ってないと思いますよ。

小林　信じられん（笑）。

笹　良かったですね（笑）。

枝野　でも、小林さん、辻元さんのこと、教条主義的護憲論だと思って応援してくれてたんですか。

小林　それは、だから……。彼女の平和主義っていうのはいいと思うんですよ。わしも自分のことを平和主義者だと思っているから。最近わしのことを知った人はそうは見ていないかもしれんけど。

枝野　けど、それをどういう手段でやるかっていうときに、例えば今の憲法でも自衛隊を派遣しているのに、自衛隊の存在を書き込むっていう安倍加憲案を国民投票にかけたとき、それを否決してしまうと、本当に自衛隊の人たちがかわいそうな状態になると思うんですわ。

小林　そうなんです。

枝野　て、いうふうにも思ったんですよ。だから、これはやっぱり否決するわけにもいかない、賛成票を投じるしかないなと思っていたんだけど、その後、いろいろ憲法の勉強をしていくと、自衛隊のみを明記して、そのうえ集団的自衛権はもう認められてしまっているわけだから、結局、集団的自衛権も合憲っていう形になってしまう。

なおかつ、自衛権の統制が効かなくなると、非常にまずいんじゃないか。さらに自衛隊だけが憲法の中で明記されると、非常に特殊な組織っていうことにもなってしまうので、これはもっとやばい方向に行くんじゃないか。そういう気持ちがだんだんわき起こってきて、これは反対票を投じるしかないなと。

だから、やっぱり自衛隊明記っていうこと自体がどれほど、どんな危険性があるかを今から予期して、まずいかもしれないっていうことをどんどん言っていったほうがいいと思うんですよ。

枝野　そうですね。この一年でそう言ってきたつもりなんですけど、新聞やテレビが切り取るところが、古典的護憲論的なワードを切り取ったほうが記事を書きやすいから、どうしてもそうなっちゃうんだけど、立憲民主党は古典的護憲論じゃないですから。

自衛隊明記とか自衛権明記を今のような単純な形でやったら、むしろ、問題は深刻化するよねってことは、実はいろんなところで発信しているんだけど、多分、記者さんにとっても難しすぎるのか、そこは切り取ってくれないので、繰り返しやっていくしかないなと思っています。

国民投票法とポピュリズム

井上　これは枝野さんへのいじめじゃなくて、励ましなんだけど、一言。本当はこれ、伊勢崎さんに委ねるべきことなんだけど、私からも言っておきたい。

伊勢崎さんがおっしゃったように、すでにジブチに自衛隊基地がある。自衛隊の飛行機が落ちてジブチ国民に被害を与えるかもしれない。そのとき、法的コントロールは全くない。

枝野さんは昨年八月六日原爆記念日のゴー宣道場での私との討論で、こういう自衛隊に対する法的コントロールの欠損を埋め合わせるために必要な軍事司法制度の整備は、九条や特別裁判所を禁止する七六条二項など、憲法の改正をしなくてもできると主張されました。私はその憲法解釈には反対だけど、それは別として、自衛隊が今海外に派遣されていて、常駐基地まで持っていて、事故を起こしたときの法整備が全くないって状況は、もはや放っておけない。枝野さんの言うように、憲法改正とは別にやれるというなら、直ちにやるべきですよね。これ、真っ先に取り組むべき話じゃないの？

枝野　それはそのとおりだと思います。なので、法務部会長、よろしくお願いします。

山尾　今、この場で承りました。

倉持　国民投票法ができた当時、自民党はどちらかといえば公職選挙法と同じようなものを作って、その規制を緩めていく方向で、民主党はゼロからなるべく自由に作りあげていくっていうマインドだったと思うんですね。このとき、規制をしない方向の中心にいたのが枝野さんでした。

今回、国民投票法を改正し、CM規制、スポット規制、資金規制であるとか、いろんな規制を入れるべきだってことを、立憲民主党や公明党なんかも言っているので、憲法調査会において議論されていくと思います。けれども、まだ一回も国民投票をやっていない状態で、法律を改正する理由ってなかなか難しいと、個人的には思っています。現実の投票がないのに不都合が生じた等含めて、何かあのときと立法事実に変化が生じたのか論証する必要があると思います。

状況としては分かるんです。国会の三分の二を持っている人が、暴走するライオンみたいな人なんで、規制をかけたほうがいいじゃないですか。もっと意地悪く言うと、野党が負けそうだから、ルールを変えたほうがいいんじゃないですかと。

そう聞こえちゃうと、その後の憲法改正の議論にも悪影響を与えかねないとも思うんです。国民投票法の改正については、枝野さんはどうお考えですか。

枝野　国民投票法成立時に気付いていなかったことがあります。したがって、当時の判断のうち、いくつかは間違いでしたと、これは何回か言ってます。

スイスは毎月のように国民投票をやっていますから、国民投票法を作るにあたって検討したんですが、スイスと日本では人口、民主主義の形態、歴史も違う。その後EUの国民投票と、大阪都構想の住民投票という、まさに同じようなケースで何が起こるのか見ることができたわけです。大衆民主主義が行くところまで行っている国では、こういうことが起こるんだっていう前例というか、モデルケースを、国民投票法制定の時点では知ることができなかった。イギリスを見て、そして大阪を見ると、放っとくととんでもないことになるっていうのが、当時気付かなかった事実です。

山尾　国外過失犯の規定がない状態を埋めるような法制度、法務部会でやらせていただきたいと思います。
沖縄の負担を軽減するために、地位協定を正常化するなら、やるべきことが二つあります。一つはまず国内法制度の穴をしっかり埋めること。もう一つは、ジブチに対して加害者的な立場に立っている状況を、フェアに戻すこと。これらがあって初めて、日米関係において日本が被害者的地位にあることのアンフェアさを主張できるというお話でした。こういう問題意識に立って、党内の研究会や勉強会といった、法案を出すような組織を、ぜひ党内につくってもらいたいなと思います。
もう一つは、皇位検討委員会。二〇一九年五月一日に新天皇の即位が行われるわけですが、それも党内にぜひ。

枝野　皇位の話については実は春先からつくるって言ってたはずなので、急ぎたいと思います。

高森　私からもぜひお願いします。

枝野　余計なこと言い過ぎるってときどき言われるんですが、地位協定の話はどういう形でやるか、きちっと準備をしておかないといけないと思っています。僕はアメリカとケンカをしちゃいけないと思っているんです。仲良くしながら、でも、ちゃんと言うべきことを言っていくためには、アメリカを身構えさせない状態で政権を取らなきゃいけないと思うんです。
沖縄の辺野古の話は、政権を取る段階でアメリカを身構えさせてしまったので、なかなか話が進まなかったんですよ。だからわれわれはこういうことを考えているんだと、アメリカの特に野党勢力と、水面下でコミュニケーションを取っていく必要があります。

山尾　ありがとうございます。

枝野　当然、山尾さんにまた仕事がたくさん降ってくるっていうことなので、よろしくお願いいたします。

師範との質疑応答

立憲的改憲は自衛隊のポジティブリストではない

泉美　長谷部恭男さんの、この本（『憲法の良識』）の中で、なぜか山尾志桜里さんだけが、名指しで攻撃されています。長谷部恭男さんは、立憲的改憲論というのは自衛隊のできることをポジティブリストとして、憲法に書き込もうと主張している、と書かれています。

本日の前半の議論で、自衛隊ではなくて自衛権のことだというお話がありましたが、長谷部さんはポジティブリストとか自衛隊、自衛権っていう言葉を整理せず使っているような気がします。

長谷部恭男さんは憲法学者ですよね？　どうして言葉を整理せずに使ったのでしょうか。山尾さんから長谷部さんへの反論があれば、お聞かせください。

山尾　まずは、長谷部先生の弁護から入りたいと思います。長谷部恭男先生って、安保法制のときに自民党に呼ばれながら、安保法制は違憲だと言った憲法学者です。

この本の前書きには『専門知識がなくても分かるように、従来の私の本に比べ、議論の精緻さよりシンプルな説明を心掛けました』と書いてあります。恐らく長谷部先生は、自衛隊と自衛権の区別は、一般の人には難しいと考えたのでしょう。それで立憲的改憲を説明するのに、自衛隊のポジティブリストを憲法に書き込むものだと、ざっくり書かれたのではないかと思います。

高森　弁護というより、当てこすりに近いですね（笑）。

山尾　いや、弁護から入りつつ反論するつもりなんです（笑）。二つ反論していきたいと思います。

一つは、立憲的改憲論で私が提唱している九条論は、自衛隊ができることのメニューを憲法にリスト化するということではありません。

自衛権の発動要件について、今まで解釈で専守防衛、個別的自衛権に限るとされてきたものを、集団的自衛権にまで拡大解釈する政権が出てきたので、恣意的な解釈を許さないように、核心部分を明文化しましょうということです。その核心部分の明確化のために、いわゆる旧三要件、すなわち①自国に対する急迫不正の侵害が発生し、②これを排除するために他の適当な手段がない場合に、③必要最小限度の範囲内でのみ自衛権を行使すると憲法に書きこもうという提案です。これによって、日本に対する武力行使がなくても外国のために自衛隊を出動させる、開戦できる、というような戦争の始まり方を抑制することができます。あわせて、立憲的観点からは、憲法上の矛盾を固定化しないために、この旧三要件で許容される自衛権は戦力にあたり、交戦権の一部に重なり合うことを認めるべきだと考えています。

つまり、開戦要件の明確化なので、開戦した後の自衛隊に何ができるかというメニューをリスト化するポジティブリストではないんです。

そもそも、立憲的改憲論というのは、国民の意思で権力を統制するという立場からの改憲議論の作法をいうものですから、かならずしも個別の改憲提案とか条文案をいうものではありませんしね。

実は去年の夏に、長谷部先生には私の条文案を見せに行っているので、ポジティブリストじゃないことは百も承知だと思います。

倉持　条文案をうけとった長谷部さんは、どんな風に手に取ったんですか。

小林　まるで汚いものに触るかのごとく持ったと（笑）。

山尾　そんな場面もありましたね（笑）。でも、少なくともお見せしているわけです。

笹　じゃあ、なぜこんなふうに書かれているんですか。

山尾　ご本人に聞いてみたいなって思います。

ポジティブリストとネガティブリストの違い

井上　いまの話、議論がものすごく錯綜《さくそう》していて、訳が分からなくなっていますね。基本的な問題点をここで整理させて下さい。

言葉の意味としては、ポジティブリストは、明示的に許されたことしかできない、ネガティブリストは明示的に禁じられたこと以外は何でもできるということですが、自衛隊の統制はそのどちらによるべきかを論じる前に、戦争に関する国際法はどうなっているか、なぜ日本で今この点が問題にされているのかをちゃんと理解する必要があります。

まず、国際法では、この問題はとっくに決着済みです。戦争に訴えることが許される正当な戦争原因とは何か、という問題に関わる国際法規範は、「ユース・アド・ベルム（*jus ad bellum* 戦争への法／権利）」と呼ばれます。他方、戦争遂行方法として許される手段が何かを規制する国際法規範は、「ユース・イン・ベロー（*jus in bello* 戦争における法／権利）」と呼ばれ、両者は区別されています。

日本語では、伊勢崎さんがおっしゃったように前者が開戦法規、後者が交戦法規あるいは国際人道法と呼ばれもしますが、もっと分かりやすくするために、前者を戦争原因法、後者を戦争手段法とここでは呼びましょう。侵略戦争はだめだが自衛戦争はいいというのは戦争原因法の問題で、民間人への無差別攻撃、捕虜の虐待、中立の第三国への攻撃などはだめだというのは戦争手段法の問題です。

国際法では、ポジティブリストかネガティブリストかという問題は、この二種の戦争法の区別に応じて既に解決済みというか、解消されています。戦争原因の正不正を問わない無差別戦争観が否定され、戦争が原則的に違法化されている現在の国際法では、戦争は国連安全保障理事会による軍事行動の裁可があるか、自衛という正当原因がある場合しか許されないので、戦争原因法については、ポジティブリストでしかありえず、ネガティブリストは問題になりません。

他方、戦争手段法では、民間人への無差別攻撃など、さっき例示したような一定の禁止事項以外は許されるというネガティブリストが前提で、問題はこの禁止事項として何を列挙するかです。ポジティブリストの採用は戦争遂行の性質に合いません。

要するに、戦争は安保理の裁可と自衛権行使の場合にしか許されない（ポジティブリスト）が、例外的に許された戦争を遂行する軍事的手段としては、一定の禁止事項以外のものは許される（ネガティブリスト）というのが、国際法のルールです。

それでは、ポジティブリストかネガティブリストかという国際法上解決済みのこの問題が、なぜ日本ではいまだに自衛隊について問われるのか。理由は護憲派の欺瞞です。

護憲派の中でも私が修正主義的護憲派と呼ぶ人たち、長谷部恭男はその代表ですが、彼らは、安倍政権以前の政府見解・内閣法制局見解と同様の解釈改憲をやってきたわけ。

専守防衛、個別的自衛権の枠内だったら、自衛隊、安保は合憲だと彼らはこれまで主張してきた。九条二項があるのに、自衛隊の存在はなぜ違憲にならないのか、という疑問に対して、彼らは、この枠内だったら、自衛隊は戦力じゃないからだ、と言ってきた。自衛隊は戦力ではなく、警察的な実力組織だと言う。

世界有数の武装組織である自衛隊を戦力じゃない、警察力だというのは明らかな欺瞞ですが、この欺瞞を合理化する理屈として、彼らはネガティブリストとポジティブリストの区別を利用、ないし濫用してきました。戦力は禁じられたこと以外はできるネガティブリストで統制されているが、警察力は許されたことしかできないポジティブリストで統制されており、専守防衛・個別的自衛権の枠内でしか行動できない自衛隊はポジティブリストで統制されているから警察力だというわけです。

これは甚だしい詭弁です。議論のごまかしを解きほぐします。

第一に、国際法上、戦力を持つどの国も戦力行使の原因は戦争原因法のポジティブリストによって統制されており、戦争遂行方法についてだけ、戦争手段法のネガティブリストで統制されています。

自衛隊が専守防衛・個別的自衛権の枠内にあるということは、その武力行使の原因が厳格なポジティブリストで統制されていることを意味するだけで、自衛隊が戦力ではない理由にはなりません。

第二に、戦争遂行方法については、自衛隊は一旦防衛出動すれば戦争手段法のネガティブリストの規律に服します。たとえば、警察官は犯人と対峙《たいじ》したとき、犯人が攻撃していないのに、これを射殺することはできませんが、防衛出動した自衛隊員が領土侵犯している敵兵を見つけた場合は、彼らが民間人でない限り、彼らが攻撃する前に攻撃を加えてよいのです。

つまり、戦争遂行方法については、自衛隊は警察とは違い、ネガティブリストによる統制が行われています。護憲派が自衛隊を戦力未満とみなす条件である「専守防衛」について言うと、これを、侵略された後も取り得る戦争手段は「盾（迎撃）」だけで、「矛（敵地攻撃）」は排除するという強い意味で理解するなら、これは戦争手段にも関わる問題です。しかし、実のところ戦争手段におけるネガティブリストの禁止事項を拡大強化しただけであり、ポジティブリストにすることを意味しません。さらに、政権側の専守防衛の解釈だと、自衛隊は敵の基地を先制攻撃することさえできるのです。

要するに、戦力行使原因はポジティブリストで統制され、戦争遂行方法はネガティブリストで統制されるという点では、自衛隊は他の国の軍隊と本質的に変わりません。

山尾さんの「立憲的改憲」論は、戦力の保有・行使を専守防衛・個別的自衛権の枠内に限定するため、九条二項の明文改正を提唱しています。

これは、他国の軍隊と本質的に変わらない自衛隊を、戦力と認めた上で、その戦力行使原因のポジティブリストと、戦争遂行方法のネガティブリストをいずれも厳格化しようとするものだと思います。

長谷部君がこの「立憲的改憲」論を単純に、「自衛隊のできることをポジティブリストとして、憲法に書き込もうと主張している」というふうに描いているとしたら、これはひどい歪曲ですね。

何よりもまず、彼は、戦争原因統制はポジティブリスト、戦争手段統制はネガティブリストという戦争国際法の二重構造をあえて無視して、自衛隊はポジティブリストだから戦力ではないという詭弁を、開き直って繰り返している。それだけでなく、立憲的改憲論を単純なポジティブリスト論だと歪曲したうえで、「自衛隊は戦力ではない」という虚構を維持するには、ポジティブリストを憲法に書き込むより解釈で操作する方がいいと言っているわけでしょう。

「自衛隊はポジティブリストで統制されているから戦力ではない」という護憲派がよく使うロジックが第一の詭弁。それに加えて、この詭弁を批判する立憲的改憲論を、この詭弁の亜型、しかも原型よりも拙劣な亜型だと、歪曲したうえで斥けるという、第二の詭弁さえ振り回しています。

長谷部君の言っているのは、こうした二重の詭弁です。彼がこんな詭弁で国民を騙そうとしているのには呆れますが、騙される国民にも言いたい。こと九条については憲法学者を疑え、と。

民は由らしむべし、知らしむべからず

山尾 私に対する批判より、もっと重大な問題がこの本にはあると思います。

帯に、本文からの抜粋が掲載されています。『日々憲法について発言する人々の顔ぶれを見ると、その大部分は憲法の専門家ではない人たちです』『専門外の問題について憶することなく大声で発言する、その豪胆さには舌を巻くしかありません』『が、こうしたフェイク憲法論が世にはびこることには、副作用の心配があります』。まるで憲法の専門家以外は憲法を議論するな、と言わんばかりです。

国民が憲法のことを考えず、従って、外交や安全保障の問題も、当事者として真剣に考える場が、これまで日本にはほとんどありませんでした。その一つの原因は、全員ではありませんが、一部の憲法学者を

含む、少数の専門家が憲法論議を独占したことにもある、と私は思います。

九条について、難解で回りくどい解釈を打ち立て、それによって、国民を憲法論議から遠ざけてきた。それがようやく国民も憲法論議に参加しようと動き始めたのに、いやいや、憲法は専門家に任せておけ、国民が憲法を考える社会は良い社会ではありませんよと、そういう趣旨の本を書かれたのは、非常に残念だと思います。

小林　きょうは憲法学者が来てなくてよかったですよ（笑）。

山尾　問題だと思うのはあくまで一部ですから（笑）。これまでゴー宣道場に来てくださった先生がたは、「憲法は国民のものです」って最初に言ってくださるような方ばかりでした。

小林　長谷部氏はこの本の帯で、憲法なんて、興味も関心もないのが正常な姿だと。お前たち国民は、憲法のことなんか考える必要はないと。みんなが憲法について考えるようになったら、それは異常な世の中だと、そう言っているんですよ。

結局、憲法のことは憲法学者が独占したいわけです。民は由らしむべし、知らしむべからずっていう言葉があるじゃないですか。つまり、国民は法に従わせればそれでいい、法の意味を教える必要はないんだ、国民はどうせ馬鹿だからと、そう言っているわけですよ。

一方で、安倍政権なんかが暴走して、憲法も全然守らないと。じゃあ、憲法学者の皆さん、権力の暴走を止めるような改憲案を作ってくださいと、わしは言いたいですよ。

彼らは絶対、そういった改憲案を作らないです。現憲法の解釈こそ憲法学者の特権だと、こう思っているわけですよ。それを国民ごときに奪われてたまるかと、素人が作った憲法なんか、専門家たる俺がなんで敬服しなきゃいけないんだ、となってしまうわけ。

この本は知識人の傲慢が、にじみ出てしまった本なんです。よくこんな本を出版できたなと思いますよ。

井上　憲法学者でも長谷部君みたいな立場は、ごく少数派です。憲法学者の多数派は、私が言うところの「原理主義的護憲派」で、憲法解釈論としては、専守防衛・個別的自衛権の枠内であっても、自衛隊・日米安保は違憲だと主張します。自衛隊・安保は違憲だが、個別的自衛権の枠内なら、政治的には容認するという立場です。

長谷部君はそれを踏み越えて、この枠内なら合憲だと言っちゃったわけ。これは憲法学会でコンセンサスが得られた立場ではありません。この立場は、安倍政権が解釈を変える前の、従来の政府見解・内閣法制局の見解と同じであり、私がこれまで批判してきたように、あからさまな解釈改憲です。

彼は安倍政権の憲法解釈変更を解釈改憲だと批判しているけれど、自分が支持する旧来の政府見解は、同じ解釈改憲でも長く確立してきたからＯＫだとしている。これは、政治権力側の解釈改憲も一定期間続けば結果的に追認するものです。

長谷部君の最初の本は『権力への懐疑』っていうタイトルだった。彼は東大助手時代から僕の後輩で、若い頃から彼とよく議論し、リベラルな権力批判の姿勢は私と共有していると思っていました。だが今では、残念ながら、「権力への信頼」の唱道者に変質してしまった。自民党の参考人として特定秘密保護法を「緊要性あり」と擁護するほどにね。

松井久子さんが監督した『不思議なクニの憲法』というドキュメンタリー映画があります。この中で、長谷部君はこれまで確立した政府の有権解釈に従えと、はっきり言っているんですよ！

いいですか、憲法は、政治権力を統制するものです。なのに、その憲法の解釈は、政府が固めた見解に従えと言っているんです。政治権力に屈するべきと言うのと同じですよ！

高森　長谷部先生が今日来られなかった理由が、よく分かりました（笑）。

会場との質疑応答

自衛隊がリンチの対象になる

笹 それでは、休憩時間に、会場の皆さまからいただきました質問に基づいて、これから質疑応答を進めていきたいと思います。

泉美 まずは伊勢﨑先生への質問です。

有事法の整備や地位協定の改善は、すぐにでも行うべきだと思いますが、今すぐ始めたとして、どれぐらいの期間で危険のない状態に持っていけるのでしょうか。

伊勢﨑 ジブチから話を始めましょう。この自衛隊派遣は、国連決議に基づいた国際海洋作戦ですから、開戦法規上の集団安全保障です。集団的自衛権ではありません。

実は、コフィ・アナンが国連事務総長だった一九九九年、ＰＫＯを含む、国連安保理が承認する集団安全保障の軍事作戦に関する事務総長発行の告知が出ています。その軍事作戦が国際人道法の違反を犯した時の指針です。

そういう集団安全保障の軍事作戦は、駐留の受け入れ国としっかり「地位協定」を結び、国際人道法の遵守を約束せよ、と。そして、その地位協定により軍事作戦中の過失・犯罪については受け入れ国に裁判権を放棄させるが、〝だからこそ〟各派兵国の「国内法廷」で責任を持って訴追せよ、と。これが、全ての国連加盟国に告知されているのです。

実は、この時点で、日本は、ＰＫＯを含む集団安全保障に自衛隊を派遣する資格を、正式に喪失していたのです。でも、日本の外務省、防衛省、国連代表部は、これを組織的にスルーしました。そして、自衛隊のいるところでは戦闘も事件も起こらない、という想定を誰に断ることもなく継続した。自衛隊と国連の集団安全保障の問題は、国際社会の中で生きる日本の本質を問う問題です。集団的自衛権など瑣末な問題です。

米国の政策に追従し決定権を握られた日本には主権がない。国会では欺瞞に満ちた答弁ばかり。虚偽ばかりの首相の言葉は空疎かつリアリティがない。社会のルールを破壊するような権力を縛る、立憲的改憲が今こそ必要です。**（岡山県・会社員・T.S）**

もし僕が外務省に全権を託され、ジブチとの交渉を任されるとしたら、先方に「外交詐欺」だと見破られないように、まず今の憲法でできる最大限の対応を模索して、何とか丸く収める方向で考えると思います。発覚したら、おしまいですから。

方法はあります。少なくとも、自衛隊軽車両が住民をはねるぐらいの一般過失については、現憲法下でも法整備できるかもしれない。刑法の規定を広げればいいだけの話です。国家の命令行動中である該当自衛隊員の人権問題は残りますが。

しかし、軍事過失は別です。その規模が違います。自衛隊機が住宅地に墜落して住民を多数殺傷するとか、駐留外国軍への反対運動が高まり、群衆が押し寄せ、戦闘に発展し、多数の市民を誤射するとかの想定ですね。

つい最近、アメリカが、先行事例とも言える経験をしました。戦争が民営化し、民間軍事会社が占領統治の軍事作戦に加わったイラクの「傭兵」が起こした問題です。

二〇〇七年に起きた「ニソール・スクエアの虐殺」のことです。アメリカ政府と契約した米国籍ブラック・ウォーター社が、バグダッド近郊で輸送隊を武装警護中、街角で撃たれたと錯覚し群衆に発砲、一七人の一般市民を殺害したのです。明確な戦争犯罪です。

当時のイラク政府は、通常の地位協定のように、アメリカとその同盟国の正規の駐留軍の犯罪に対する裁判権を放棄していました。問題は、その対象にアメリカ政府が雇う民間軍事会社も入っていたのです。

更なる問題は、アメリカの正規軍の犯罪ならアメリカの軍事法廷が裁きますが、民間軍事会社は、その管轄外だったのです。つまり、地球上に、この犯罪を裁く法がない！

これは、まずアメリカ国内で大問題になりました。そして大きな外交問題に発展、イラク国民の反米感情に油を注ぎ、アメリカの占領政策失敗の一因となりました。事件後、民間軍事会社の要員

安倍自民党という「悪党」を生んだのは自分を含めた国民すべての堕落だ、という自覚がある。ならば1人前の国民になることが取るべき責任であり、立憲的改憲はその第一歩でしょう。国民も早く自覚して自立すべき！**（大阪府・会社員・藤澤耕司）**

たちへの攻撃が頻繁に発生し、怒り狂った市民が彼らの死体を傷つけ、弄んで橋から吊るすおぞましい映像もまだ記憶に新しいと思います（※2）。

実は、二〇〇九年に終了した自衛隊のイラク派遣は、現地では、この民間軍事会社と同じ法的問題を抱えながら活動していたのです。僕の知る陸上自衛隊の幹部は、この「法の空白」問題に戦慄していました。傭兵なら「金」が目的だから自業自得かもしれませんが、自衛隊員は「国家の命令」で赴いているのです。与野党、保守リベラルを超えて、この問題に向き合うべきです。

今ジブチで、自衛隊機が住宅地に墜落するなどの大事故を起こした現場で、自衛隊員が地元住民によって救出されたとしましょう。

もし被害住民が「法の空白」すなわち、このまま自衛隊を日本に帰せば法の正義があやふやになると知ったら、彼らはどうするでしょう。

当然、住民は自衛隊員を拘束し、「私刑」を下すでしょう。ジブチ政府は、そんな不平等協定を結んだ責任を逃れるため、「日本政府に騙された」とし、住民の「私刑」を黙認するでしょう。国際社会がこの問題で日本に同情することは、絶対にありません。これが「法の空白」の恐ろしさです。

結論としては、今すぐ、日本の刑法で国外での一般過失を扱えるよう、法整備に取り掛かることが必要です。

軍事過失への対応は憲法問題になるので、時間を要します。ですから、大事件が起きて後悔しないように、ジブチから一旦自衛隊を撤退させるべく、まず立憲民主党が―ある意味自分たちの責任でもあるのですから―自民党に歩み寄ってはいかがでしょう。

そして、国連の集団安全保障と九条二項の問題―一九九九年の国連事務総長告知について―に、真正面から向き合うのです。

次に、日米地位協定のことをお話ししましょう。先ほど言及したように「改定」とは「互恵性」の獲得です。そして、これはアメリカの地位協定の

安倍政権は不支持。平気で国民に嘘をつき、それが通用すると思っている。平気で嘘をつくほど見下している国民が被災しても、安倍が本気で心配するだろうか？　我々も賢くならなくてはならない。政治家の質は国民の質だ。**（大阪府・会社員・ゆみ）**

「世界標準」ですから、国際比較だけで交渉は可能です。冷戦が終わり、昔のようにアメリカが占領軍のように振る舞える時代は終焉しました。その代わり常に「何のために米軍がいるのか」と駐留の正当性を問われ、引け目を感じながら駐留する時代になっているのです。

北朝鮮の軍事占領はアメリカにも不可能

伊勢﨑　二〇一七年九月、僕はソウルで開催された太平洋陸軍参謀総長会議という、アメリカが友好国の陸軍のトップだけを集める会議に招かれ、三二カ国の参謀総長を前に講演してきました。会議の焦点は、その場所と時節柄「北朝鮮」でした。

僕が依頼された講演のお題は、「占領統治」です。僕は、二〇〇一年のアフガニスタンで、アメリカがタリバン政権を倒した後の占領統治に密接に関わっていますが、この招請は、日本政府、外務省、防衛省を全く無視したものです。

現代の戦争は、敵国政権を倒しただけでは終わらなくなっています。本当の戦争は、そこから始まる。つまり、敗戦を認めないものや、圧政時代の復讐を恐れる勢力が、非正規の脅威として分裂し、占領統治に襲いかかる。いわゆる非対称戦が始まるのです。アメリカは、日本の占領統治に成功した後は、ことごとく失敗しているのです。その一つがアフガニスタンで、米国建国史上最長の戦争として、現在まで苦悩が続いています。

金政権を斬首作戦で打倒して、果たして占領政策が成り立つでしょうか。

結論として、二百万を超える北朝鮮軍が整然と武装解除するなんて、陸軍のトップたちは誰も考えていません。アメリカ友好国三二カ国が軍事力を結集しても、金政権を打倒して、新たな占領統治を成功させる余裕は、国際社会にはない。

トランプ大統領府はどうあれ、戦争という政治決定を遂行するアメリカ軍―空軍なんて基地を飛び立って爆弾を落として帰還するだけですから―特に占領を地べたで遂行し一番の犠牲を被る「陸

安倍政権を支持しません。経団連に都合の良い政策ばかり実行している。景気が良くなったと言いながら、庶民の生活はますます苦しくなるばかりじゃないの!**(自営業手伝い・ATSUKO)**

軍」の冷静なコストとリスク分析では、北朝鮮の占領は不可能なのです。

通常、占領統治は、時間が経つとともに被占領国の主権が回復し、駐留の性質が変位します。結果、占領ではなく、地位協定を結ぶ外交関係になります。

そういう「一般論」の議論の中で、先行事例としての日本に話が及ぶと、米陸軍首脳の目が一様に泳ぐのです。そうです、彼らでさえ、GHQから続く日本の「永続占領」が、他国のケースと比較した場合、際立って「異常」であると実は分かっているのです。

日米地位協定が変わらない原因は、アメリカではなく、われわれ日本人にあります。

もし、僕に全権限を与えていただけるなら、日米地位協定の改定交渉は、おそらく一週間もあればできると思います。

小林 伊勢﨑さんがやれるなら、なんで政治家はやらないの。

高森 政府関係者はきょう誰も来てないんですか。

山尾 海外において、過失で犯罪を犯した場合の法律がないことが、日本の法体系の穴になっているわけです。まず、そこを埋める法律案を出す。自民党はこれにノーとは言えないはず。もしノーと言えば、自民党は政権与党にふさわしくありません。ちなみにもう条文案もあります。

高森 今、伊勢﨑先生がお話しされたような交渉も、まったくしてこなかった。なぜなんでしょう。

伊勢﨑 日本人全体が日米地位協定の改定を「タブー化」しているからです。

現状維持が既得権益・利権化している親米右派の存在が、まず問題です。外務省の担当部局は北米局と条約局ですが、彼らは国民に対して明らかなウソをついている。

今年五月、国会の外交委員会で、質問に立った末松義規議員に外務省条約局長が明言した、日本政府の見解はこうです。

「一般国際法上、駐留外国軍に国内法は適用され

こんなに利己的な卑怯者が、こんなに長い間日本国の首相であることが、心の底から恥ずかしい！**（福岡県・会社員・sokonuke）**

ない」。そして「国際慣習法上、仮に地位協定がなくても在日米軍に国内法は適用されない」。

この日本政府の見解は戦後からずっと変わらないものですが、国際社会の通念とは真逆です。当のアメリカ政府が「一般国際法では、在日米軍のような派兵国の軍隊が独占的に自国の法を駐留地で行使できるのは、国際法上の交戦中、もしくは軍事占領中だけ」としているのです（※3）。

同じ文書の中で、アメリカ政府は、日米地位協定を「軍事占領」ではなく、「peace time」つまり「平和時」のものと認識しているのです。日本政府だけが、勝手に、今でも「軍事占領」を受け入れているのです。

こんなあけすけな大ウソを、一番批判的になるべき左派リベラルが、なぜ今まで放置してきたのか。それが、最も深刻な問題です。無知では済まされません。

答えは簡単。アメリカと対等になることを、一番、構造的に忌諱するのが左派リベラルだからです。法的な対等性、つまり「互恵性」を求めると、既に言及したように、九条二項を改正しなければならなくなる。だから、ディフェンス・メカニズムが働き、日米地位協定の改定を口先では言いながら、「反米」という理念に逃げ込むことしかできない。だから、何も変わらない。

最後に、日本のメディアの問題。先の国務省の文書も、NATOに限らずアメリカが結ぶ全ての地位協定は、ウェブで簡単にアクセスして閲覧し、日米地位協定の条文と比較できるのですよ。なぜメディアがこれをやらないのですか。

日本に必要なのは、視聴者のメディア・リテラシーではなく、メディア自身のリテラシーの向上です。

対米依存心を共有する親米保守と護憲派左翼

井上　日本をアメリカの軍事的属国にするような地位協定を、日本の方から変えようとしない根本的理由は、日本人の対米依存心だと思います。

安倍総理の顔、声を聞くと嫌になります。嘘ついても謝らないし、口を開けば言い訳ばかり。小学生でもできる「誠実な対応」を、いい大人がなぜできないのですか？**（京都府・小学6年生・子連れ狼の子）**

六〇年安保闘争は、反米ナショナリズムで燃えましたが、その後は、日本の安全保障についての対米依存心が、政治家だけでなく、一般国民にも、さらには左右を問わず、広がっている。

護憲派の香山リカさんと昨年末に二分冊の対談本を出しました。二冊目の『憲法の裏側』（ぷねうま舎）の後書きでも触れましたが、護憲派は九条の文言さえ残しておけば、いかに死文化しようと、九条が日本を守ってくれるという信仰に浸っている。

他方、右の親米保守派は、トランプのようなひどい大統領が登場しても、アメリカに追従していれば、日本は守ってもらえると信じている。こちらも根拠のない一種の信仰です。

護憲派・左翼の九条信仰と右の米国信仰を対比させた上で、どちらも幼児的願望思考だと批判したのですが、私は最近、左の九条信仰の根底にも対米依存心があると思うようになりました。

姜尚中っていう護憲派知識人が、最近見たテレビの報道座談番組で、日本の防衛のために命を懸けて働いているのに、ちゃんと評価されないとこぼした自衛隊員が、上司から「自衛隊は日陰にいるのがいいんだよ」と諭された、という趣旨のことを、まるで護憲派を擁護する美談のように、得々として語っていたのね。

私は呆れましたね。日陰者扱いの現実が政治的に簡単に変えられないから、これを甘受して任務に励めと、自衛隊の上司が部下を慰めつつ諭しているというのに、自衛隊を憲法的私生児の地位に置き続け、日陰者扱いしている護憲派知識人が、これを自分たちの欺瞞を反省する契機にするどころか、欺瞞に開き直るための美談にしている。

自衛隊は違憲だけど政治的にはOKとする原理主義的護憲派も、自衛隊は合憲だけど戦力でないとうそぶく修正主義的護憲派も、自衛隊を日陰者扱いしておきながら、一朝事が起これば、お前たちは命を懸けて俺たちを守れといっている点では同罪です。どう考えたってアンフェアでしょ？

権力が暴走している中、今のままで未来にバトンを渡すわけにはいかない。権力を縛り、国民に希望を与える憲法でなければならない。そのためにも国民が当事者意識をもっての立憲的改憲は必要。**（青森県・臨時講師・SAKU）**

建前としては平和主義を唱える護憲派が、こんな欺瞞に平然とふけっていられるのは、なぜか。

日米安保があるからです。いざとなったらアメリカが守ってくれる。だから自衛隊は日陰者のままでいい。こういうアメリカへの甘えが、実は護憲派にある。だから自国の防衛を真剣に考えない。

上丸洋一さんの『新聞と憲法九条』（朝日新聞出版）という本があります。著者自身が朝日新聞の記者ですが、朝日新聞に対しても公正な批判の目を向け、護憲派の対米依存を事実によって暴いてみせています。

日米安保を違憲とした、有名な砂川事件の伊達判決というものがあります。米軍基地の存在は違憲である。よって米軍基地への不法侵入は罪に問われない。これが有名な伊達判決の内容です。

一九五九年に、その伊達判決が出たとき、護憲派の牙城である朝日新聞はなんと報道したか。「きわめて異様」だと、社説で酷評したんですよ（上丸・前掲書、三二五－三二六頁参照）。

この伊達判決は、その後で最高裁長官の田中耕太郎が、マッカーサーの甥の駐日米国大使と秘密裡に打ち合わせをした上で覆します。

アメリカ軍は外国の軍隊だから九条二項が禁じている戦力の保有にあたらないとか、政治的問題は司法になじまないとしながら政治的判断で司法的判断をゆがめる自壊的な「統治行為論」とか、判決内容をなす議論もひどいものです。そのひどい最高裁判決を、朝日新聞の社説は逆に「ほぼ妥当」だとし、統治行為論まで是認している（上丸・前掲書、三八一、三八七頁参照）。

反安保闘争が高揚しつつある中で、朝日新聞が社説で、日米安保を違憲とした伊達判決を酷評し、最高裁判決を是認するのは、朝日新聞の「護憲思想」からするとおかしいと思うでしょう。しかし、朝日新聞は安保改定の仕方については政府の方針を批判したが、安保の存続には実は賛成していた。これは、日米安保に依存している護憲派の本音を吐露する事実ではないでしょうか。

権力に傲慢を許し暴走させないために、真に公のための政治が行われるために、国民一人ひとりがこの国のより良いあり方を考えられるようになるために、「立憲的改憲」が大きな議論を巻き起こすことを望みます。**(京都府・主婦・こぴゃる)**

護憲派は九条カルトだとも言われてきました。けれど一方で、安全保障についてはアメリカに依存してきた。いざとなったら、アメリカが守ってくれるから、自衛隊は「日陰者」「半人前」扱いでいい。あるいは、自衛隊を「日陰者」「半人前」に止めておくために、日米安保は絶対必要だ、こういう本音が護憲派にもあるのではないか。

親米保守派の対米依存心はもっとあからさま。地位協定だって、本当は簡単に変えられるはずなのに、政府は変えなくていいと言う。それはなぜか。交渉するとアメリカに見捨てられるという不安があるからです。

日本が攻撃されれば、強いアメリカが守ってくれる。だけど、アメリカが攻撃されても日本にはアメリカを守る必要はない。日米安保はこういう片務的な条約で、日本にとってはありがたいものだと言う。これがいかに間違っているか、私はこれまでずっと本や講演で指摘してきました。

在日米軍基地は、日本を守るための基地ではなく、アメリカの世界戦略の拠点です。だからアメリカは日本の防衛とは無関係に、好きに使っている。しかも、七五%の経費は日本が払ってくれる。アメリカにとって、この上なく「おいしい」条件です。

有事にアメリカが本当に日本を守るかどうか、それは分かりません。日米安保に自動執行規定はありません。日本が攻撃されても、アメリカの国会が拒否すれば、武力行使はできません。

日本は、アメリカに対して恒常的に膨大な支出をしていますが、問題はお金のことだけではありません。日本は国際法上、アメリカを後方支援し、基地も提供しています。日本とアメリカの戦力はすでに一体化されているんです。

もしもベトナム戦争当時、ホーチミンが北朝鮮とおなじようなミサイルを持っていたら、在日米軍基地に撃ち込んできたかも知れません。もしそうなっても、国際法上、ベトナムの正当な自衛権行使以外のなにものでもありません。米軍基地が

国の自主独立を志向しない議論は全て空論であり、それを前提としない政策は全て虚しい。今、立憲的改憲という新しい、力強い一手を提示され、この国の未来を託したいと心から願っている。**（大阪府・主婦・大西寛子）**

あるというだけで、米軍の交戦国からの正当な攻撃に、日本はいつでもさらされる可能性がある。

日米安保において、多大なコストとリスクを負わされているのは日本であり、アメリカはおいしい利益にただ乗りしていると言えます。だから、地位協定の改定交渉を始めたくらいで、アメリカから見捨てられるはずがない。なのに、誤った認識が広がっている。

日米安保の現状をもっと理解し、日本において左右問わず蔓延している、アメリカへの依存心を断ち切る必要がある。アメリカは強くて優しい慈父のような存在だという、誤った米国観を、日本はいつまで持ち続けるのか。搾取されていることになぜ気がつかないのか。

アメリカが北朝鮮を攻撃したとしても、反撃能力を一挙に粉砕するほどの能力はありません。北朝鮮の反撃能力は必ず残ります。反撃を受けるのは日本です。アメリカは日本を確実に守れるほど「強く」ないのです。

さらに、アメリカが自国の安全保障を危険にさらしてまで、日本を守ってくれるのか。残念ながら、それほどアメリカは「優しく」もありません。こういう現実認識が、左右ともに足りなさすぎるんです。

銃を撃てないよう九条で縛られた自衛隊

高森　護憲派も、実はアメリカ頼りだったということですね。ガイドラインなんか詳しく見ると、要するに日本を守るのは自衛隊である、アメリカ軍は、それを助けることはできる、そうはっきり書いてあります。できるということは、やらなくてもいいという話なんです。日本は日本が守れよと決められているのに、保守も左翼も、とにかくアメリカが守ってくれると思ってきた。そのしわ寄せが現場の自衛官に来ているという、ものすごく残酷な話でもあると思います。

伊勢﨑　東北の震災のときに、身を削って災害支援にあたる姿を称賛しながら、だからこそ、安倍

目に映る子供たちと、まだ見ぬ子供たちに「残したい国のカタチ」を公論で議論する。その上で憲法を「権力を縛る道具」として利用する。国民の願いを現実にする手段としての立憲的改憲。私は支持します! **(大阪府・経理・カレーせんべい)**

政権という凶悪な政権に戦場に送られる自衛隊への「同情」をよく耳にしました。護憲派リベラルの物言いですね。僕は長年、自衛隊で教えていますが、これ、止めてほしいです。こんなこと、気安く言ってほしくない。

自衛隊の海外派遣において、日本は、隊員に、撃ったら自己責任になる銃を持たせているのです。それも、過失は日本の法体系の管轄外だから、「故意犯」として法の裁きを受けるしかない。

こんな滅茶苦茶な国家が自衛隊員に下す「命令」とは、一体何なのか。最高司令官を自認する安倍首相、そして、指揮権を付託される自衛隊の幹部、これが九条二項の問題であることをスルーしながら、自衛隊に同情する護憲派には、この点をしっかり考えてもらいたい。

最近、安倍政権批判の急先鋒として知られる、さる高名な憲法学者と対談しましたが、僕にとっては珍しいことなんですが、彼との議論が口論に発展してしまいました。

彼の口から出た言葉は、こうです。

「自衛隊は九条で縛られているから、戦場で攻撃されても、じっと耐える」

情けなくて泣きたくなりました。

これがどういうことか、分かりますよね。そりゃ、九条のおかげで自衛隊員が持たされる銃は、世界で最も撃ちにくい銃かもしれません。ですが、敵から見れば他の国の軍隊と変わらない、交戦法規上の合法的な攻撃目標です。自衛隊が撃たなくとも、敵は撃ってきます。ヘルメットに「九条」と書いたって、なんの意味もありません。

海外派遣を経た自衛隊員の自殺者が多いのはこれが原因です。他の普通の軍事組織にはない、非常に屈折した心理状態に置かれる。

自衛隊員をそれほどまでに危険な状況に追いやっているのは、彼に代表される護憲派が憲法と安全保障の議論を避けてきたからにほかなりません。一体どの口が言うのか、と思いました。

憲法問題に真正面から向き合わない一方で、自

立憲的改憲は、だらしなく肥大化する権力にNOを突き付け、日本国民が憲法に対して抱き続けてきた誤った固定観念をも破壊する。これ以上カッコいいものを僕は知らない。
（東京都・CGデザイナー・けろ坊）

衛隊には気安く同情してみせる。それも政治利用を意識した上で。こういうことは、絶対にしてもらいたくありません。

軍の暴走を防ぐ徴兵制というブレーキ

泉美　立憲的改憲の先には、徴兵制の覚悟が必要なんじゃないですかっていう質問、安全保障への当事者意識を持つために徴兵制を身近にすることが必要だと思います。具体的に議論を始めておくべきではないでしょうかっていうご質問など、いくつか来ています。

ほか井上達夫先生に、憲法に良心的兵役拒否権を明記することについて、この拒否権とはガンディー主義のことですか、というご質問も。

山尾　立憲的改憲と徴兵制に直接の関係はまったくありません。ただ、自衛隊という命をかけて国民の命を守る職業について、徴兵制と志願制のどちらがより適切かは難しい問題です。立憲的改憲の次のフェーズにおいて判断すべき問題だと思います。

でも、国民全員が戦争の当事者になれば、外交や安全保障に対する意識は、かなり違うものになるだろうとは思います。

高森　当事者としての切実感が戦争のブレーキにもなりますよね。

井上　良心的兵役拒否の根拠は非暴力抵抗思想です。この思想はガンディーにもありますが、伊勢崎さんによるとガンディーは外国の侵略には武力抵抗することを是認したらしいので、ガンディー主義というのは適切でないかもしれません。国内の抵抗と対外的な抵抗の区別が可能か議論の余地があるかもしれませんが。ガンディー主義の話は伊勢崎さんに任せて、私は、良心的拒否権の前提になっている徴兵制の話を少ししておきます。皆さん、徴兵制って、怖いと思うかもしれませんけど、専制的な体制のもとでの徴兵制は最悪ですが、民主的な体制のもとでは、志願制こそ、最悪なんです。

安倍政権のおかげで権力に対する無関心、ニヒリズムがどれだけ恐ろしい結果を招くのか身にしみて良くわかった。権力の暴走を防ぐ立憲的改憲、今やれる事をやらなければ将来必ず後悔すると思う。**（京都府・会社員・たっちゃん）**

国民が政府の軍事行動をコントロールする。しかしいざ、政府が危険な軍事行動をとる場合、自分たちは安全地帯に身を置いたまま、一握りの志願兵だけを戦地に送ると、国民は無責任な交戦感情に駆られやすい。それはベトナム戦争をはじめとして、いろいろなケースで証明されている。

ベトナム戦争でも徴兵制はあった。最初は予備役登録が多かったが、戦争が泥沼化すると、予備役だった白人中産階級の子弟も、どんどん戦地に送られた。すると、白人のマジョリティーが、この戦争が戦うに値するかどうか真剣に考えるようになった。それで反戦運動が国民に広がった。

でも、イラク戦争の場合は、もう徴兵制がなかった。志願兵としてイラクに行ったのは、黒人と、白人の貧困層です。これにシングルマザーなど経済的理由で軍務に服する女性も加わりました。

女性兵士を扱ったNHKの番組がありました。ある女性が子供を親に預けてイラクに行った。そこで自爆テロ要員と思われる少年兵を射殺した。その後、故郷に戻ったけれど、そのトラウマで自分の子どもを育てられなくなったと。

もし徴兵制があったら、イラク戦争のような無責任な戦争を始めるのを国民は許さなかっただろうと。私はまさに、国民の無責任な好戦感情や、政府の危険な軍事行動に対する無関心さを抑止することこそが徴兵制の本質的な役割だと思います。

軍事技術上、徴兵制は要らないと言う人がいるけど、これは軍事技術の問題じゃないんですよ。

ドイツも二〇一一年に停止するまでは徴兵制だったんだから。良心的兵役拒否権については保障していました。今も徴兵制は憲法上廃止していません。執行を停止しただけです。

最近ではノルウェーなどがロシアとの緊張関係をにらんで、徴兵制を復活させました。フランスでも徴兵制復活の動きが出てきています。

民主主義国家が戦力を持つ場合、それを行使するかどうかを決定する権力は国民に由来します。無責任な戦争を始めた場合、国民自身がそのツケ

立憲的改憲を支持します。権力を縛ることが本来の憲法の役割のはずなのに、権力者達が憲法を守らず、捻じ曲げている現実を何とかしないといけない。**（群馬県・会社員・朝日）**

を払うことになる、そういう仕組みになっていないと危ないんです。

私は、九条は削除し、代わりに戦力統制規範を入れるべきだと考えています。戦力統制規範として、国会事前承認だとか文民統制、軍法会議の設置を明示する。これらは最小限の戦力統制規範です。しかし、これだけでは足りない。文民統制を確立しても、一般国民や文民政治家の方が無責任な好戦感情に駆られることもよくある以上、徴兵制も必要です。

ただ、今の状況で、いきなり憲法を改正して、同時に徴兵制を導入するなんて言ったら、多くの国民は、「怖い」と思って、拒否するでしょう。

実は、原理主義的護憲派の樋口陽一さんや伊藤真さんなんかも、もし戦力を持つなら徴兵制にすべきだと、はっきり言っているんです。でもそれは僕とは全く違う理由からで、国民に対して、どうだ、戦力保持を認めると徴兵制になるぞ、怖いだろうと言いたいがためです。それで彼らは、自衛隊は違憲だとしながら、政治的には、志願制の自衛隊の存続を是認ないし黙認しているんですけどね。自衛隊は戦力ではないから合憲とする修正主義的護憲派とも野合している。

自衛隊という世界有数の武装組織の存在を容認しながら、違憲のままにしておけばOKだとか。戦力ではないからOKだとか、この欺瞞を保つために、欺瞞を捨てて自衛隊を憲法で戦力として認知したら、次は徴兵制だぞって脅しをかけているんです。許しがたいことですが、こういう脅しに騙されないためには、徴兵制は、あくまで民主国家において軍事力の濫用を抑止する国民の政治的責任を確立するための制度だということを、しっかり理解していただく必要があります。

伊勢崎　僕の交友関係は、どちらかというと、いわゆる護憲派が圧倒的に多いので、非常に頻繁に、その関係の集まりに呼ばれます。その中でよく、ガンディー主義が話題になるのです。ひとつ、はっきりさせなければならないことがあります。

先人を労い、英霊を顕彰するためには、国家の自存自衛を目指すのが至極当然。そのためにも立憲的改憲が急務と考えます。専守防衛の自立した国、実現させたいです。**（神奈川県・会社員・トールマン）**

三七年前、二〇代の僕は、インドに渡り、その時はまだ存命だった、ガンディーさんと独立戦争を戦った本当のお弟子さんたちから、直接の薫陶《くんとう》を受けております。以来、現在まで、僕は、徹底したガンディー主義者、非暴力主義者です。

護憲派がガンディー主義を引き合いに出すときに、忘れていることがあります。

非暴力、不服従によりイギリスから独立を勝ち取る運動の当時は、第二次世界大戦の末期であり、日本軍がお隣のビルマまで迫っていたのです。当然のこととしてイギリスは、独立させてもいいが俺たちが出ていったら即日本軍に侵略されるよと、独立の承認を渋ったのです。

英国インドには軍隊がありました。上官はイギリス人。下の歩兵はインド人。イギリスとの交渉において、ガンディーさんは、イギリスが出て行ってもこの軍隊を解隊せず日本軍と戦わせる、と言ったのです。それで、もしインド軍が負けて、日本軍に占領されたら、市民として非暴力で不服従の抵抗運動を行うと。

その後、日本軍の侵攻はなくインドは完全に独立しましたが、その軍は維持され、今日にいたります。

つまり、市民の非暴力主義と、侵略者に対する国家の自衛のための武力の行使は、何の矛盾もしないのです。

護憲派の一部の論客には、もし敵が攻めてきたら、「九条の非暴力主義」に則って白旗を揚げるという人がいますが、これ、ガンディーさんが聞いたら、怒りますよ。

ガンディーさんは、もし暴力と臆病の二者選択しかなかったら、ためらいなく暴力を選択すると、暴力に屈しない非暴力が命がけの抵抗であることを戒めたのです。

護憲派の方々、お願いですから、ガンディー主義を都合よく利用しないでくださいね。

憲法を軽んじる、守らない、好き勝手に解釈する。そんな人たちが「今こそ憲法を変えるべき!」と言っているのは、笑えないギャグにしか見えません。こんな政権を登場させないためにも立憲的改憲を支持します。**(兵庫県・販売業・しもP)**

「どうせ憲法は守られない」という自己矛盾

泉美　井上達夫先生への質問です。井上先生が九条のかわりに明記すると主張なさっている、武力行使の国会事前承認について。事後承認だと、国会は武力行使を追認するだけの機関になるでしょうが、ミサイル攻撃等の奇襲には、どうやって事前承認の手続きを行いますか。

井上　ちょっと誤解があるみたいですね。ある国が日本を侵略しにきた。その後で、国会で審議して、武力行使の承認を得る、そういう話ではありません。

事前っていうのは、もっと前のタイミングです。ある国が、日本に対して明確な攻撃意図を持って、日本への攻撃を準備している。それを客観的に立証しうる証拠を、国会に事前に提出しなさいと。そうすると国会は、それを精査した上で、攻撃が実際に着手されたら反撃してよいと、攻撃がなされる前にあらかじめ政府に授権するんです。これが事前承認です。奇襲には必ず事前の兆候があります。日本の真珠湾攻撃の可能性をルーズベルト大統領は事前に知っていたけれど、米国民の反日好戦感情を高めるためにあえて奇襲させたとも言われています。

小林よしのりさんとの対談本『ザ・議論』(毎日新聞出版)の第三部で、私はさらに、国会によるこのような事前の授権決定手続きを迅速化するために、暫定的一院制を提唱しています。参議院と衆議院、両院の議決を必要としていると、時間がかかり過ぎる。緊急時には合同国会、暫定的一院制のもとで、迅速な国会承認が得られるようにすべきだと、そういう提案です。

山尾　国会の承認のところで、開戦の承認だけでなく、戦争を継続していいかどうかの承認も必要じゃないかと思うんですが、いかがでしょうか。

井上　最初から期限付きで承認を与えた上で、期限がきたら更新するか否かを再度審議決定することは、あり得ると思います。

泉美　次、井上達夫先生だけでなく、山尾さん、憲法裁判所がないために権力の暴走を止められないこと、憲法の不備で実力組織の統制がないことを最近になって知りました。これらの問題を議論して、形にできる立憲的改憲を支持します。**（東京都・会社員・Roots）**

倉持さんへの質問でもあると思うんですけども、現行の自衛隊を個別的自衛権に限った戦力として規定したとしても、現実的に文民統制は可能でしょうか。

井上　これ、護憲派の人がよく言う論点です。伊藤真さんなんか、伊勢﨑さんも私と一緒に参加した別の九条問題の討論で、文民統制を憲法で決めても政府は守れっこないと言います。

憲法を政府が守るとは限らないことは、どこの国でも言えること。しかし、だからこそ政府に守らせるよう国会の監視・司法の統制・世論の圧力などが必要であり、立憲民主国家とは政府に憲法を守らせる不断の努力をしている国です。政府が憲法を守らないから憲法で定める必要がないというのは、立憲主義自体を否定することに等しい。

マッカーサーが日本を離れた理由をご存じですか。朝鮮戦争のとき、彼は国連軍の司令官でしたが、当時のトルーマン大統領に解任されました。理由は、マッカーサーがトルーマンの言うことを聞かなかったからです。文民統制違反で解任されたんですよ。

文民統制がないがしろにされるケースはあり得ると思います。けれど、それがあり得るということを理由に、憲法で規定すべきでないとは言えないでしょう。文民統制は憲法で規定しても無駄だって言う人が、九条という規定には意味があるって言うのもおかしい。しかも、そう言っている自分たち自身が違憲の自衛隊OKだと開き直っているんだから。これはひどい自己矛盾です。

山尾　良い方向で憲法を改正しても、安倍総理はどうせ守らない、こういう言葉をよく聞きます。でも井上先生のおっしゃるように、護憲派の方って、憲法の力を信用していないとも思います。どんなに憲法を厳しくしても安倍政権は守らない。従って安倍政権を変えるしかない。このロジックから抜け出せずにいる。

気持ちはもちろんよく分かります。けれど、非立憲的な権力は立憲主義をどうせ守らないなんて、

不公正な振る舞いをし、憲法を無視する横暴さを持っている安倍政権に反対します。次世代を担う子供たちに少しでも公正な社会を引き継ぎたいので、権力を縛る立憲的改憲を支持します。**（大阪府・建設業・T）**

立憲主義に立つならば、言ってほしくありません。憲法改正には意味がないと主張して、喜ぶのは改憲論者の安倍総理です。

伊勢崎　つい最近、ある国会議員が国会前で、ジョギング中の自衛官、それも統合幕僚幹部に罵倒され、問題になりました。

軍事組織というのは、どんな国でも、その社会で突出した破壊能力の独占を許された職能集団です。その能力ゆえ、同じ過失でも、警察官のそれと、軍隊のそれは桁が違う。だから、特別の法体系を設けるのです。

例えば、この幕僚監部による事件が、もしアメリカだったら、彼は即刻クビ、問答無用です。教育水準が勘案される一般兵士ならともかく、そうでない軍の幹部が、民主的に選ばれた公人に対して、罵声を浴びせることは、絶対に、民主主義が統制する軍事組織では許されません。なぜなら、民主主義という国のカタチを守るのが軍隊だからです。僕は過去、アメリカ、イギリス、ドイツ、オーストラリア、ニュージーランドの軍と緊密に働きましたが、これは一つの「文化」として徹底されております。

シビリアンコントロール・文民統制というのは、その突出した破壊能力を、個人の意思ではなく国家の命令行動の中に封じ込めるために、通常の個人を統制する以上の統制を生むために、特別な法体系でそれを縛る。そして、その統制の指針を全人類が開戦法規、交戦法規というかたちで合意する。この崇高な国際レジームが、護憲派の憲法学者がミスリードする「軍法会議」です。

ちなみに、本当は日本におけるシビリアンコントロールの議論は不毛です。だって、九条がある限り、自衛隊もシビリアンなのですから。

国民の知らない間に戦闘に巻き込まれた自衛隊

井上　イラク、南スーダンの日報問題があって、自衛隊は不都合な情報を隠ぺいし文民統制を侵犯しているんじゃないかと思われている。しかし、

権力を過不足なく縛り、国民の権利を広く擁護するために必要な手続きであり、何よりも政治家だけではなく、われわれ一般国民も参加してこそ、本当の日本国憲法。権力の自由度を増すだけのアベ加憲なんてインチキ! **(東京都・会社員・Rashid)**

これは問題が逆です。日報が明らかにされると困るのは自衛隊ではなく、「自衛隊は戦力じゃありません、戦闘地域には行きません」っていう嘘をついてきた安倍政権や歴代政権です。日報で明らかになったように、実態は、戦闘状態に置かれていたんですね。

南スーダンのとき、自衛隊のキャンプの両側で、政府軍と反政府軍が戦闘を行っていて、自衛隊員の中には遺書を書いていた人さえいるわけです。なのに、稲田さんは法的意味での戦闘ではありませんと嘘をついた。

なぜ日報を隠さなきゃいけなかったのか。嘘をばらされると困る「文民政府」を守るために、その意向を、自衛隊が「忖度」してあげているわけです。戦闘地域に置かれても、そうはっきり言えない。そういう状況を作り出したのは自衛隊ではない。憲法九条をゆがめる政治の欺瞞です。

自衛隊という戦力の現実と九条の矛盾は、今のまま放置しろ。自衛隊は日陰者のままでいいんだ。こんなことを言っている護憲派と、政府が、自衛隊に忖度を強要し、嘘をつかせている。こういったことの最終的な責任は、現憲法と自衛隊の矛盾を放置している主権者国民にも帰属する。これは責任転嫁してはいけないと思います。

泉美　このイラクの日報問題については、どのくらい深刻な問題なのか、伊勢崎先生に解説してほしいという質問も来ています。

伊勢崎　自衛隊の海外派遣は、ＰＫＯ、そしてイラクを含め、基本的に施設部隊の派遣でした。一般論として、施設部隊というのは、その業務の性質上、戦局を左右する高度な機密情報に接することはありません。歩兵部隊や特殊部隊のように、業務の必要性として、能動的で主体的なインテリジェンス活動をする必要があまりないからです。

どの武装勢力が衝突したかとか、その裏には誰がいて武器購入や民兵に払う資金をどう調達しているのかとか、国中に展開する歩兵部隊から、そういうインテリジェンスを共有するのが、統合司

冷笑主義と諦観と「お上まかせ」意識の象徴、安倍政権。それがまだ続こうかという時に、「回復の民権」として現実を変えられるのは、立憲民主党の山尾議員の案だけ。これまで道場での議論を聞いて考え、支持に至りました。**（長崎県・皿うどんボンバー）**

令部のミリタリー・ブリーフィングですが、施設部隊の隊長は常に末席か、重要な会議では呼ばれません。情報によっては、ＰＫＯのような多国籍軍の受け入れを同意した現地政府の国軍や警察、主要閣僚の子飼いの武装組織が悪行に関わっている場合が多々ありますので、情報の漏洩は外交問題に発展しかねません。それと、国籍の違う国際部隊同士の確執もあります。これも外交問題になります。こういうセンシティブな情報は、必要最小限のサークルでしか共有されません。

加えて、施設部隊の中でも、普通の軍隊並みに情報漏洩への罰則を持ち合わせていない自衛隊に、高度なインテリジェンスが共有されるわけがありません。実際、現在、次々と公開されつつある自衛隊の日報の内容は、普通の政務情報の域を出るものは一つもありません。そもそも、隠す必要の全くない内容です。

しかし問題は、「戦闘」という言葉を隠すために隠ぺいされたことです。「自衛隊は安全なところにいるはずだから国際人道法に関わる事故は起こらない」という想定が崩れ、憲法問題になってしまうから。こんなバカな理由で、当初は「破棄」された。

普通、軍事組織の現場の情報は、敗戦で戦争犯罪法廷での訴追を恐れて証拠隠滅する場合でもない限り、破棄はありえません。「日報」は、国家の戦史に関わる重要なものですから、基本、全て保存です。破棄などという恥ずかしい言葉は、軍人の口からは、絶対に出ないのです。

口が悪いついでに言ってしまうと、もし、この日報問題が、旧民主党政権のときに起きていても、政府の対応は、ほとんど同じだったと思いますよ。だって、一貫して九条の問題なのですから。

井上　戦争犯罪をしていないことを証明するためには、こういう状況だったから、あの発砲はしょうがなかった、ということを、日報に記載しておく必要があります。それを自衛官が自ら捨てることは普通ありえない。自分の首を絞める結果にな

ここ何年かの自民党政権で、天皇を中心とした「公」、道義・道徳、恥の概念などが巨大災害以上に破壊されました。権力の暴走を縛るだけでなく、私たちが自立・自律するためにも、立憲的改憲が必要不可欠だと確信しています。**（広島県・技術士・三味線弾き）**

る。我が国は異常です。

高森　自民党の中に、あの日報を公開していいのか、特定機密に指定したほうがいい、と言う議員だっていたんですよ。

伊勢﨑　バカタレですね。繰り返しますが、自衛隊の日報に、九条問題に関わるもの以外の機密性は、全くありません。

それと、その議員もそうでしょうが、日本社会全体に、国の情報はどんなものでも全て、国民の財産であるという、民主主義の法治国家としての常識と、そのための制度がない。

アメリカの国立公文書館のＨＰをのぞいてみてください。ベトナム戦争までの、数多ある大小全ての部隊の「日報」が保存され、現物が同館のどの部屋のどの箱に入っているか確認でき、閲覧できるようになっています。その一部は電子化されウェブ公開されています。

国家に許される機密は「期間」が限定されているのです。期間が過ぎれば、全て国民のものです。

その議員が言う機密には、国民の財産であるという認識が欠けている。それは機密ではなくて、単なる隠ぺいです。

井上　毎日新聞の編集委員で、防衛大学出身の瀧野隆浩さんという人がいるんですよ。彼が司会をして、伊勢﨑さんとか僕とか、海自、陸自のＯＢを呼んでシンポジウムをやった。瀧野さんは防衛省と縁があるから、いろんな事実を『自衛隊のリアル』（河出書房新社）という本に書いています。

僕がショックを受けたのは、輸送業務を任された自衛隊の車列が、道路の両側に仕掛けられたリモートコントロールの爆破装置で、狙われたんです。ところが、前の車と後の車のわずかなすき間を、奇跡的に爆弾がすりぬけて事なきを得た。天文学的確率ですよね。大きな被害が出てもおかしくなかった。

他にも自衛隊のキャンプが砲撃されたとか、イラクの日報にはこういったことも書かれているはずなんですよ。それを隠ぺいしていたんです。

憲法が守られていないことは、多くの国民が知っているのに、憲法を最も守るべきなのは誰なのか、知らない国民が多い……。最近は、身近な人と「立憲的改憲」のプロセスや、その内容について話し合っています。**(千葉県・Tよしのり)**

隠ぺいせざるを得ない状況に、自衛隊員を追い込んでいること。それこそ、問題だと思うんですよね。

憲法裁判所という憲法違反を許さない仕組み

泉美　憲法裁判所の質問が山尾さんと倉持さんに来ています。法律違反は駄目だが、憲法は守らなくてもいい、という感覚が私にもあります。憲法裁判所の設置によって、憲法が身近になると思うのですが、いかがでしょうかと。

山尾　立憲主義を権力に守らせるためには、きちんと権力を縛る条文とともに、憲法裁判所を設置することが必要で、言うならば車の両輪のようなものだと思います。

この憲法裁判所へのよくある反論として、民主主義違反ではないか、というものがあります。選挙で選ばれていない裁判官が、内閣の振る舞いや国会が通した法律の是非判断するのは、民主主義のルールに反すると。

ただ、憲法裁判所は政策を判断するわけではありません。法律や行動が憲法に違反するかどうかだけを判断するものです。「憲法に違反する」＝「決してやってはいけない」というわけではない。それをするなら憲法を改正する必要がありますよ、とあくまで憲法に則って判断するわけです。民主主義に矛盾するものではまったくありません。

倉持　憲法ってそもそも非民主的なものでしょうか。むしろ、われわれ国民が作ったという建前ですから、憲法は究極の民主的正統性を持っているはずなんです。その憲法に基づいた判断は、民主主義に沿った行為だと考えます。

井上　憲法は国民が作ったという建前だとしても、憲法の解釈は先鋭に対立します。違憲審査制は民主的統制が相対的に弱い司法の憲法解釈が、民主的立法府の憲法解釈を覆すことを許すものですから、民主主義との緊張関係の問題は簡単には解消されません。憲法裁判所は違憲審査制の強化のために提唱されていますが、憲法裁判所を持たず、

憲法は、上から示され頂くものではなく、国民の「私」からのご注文に与えられる答えでもない。自分の中に国家があり、国民各自が主体だ—。これが立憲的改憲の主旨だと思います。**(長野県・主婦・和ナビィ)**

通常裁判所が違憲審査をする場合でも、その違憲審査自体が非民主主義的だという批判は、通常裁判所が違憲審査権を活発に行使する米国も含めて、現在でもずっとあるんです。

日本の最高裁は司法消極主義といって、違憲判断をしたがらない。最高裁が下した違憲判決は、世界的に見ても極めて少ない。だから、憲法裁判所を設置して、違憲審査を厳格化しようと、そういうことだと思います。

多数の専制を抑止するために、人権保障において司法は違憲審査権を毅然と行使すべきで、その点で日本の裁判所の違憲判断回避傾向は問題です。しかし他方で、多数の専制の抑止を超えて司法が違憲審査権を政治的思惑から濫用して司法の専制にならないよう、違憲審査権の範囲を限定すべきだと私は考えます。違憲審査制にもさまざまな形態があり、それらは、いま述べた競合する二つの考慮のバランスを適正にとるという観点から比較評価される必要があります。

憲法が個人に保障する具体的な権利や利益の侵害を理由に、その人が行政行為や法律について違憲訴訟を提起できるというのが、付随的審査制とよばれるものです。日本国憲法は付随的審査制を明記しているわけではありませんが、最高裁判例は付随的審査制説をとっています。

一方、具体的な個人の権利侵害の有無とは独立に、法令そのものが違憲かどうかを、抽象的に審査できる、しかも法案が通過する前に、事前審査すらできるのが、抽象的審査制。ヨーロッパの憲法裁判所制度がこれにあたるわけです。

どの制度がいいか、ここで詳論はできません。ただ、抽象的な事前審査が広範にできる憲法裁判所制度は司法の違憲審査権を強化させすぎているため、司法に対する民主的統制も強化させざるを得ず、結局司法の政治化を促進し、憲法裁判所は司法機関というより、下院・上院に追加された第三院的な政治的機関になってしまう。司法の政治的独立性が薄まるだけでなく、民主的政治部門の

日本人が伝統と現状のバランスをとりながら日本人らしく生きるには、依存ではなく自らの足で立ち上がり、自立への歩みを進めていくほかないと思う。そのために立憲的改憲を支持します。**（神奈川県・会社員・ちぇぶ）**

権力が多重化して政治的答責性も曖昧化する恐れがあるのではないか。

付随審査制を一応基本としつつ、政教分離違反、国家機関の権限争訟など、個人の権利侵害として法律構成することが困難な場合に限って例外的に抽象的審査、ただし事後的な審査を通常の裁判所ができるという仕組みがいいと私は考えています。

確かに日本の最高裁の違憲審査機能が形骸化しているのは問題ですが、これは付随審査すらまじめにやっていないという問題で、憲法裁判所制度がいいかどうかという以前の問題です。付随審査制の下でも、日本の司法の欠陥を是正する制度的工夫は、裁判官人事制度の改革をはじめ、いろいろあり得ます。

要するに、憲法裁判所の抽象的審査か通常裁判所の付随審査かという二者択一ではないさまざまな制度設計がありうることを知ることが重要です。

例えば、私の発言の冒頭で、コスタリカの話をしましたね。コスタリカ憲法は安全保障以外についても非常にユニークな規定を含み、違憲審査制についても、第一〇条は次のように規定しています。

第一〇条　最高裁判所の特別の法廷は、その法廷の裁判官の絶対多数によって、あらゆる種類の規範、および市民の権利に対する行為の違憲性を宣言する。司法部の判断、選挙最高裁判所の選挙の宣言及び法律に定めるその他の事項については、この手続きに基づく異議申し立てはできない。

又、次の事項が属する。

（a）選挙最高裁判所並びに法律が定める団体及び機関を含めて、国の二つの権力機関の間の権限をめぐる争いを解決する。

（b）憲法改正案の諮問、国際協定・条約及びその他の法案の承認を、法律の定めに基づき審査する。

「9条さえあれば、戦争は起きません!」いえ、安倍政権との「情報戦」という戦いは、すでに始まっているのですよ。私たちの「知る権利」は、蔑ろにされているのが現状です。正しい知識と情報を得て、安倍政権という権力を縛れ!**(東京都・会社員・ハル)**

特別裁判所としての憲法裁判所ではなく、通常の裁判所の頂点である最高裁の中に特別の法廷を設けるわけです。いわば違憲審査部。これは、違憲審査に専門特化する。普通の裁判はやらない。憲法問題だけ。

高森 その一つの部を、わざわざ憲法で規定してるわけですか。すごいですね。

井上 コスタリカ憲法第一〇条は、この「違憲審査部」たる特別法廷に強い権限を与える一方でその限界も明確に規定している。特別法廷の管轄外事項を定めているし、付随審査に加え抽象的審査も(a)(b)のような一定の場合に認める一方で「法律の定めに基づき審査する」として、抽象的審査については立法府の統制の余地を残しています。

倉持 一九九〇年代の終わりから二〇〇〇年にかけて、ロースクールや裁判員制度など、一連の司法制度改革が行われました。そのとき、実は違憲審査制度の活性化も議論に上がっていたのに、佐藤幸治座長があえて落としたんですよ。

山尾 今の最高裁がなぜここまで消極的なのか。その根源にあるのは人事だと思うんです。

最高裁の裁判官は、基本的に内閣が人事権を持っています。内閣に対して毅然とノーを突きつけられるような制度になっていません。

憲法裁判所を設置する場合も、機能するかどうかは人事制度の設計にかかっています。例えば憲法裁判所の裁判官は衆議院、参議院、そして裁判所から三名とか五名ずつ選出し、その見識・経験などを明らかにするために公開の諮問を受ける。その上で、国会の三分の二以上の同意がないと指名できない、といった内閣から独立して中立の立場を担保する制度を作る。

高森 その根拠は憲法に定めるということですね。

山尾 憲法の中にあるべきだと思います。

泉美 立憲民主党として、改憲案を出すつもりはありますか、という質問と、立憲的改憲を爆発的に広めるアイディアはないでしょうか、という質

権力の暴走を防ぐため、国民一人一人が当事者意識を持って思考し行動する日本にする為にも、立憲的改憲を支持します。**（大阪府・会社員・鈴木）**

問が山尾先生に来ています。

山尾　枝野さんは「私は、立憲的改憲論」だとおっしゃっていました。憲法記念日に、枝野さんの名前で発表された談話を読んでみますね。結構、しっかり書いてあります。

『日本の中には、現行憲法を一字一句、変えるべきでない、議論することそのものを拒否する、いわゆる護憲派と、権力行使を容易にし、国民の権利を制限していく方向の改憲派の二つの大きな流れがあります……立憲民主党は権力を制約し、国民の権利を拡大するという観点からの憲法論。立憲主義の観点からの、立憲的憲法論議を深めることをあらためてお約束する』

あとは立憲民主党の若手の議員を中心に、立憲的改憲論が少しずつ広がっています。それを爆発的に広めるには、皆さんのお力が必要です。

小林　草の根の民主主義。これが大事だと思うんですよ。まだまだ盛り上げ方が足りない。この状態じゃあ枝野さんだってやりにくいだろうなと、わしは思います。

井上　立憲的改憲論について誤解を避けるために、最後に一言。今日は徴兵制の話もしましたが、井上が応援団に加わっているから、立憲的改憲を支持すると徴兵制に行かなきゃいけない、そんな心配をする必要はないですよ。

要するに、戦力を持っておきながら持っていないふりをし続ける、九条二項で戦力がない建前になっているために憲法で戦力を統制できず、戦力の現実が憲法の外で肥大化し続ける、こういう現状を放置することだけは、絶対に駄目だ。戦力統制規範を憲法に盛り込む、これが立憲的改憲の一番重要な点です。具体的にどこまで戦力統制すべきかについては、私と意見が違っていても構わない。

（収録：二〇一八年五月三日　東京・目黒）

（※1）現状の在日米軍基地以外の増設にあたって、日米の戦略上それを必要とする理由に正当性があれば日

安倍政権によって「権力は暴走する」という事実を痛感させられました。これを教訓として国民は権力を抑える方法を講じなければならない。それが立憲主義です。仮に与党支持者だったとしても、その権力が永続すると断言できますか?**（山形県・たかなし）**

本のどこに基地を置こうが、日本政府は異を唱えないという、日米地位協定のもう一つの比類なき特徴。

（※2）この事件では、イラク政府をはじめアラブ諸国の強い反発から、アメリカ政府は国内法の変更を迫られ、結審に七年余を費やし、二〇一五年に連邦地方裁判所は、首謀者一名に終身刑、他三名に懲役三〇年の判決を下しました。しかし、トランプ政権になって、この判決は覆され、審議がいまだに難航しています。

（※3）アメリカ国務省公式文書 Report on Status of Forces Agreements: https://www.state.gov/documents/organization/236456.pdf（p12, footnote #6）

第Ⅲ部

天皇制と〈憲法〉

権力の腐敗と立憲主義（二〇一八年四月八日、東京・大崎）

山元一

二つの憲法

山元　今日のレジュメを小林さんに非常に良かったって言っていただいてうれしかったんですが、それには理由があります。実は私、『ゴー宣』の熱心な読者だった時代があります。その当時、読んだときに、あ、これ憲法論だなと実は思ったんです。差別の話、沖縄の話、天皇の話、どの話を取っても、これ、憲法の話だと思って読んでいました。

もう一つ、前置きなんですが、私はいつも思うんですけど、憲法は、憲法学者のものじゃないっていうことを、はっきり言いたいと思うんです。憲法で何か問題になったとき、憲法学者に聞けば正解が分かる、それを学習すればいいっていう考えは、違うだろうと思います。憲法は国民のものであり、主権者のものなので、皆さん自身が考えるべき問題です。

私は専門家ですから、西洋の憲法の知識が欲しいとか、現在どういう憲法の理論があるのかと聞かれれば、何が論点かも含めて、できるかぎり歪曲しないで、正確にお伝えしたいと、いつも思っています。でも最後、何が正しいかっていう判断は、個人の世界観、価値観にも関わりますし、押し付けられないなと思います。ただ、何が正確な知識かというところ、あるいは論理立った考え方とは何かというところまでなら、私にもある程度ご説明できると、いつもそういう気持ちでおります。そういうつもりでお話ししますので、続きは皆さんのほうで考えていただきたいなと思います。

さて、日本の成文憲法というのは、二つしかないんです。そう言うと、聖徳太子の十七条の憲法をイメージされる方もいらっしゃるかもしれませんが、近代国家の基本法ではないので、ちょっとそれはおいておきます。国家の憲法としては、一八八九年制定の大日本帝国憲法と、一九四六年制定の日本国憲法、この二つしかありません。そのうちの一つ、大日本帝国憲法はどうやってつくられたのかな、っていうことを考えると、憲法って一体、何なのかっていうのが、よく分かるんです。

もちろん明治維新から始まり、どういう国をつくろうかというところが、憲法をつくる動機だったわけです。けれどもここで面白いのは、実は明治維新の直後に、憲法をつくったんじゃないんです。むしろ、国の新体制ができあがったあと、最後の仕上げとして、一八八九年に大日本帝国憲法ができた。この点をまず押さえていただきたいんです。

その当時のエリートはどういう問題意識を持っていたのか。一八七六年に明治天皇が有栖川宮に出した勅語がありまして、何回見ても非常に興味深い言葉です。

『朕爰ニ我建國ノ體ニ基キ廣ク海外各國ノ成法ヲ斟酌シ』

このようにして憲法をつくってみなさいと、こういうふうに言っているんですね。これが要するに憲法を考えるときの二つの要素です。

「建国の体」っていうのは一体何なのか。もう一つは、自分の国の「建国の体」だけ見てもまともな憲法は作れないということで、海外各国の法をちゃんとよく見て、自分たちの憲法を作っていこうと考えた点です。この二つの考え方が、憲法を作ったり変えたりするときの、基本的な方向性になります。つまり、自国らしさっていうのは何かっていう問題と、もう一つは海外の水準に合わせていくっていう問題。今の言葉で言いますと、グローバルスタンダードとの関係です。

明治維新がなぜ必要だったか、あるいはなぜ憲法が必要だったかというと、キーワードは文明国です。当時の西洋列強は文明国だったら対等に外交しますが、非文明国だったら占領して植民地にしますと、この二択を突きつけていたわけです。日本はちょうど境界線上で、非文明国とも言えないけど、でも当時の西洋の水準から見ると、本当に文明国って言えるかなという、ちょっと微妙なところにいたわけですね。

どうしたら文明国だと西洋から認められるかというと、相手国の裁判制度と法制度がしっかりしていることがまず必要です。これがないとお互い人を送り合って、外交関係を対等に作るっていうのはできないということになります。ですので、日本が対等な外交関係を認めてもらうために、精いっぱい努力したその過程が憲法制定ということになります。具体的には、安政の条約と言って、非常に不平等な条約を押し付けられたので、それを是正するということです。

自由民権運動の到達点、五日市憲法

山元　それでは、どういう憲法にしようかというときに、国の偉い人だけではなく、普通の人が知恵を出し合って、こういう憲法がいいんじゃないかっていうアイディアを持ち寄って議論します。日本各地でこういう動きがありました。これが自由民権運動のときに作られた、さまざまな民間憲法私案と呼ばれるものです。

美智子皇后が二〇一三年にあきる野市の五日市に行ったときに、こういう民間憲法私案の一つ「五日市憲法」を高く評価するお言葉を発表されました。近代日本の黎明期を生きた人々の、政治参加への強い意欲や自国の未来に懸けた熱い思いに触れ、深い感銘を覚えられたのだろうと思います。

国政を民に取り返すには一体、どうしたらいいんだろうという熱い思いについては、小林さんの「ゴー宣道場」も一種の民権運動と言えると思います。

ところが政府のほうは、民間私案にはのれないと考え、伊藤博文が中心となって、こっそり憲法を作っていくわけです。もちろん伊藤博文も勉強家ですので、そんなやわな覚悟で憲法を作ったわけじゃない。今と違って、ネットで情報が集められるような時代じゃないですから。命を懸けてとまでは言いませんが、ヨーロッパへ旅をして、オーストリア、ドイツの憲法議論を学んで帰ってくるわけです。そこで当時のヨーロッパのスタンダードを見て、これならヨーロッパの中でも認められるだろうという憲法を作ったんです。

もし支配することだけを考えるんだったら、議会って邪魔じゃないですか。うるさい議員が出てきて、いろいろ追及するし。

高森　山尾議員のような人がかつてもいたんですね（笑）。

山元　そうです（笑）。だから、議会なんかないほうがいいんですよね。貴族院ぐらいならあってもいいかもしれないけど、庶民の代表が出てくるような議会はないほうがいい。だけど、それじゃあ西洋の人は日本を専制国家だと思うよ、と。そんな国のままじゃ対等な外交なんて無理ですよということで、貴族院だけでなく、衆議院も作りました。これが当時のグローバルスタンダードが大日本帝国憲法に与えた影響です。

それから権利が書いていないとまずい。いくら天皇が与える憲法といっても、国民に全然権利がなくて、義務しかありませんというんじゃ、近代憲法とは呼べないなと。伊藤博文は、意外と立憲主義的なことを考えていたわけです。

大日本帝国憲法はドイツ型ですから、君主の権力が強い憲法にはなりました。これがうまくいった面と、その後、非常に悲劇をもたらした面があると思います。

押し付け憲法論の正体

山元 さて、旧憲法は敗戦とともに姿を消すわけです。つぎに作られたのは一九四六年憲法、これが今、日本国憲法と呼ばれるもので、六法全書の一番前に書いてあるものです。

この憲法は押し付け憲法と言われますが、当時の政府は、日本社会や政治の秩序が壊れてしまうので、なんとか天皇主権だけは守りたいと考えていました。ただ占領軍からは認められず、国民主権を押し付けられ、内閣の名前で国民主権の憲法を出すことになります。

明治憲法の場合とどう違うかというと、明治憲法もある意味では「押し付け憲法」だったということを、私は言いたいのです。

明治の臣民たちは明治憲法に賛成したわけではありません。こっそり作った憲法をある日お披露目されて、否応なく押し頂いたわけですから。それに外国の人、ドイツ人がアドバイザーとして入って、アドバイスしています。

そう考えると、大日本帝国憲法こそ本当の日本の憲法で、今の憲法は単なる押し付け憲法だというのはちょっとおかしいんじゃないかなと思います。もちろん、そうは言っても日本国憲法が押し付け憲法であったという事実は否定できません。

当時は第二次世界大戦が終結したばかり。戦争をこれ以上引き起こすと、また大変なことになる。ですから各国は、多少主権を制限してでも、互いに平和的に共存する社会を作ろう。それが当時の世界の支配的な考え方でした。

学問的には、国際民主主義の思想っていうんですけれども、これには国際社会から国内を規律するという「上から」の要素、いわば「押し付け」があります。これを理解しないと、なぜ日本国憲法九条一項があり、そして二項で戦力不保持までいっているかという背景が理解できません。国連が作られた時期と、日本国憲法の作られた時期というのは、ほぼ一緒です。

もう一つ、日本国憲法は押し付けだって言うときの意味なんですけれども、これはある意味、非常にヘビーな押し付けです。どういうことかと言うと、占領軍は日本の社会の構造を変えようとしたわけです。なぜそうしたか。日本人は、本当は平和的な人たちなのに、なぜ他の国を侵略してしまったのか、社会構造がゆがんでいたせいじゃないか？　と考えたわけです。

既得権を持っている貴族的な人たちの存在や、地主の存在、軍部など、戦前の支配階級から変えないと駄目だと。男女平等もそうです。男性が女性を支配する社会っていうのはやはり明治の基本的な考えでしたから。ですから平和を作るために日本国憲法の男女平等は重要な理念です。

これって従来の封建的な社会から、個人の自由を中心とする社会に変えるという大きな変化です。自民党の一部の保守的な人たちの中には、だから今の憲法をトータルに否定したいと思っている人が少なからずいると思います。従来の支配体制が占領軍によって壊された、それは憲法が悪いんだ、こういう考えになるわけです。

一九四六年にできた日本国憲法は、当時のグローバルスタンダードに沿っています。例えば社会権や二五条、生存権の規定など、いろいろあります。

それまでの憲法っていうのは、自由を与えておけばみんな、それぞれ頑張って豊かになれるよっていう一九世紀的な考え方の憲法でした。けれど、自由を約束するだけでは、貧富の差と階級対立は避けられません。だから労働組合も作っていいですよ、生存権も認めますよっていう考え方が生まれました。これが二〇世紀型の憲法で、日本国憲法にはこの考え方がしっかり入っています。だから当時の憲法の中では非常に先進的だったと思います。

そのほか、例えばイタリア憲法も似たところがあります。ドイツ（ドイツ基本法）は社会権がないんですが、やはり似た面があります。

憲法にもグローバルスタンダードがある

山元　ここから今の話に移りますけれども、私たちがこれから憲法を作る、あるいは変えるとすると、どういう憲法が良い憲法なのでしょうか。

現在のグローバルスタンダードとして、まず一つはダイバーシティがあります。人の生き方はそれぞれ、背景もその人によって大きく違うので、多様な人をなるべく共存させることが重要になります。日本ではアイヌなどの先住民、少数民族の保護などがこれにあたります。これを憲法で保障するのがグローバルスタンダードとなっています。

ＬＧＢＴなど性的マイノリティーの保障も必要です。性の考え方も現在では非常に多様化しているわけです。同性婚問題は世界中で問題になっていますが、フランスやドイツでは法律で認め、アメリカでは認めない法律に違憲判決が出ています。もし日本国憲法が同性婚を否定しているなら、グローバルスタンダードにあわせる意味で、憲法を改正し同性婚を許容するという考え方も、当然あり得ます。

それから、環境権についてもそうです。今世界では一五〇カ国ぐらいが環境保護の規定を持っているそうです。憲法に環境保護の規定を入れることも、現代のグローバルスタンダードと考えてよさそうです。

あとは緊急事態についても同じことがいえます。緊急事態とは、戦争やテロ、大規模災害などの非常事態を指しますが、このとき政府に大きな権限を与えることで、人命救助や秩序の維持がスムーズに行われます。ただ、緊急事態から普通に戻るのが難しいんです。緊急事態に権力を与えられた人が、いや、まだ緊急事態だ、まだまだ緊急事態だ、といっていつまでも居座るケースがあります。今フランスでテロが発生してから、なかなか元の体制に復さない。憲法の人権規定が、緊急事態条項によって止められると非常に危険なので、よく考えなければいけません。

山尾さんや倉持さんが訴える憲法裁判所ですが、これもグローバルスタンダードの一つです。日本にも憲法審査制度はもちろんあります。普通の裁判所で憲法の問題が提起されることがあって、違憲判決が下ることもあります。

違憲判断に消極的な最高裁

山元　憲法裁判所制度は、具体的な事件が起こったときに普通の裁判所で違憲か合憲かを争うのではなく、憲法裁判所っていう機関を作り、憲法の問題はそこで白黒つけるという制度です。

例えばドイツで次のようなケースが実際にありました。一九九〇年代、ドイツ駐留のＮＡＴＯ軍がドイツ領土からイラクに出撃することが、ドイツ基本法に照らして違憲か合憲か問題となりました。ドイツの連邦憲法裁判所は、国会の同意なしに連邦政府は軍隊を送れないという条件つきで、ＮＡＴＯ軍の域外派遣を認めます。

日本では、統治行為論という考え方があります。非常に政治的な、見解が分かれるような案件については、裁判所は判断を避けます。軍隊を送るか、送らないかという大きな問題は、国民が選挙を通じて判断すべきと考えます。そうではなくて、もっときちんと憲法に照らして判断するために、憲法裁判所を創設することもオプションとしてはあり得ます。

建国の体

山元　最初にお話した、明治天皇の「建国の体」のほうは一体どうなっちゃったのでしょうか。これも重要な問題です。特に保守系の人たちは、今の憲法は無国籍で良くないと感じるわけです。

皆さんはもちろん、日本国憲法の前文はいろんな所ですでに見ていると思います。この中にわが国の伝統について書かれている部分は全くありません。なんだ、「建国の体」は今の憲法にないじゃないかと、そういうことになります。

私たちの近くの国は、一体、どういうふうに考えているのでしょうか。

例えば中国の憲法では、『中国は、世界でも最も古い歴史を持つ国の一つである。中国の諸民族、人民は輝かしい文化を共同で作り上げており、また、栄えある革命の伝統を持っている』と、こういうふうにいっています。韓国の憲法にも、『悠久の歴史と伝統に輝く、われわれ大韓民国は』と書いてあります。一方、日本国憲法にはこういう記述は一切ありません。

これを見ると、自分たちの国を盛り上げるようなことを書かないと、周囲の国に負けるように感じる人もいるでしょう。気持ちとしては私も分からなくはありません。

自民党の二〇一二年の日本国憲法改正草案にはこう書いてあります。『日本国は、長い歴史と固有の文化を持ち、国民統合の象徴である天皇を戴く国家であって』うんぬん。中国と韓国の憲法を読んでから日本の憲法を考えると、こういう案が出てくるのも不思議ではありません。では、皆さんがどう思うか。

もちろん、懸念もあります。前文に「日本固有の文化」と書くとき、日本語には複数と単数がないので、「文化ズ」とは思わない。カルチャーズっていうふうには思わないので、モノカルチャーを宣言することになります。そうすると、日本っていうのは単一の文化であって、この単一文化をみんなで大切にするということは、かなり窮屈な社会を意味すると思います。つまり、一人一人の感性を大切にしようと考えても、日本文化から見て、あなたの生き方はおかしいですよと言われてしまうことになります。なぜ何回も離婚するんですか、憲法上おかしいですよと。こういうことになっちゃうわけですよね。

ですから、私たちが、伝統や文化はもちろん大切かもしれないけれども、一体、どんな文化で、どんな伝統で、そしてそれを憲法や法律で無造作に強制したら、私たちの多様な生き方は一体、どうなるんですかと。憲法はそこまで踏まえて慎重に考える必要があります。勢いだけの運動について行くのはいけない。最後に一言だけ。ごく最近、相撲の土俵に女性が上がって救急救命措置を行ったことが物議を醸しました。相撲協会は、土俵の女人禁制は日本の伝統であるといいます。でも、よく調べてみると、かつては女相撲もあったし、女人禁制はごく最近のことだという研究論文がたくさんあります。ですから、「土俵の女人禁制は日本の伝統」というのは作られた伝統です。

北条政子と源頼朝は夫婦別姓ですよねって私はいつも思うんですけど、なぜ夫婦別姓が伝統じゃないのか僕にはよく分かりません。

伝統とは何かっていうことも含めて、真面目に憲法に向き合うと、とっても大切なことに気づくんじゃないかなと思います。皆さん、ご清聴ありがとうございました。

師範との質疑応答

欽定憲法の真実

高森　大変、興味深いお話、ありがとうございました。このレジュメの目次からして、非常に包括的な議論の組み立てをしていただいているなと感じました。

特に大日本帝国憲法は、憲法論議の中で、あまり言及されない傾向が非常に強い。帝国憲法がどういう初心をもって作られたのかという、原点に触れていただいたことは、とても大切な点だったと思います。「建国の体」と、わが国の固有性というものと、当時のグローバルスタンダードというもののバランスをどう取るか、という大事な問題に触れていただいたと思います。

今の憲法でも、実は帝国憲法を結構継承しているところがあります。特に第一章の天皇条項はそうです。君主の条項を冒頭に持ってきた憲法は、恐らく世界でも二つしかありません。一つは大日本帝国憲法、もう一つが日本国憲法です。当時のプロシア憲法でも君主の条項は、四三条でしたか、ずっと後ろのほうにあります。今の憲法も、この構成によって「建国の体」を書き込んでいるともいえるんです。

ただ、帝国憲法の最終的な目標は、文明国であることを証明し、不平等条約を改正することにあったわけですよね。結局不平等条約は明治四四年に改正されます。明治の終わりまでかかる、条約改正という重荷。

明治二二年までの国家改造、近代国家建設の総括として、大日本帝国憲法が定められた。日本が文明国の仲間入りをし、独立主権国家になり、そして独立を全うするための憲法だったところに帝国憲法の可能性と限界があった。しかもその過程において、皇后陛下のお言葉にもあった「五日市憲法」などの民衆運動があった。明治のあの躍動において、憲法を国民が作っていくという歴史があったことは、今の憲法と大きく違うところだと思います。

帝国憲法は欽定憲法、つまり天皇から一方的に押し付けられた憲法だと受け止められがちです。けれども、私はちょっと違った考え方をしています。つまり当時、欽定憲法以外の憲法のあり方は考えられなかっただろうと思います。時の内閣が一方的に憲法を押し付けたところで、果たして帝国憲法に国民は権威を感じることができただろうか。

議会は、憲法によって明治二三年に開設されるわけです。それまで日本に議会はありません。議会がない状況で民定憲法という選択肢が果たしてあり得たのでしょうか。

さらに、天皇の尊厳というものを大上段に振りかざして国家建設をしている政府にとっても、欽定憲法という看板を掲げることは大変な重荷でもありました。要するに明治天皇がお定めになった欽定憲法を政府は守らないのか、あるいは明治天皇の名によって公布された憲法がこんなでたらめな憲法でいいのかと、批判を浴びる危険がありました。

現在の憲法は、私、非常に不思議な憲法だと思っております。日本国憲法には三つの性格があります。一つは、日本国憲法は、法的な手続き、形式上は、実は帝国憲法が改正されたものであるということ。これは法的なフィクションに過ぎませんが、今の憲法も〝欽定〟憲法ということになります。それを前提として、日本国憲法の法的な正統性を取り繕っている。

それに対して憲法学界では、宮澤俊義以来、「八月革命説」というものが唱えられています。もともと丸山眞男が思い付いたアイディアだったようですが。

八月革命説とは、ポツダム宣言を受諾したことで、主権が天皇から国民に移って、実は法的な革命が起こっていたんですよっていう、かなり疑わしい議論です。この八月革命説をもって、日本国憲法の正統性とすると。これだとまさにある種の政治的なフィクションとして国民が定めた憲法、国民主権の憲法ということになるわけです。つまり〝民定憲法〟です。

しかし実態は、占領当局によって草案が書かれ、その上で公職追放をちらつかされ、不安定な立場の議員たちが議会で形ばかりの審議をしたわけです。山尾議員のように選挙では一〇〇票差ぐらいで磐石に勝利される議員とは違います。

山尾　一〇〇票でなく、八〇〇票差です（笑）。

高森　失礼いたしました（笑）。

占領当局の意向によって議員の地位を失いかねない状況下で審議された憲法が、八月革命による国民主権の憲法なのでしょうか。それともまさに占領下の押し付け憲法なのでしょうか。

かくも複雑な性格を持つ憲法は、世界でもなかなか珍しいと思いますが、憲法が変わるかもしれないという今、歴史に日本人自身がどう落とし前をつけるかが問われていると思います。

山元　二つ申し上げたいのですが、まず一つ、明治憲法を作る際に、欽定憲法以外に協約憲法っていう形も可能性があったのではないかと思っています。

高森　当時の自由民権運動が目指した〝落としどころ〟はこの辺りだったかもしれませんね。

山元　協約すなわち、国民と天皇がこういう国をつくろうと約束する。もし、それが実現していたら、大正デモクラシーももう少しうまくいったかもしれません。歴史にもしもはないのですが。

当時参考にした憲法の一つにベルギーの協約憲法がありました。この形なら、天皇が一方的に与えたものでも、国民主権で作ったものでもなく、両方が約束して作った憲法になりました。これなら国民にも天皇にも統治の正統性があります。天皇が国会で宣誓して、天皇として頑張りますみたいな場面が実現していたかもしれません。

二つ目は、日本国憲法が私たちの憲法なのかという問題です。あくまで私の感覚ですが、押し付けられた経緯はあるものの、歴史を重ねてだんだん私たちの憲法になっていった部分もあると思います。憲法を国民が読んでいくうちに、この憲法は意外に悪くないと感じてきた歴史があったと思うんです。

一部の時期を除き、改憲政党である自民党がずっと政権にありながら、憲法を変えられなかったのは、やっぱり今の憲法に対して私たちが価値を感じて、共有していることがあると思います。

女性が政治家になることは今はもちろん当たり前です。男女平等以外にも、人権の重要さや、民主主義の重要さは社会になじんでいます。これは憲法がもうすでに私たちと共にあることを表していると思います。

高森　あと、特に第一条の天皇条項は、昭和天皇および今の陛下ご自身が象徴天皇という新しい地位を長い暗中模索の日々を通じて実体化したものだと思います。象徴天皇については、昭和後半から平成へと時間を経過したことによって、今先生がおっしゃられたような「なじむ」時間が、日本人全体にとっても経過したのかなと。

山元　象徴天皇の「象徴」という言葉の意味について、一番考えたのは憲法学者だと思っていたのですが、実は天皇陛下ご本人だったのかもしれません。生前退位の問題でも、考え抜いたから退きたいと思われたんですよね。

憲法前文の問題点

山尾　憲法前文について興味深いお話をいただいたので、三点ご意見を伺いたいです。まず一点目は、そもそも憲法前文の法律としての力っていうのはどれぐらいあるのでしょうか。

二点目は、憲法の前文にこの国の形を国民の意思で書き込むこと自体は、悪いことではないと思います。

ただ、多様な生き方と個人の尊厳を保障しながら、一方では日本国民の一人としてこの国の「一つの物語」を共有し、国家の一員としての役割を求められることの関係を、どういうふうに考えるのか。すでに多様な人々が集まっているなかで、一つの国家観をどのようにすりあわせて合意してゆくのか。ましてや、河野談話とか、小泉談話とか、安倍談話みたいな、時々の政権による海外向けのコメントを歴史認識として前文に書くのは全くぴんときません。

三点目は、前文を変えることが、世界に映る日本の姿を変えることの功罪をどのように考えるか、です。例えば、『平和を愛する諸国民の公正と信義に信頼して、われらの安全と生存を保持しようと決意した』という表現。自らの安全と生存を、諸国民への信頼に依拠するという点には違和感を感じるということを指摘する人もいますし、私にもその感覚はあります。日本国憲法制定時、第二次世界大戦の戦禍をふまえて国連の集団安全保障体制を目指していこうという理想が象徴的に表現されている面があるのでしょうが、現実はそうはならなかった。

とはいえ、です。じゃあこの「諸国民を信頼します」という表現を変えることが、本当に適切なのか。仮にそのような前文改正を行ったときに、諸外国に映る日本の姿は、むしろ私たちの自己認識とは違うものになるのではないでしょうか。

山元　憲法前文とは法律なのか、道徳的なビジョン、あるいは憲法解釈の指針的なものなのかという点は憲法学者でも意見が分かれるところです。

前文には法的効力は全然ありませんという学説もかつてはありました。ですが、前文にも法的効力があり、前文を基準に憲法の解釈を考えなければならないというのが、今の学界の主流です。

例えば前文には平和的生存権について、平和のうちに生存する権利があることを確認すると書かれています。この表現自体はあまりに抽象的過ぎて法的な権利の規定とは認められないっていうのが、学会の通説でもあり、判例でもそのように解釈してきました。

ですが、この抽象的な前文の表現が、実際には大きな力を持つという面もあります。例えば憲法に親孝行しなさいと書いてあったとします。ただこれだけでは何が親孝行で何が親孝行じゃないか、法律学的に言うと構成要件が書かれていないので、法律として執行できません。ただ子どもたちに、親孝行しなさいと憲法の前文に書いてあるんだから、子どもは親を大切にしなければならないと、学校で教育することはできます。自分の価値観の定まらない子どもに一定の価値観を注入し、国が道徳的に国民を支配する道具ともなります。

また、前文に歴史認識を書くかどうかについてですが、非常に難しいと思います。ただ、戦前の日本と戦後の日本の違いは何か、戦前は何がまずかったのか、そういった反省が憲法前文に入っていても悪くなかっただろうと思います。ただそれだけのコンセンサスを作る土壌が今にいたるまでできていない。

高森　村山談話、安倍談話っていうのは政治的にはものすごく不幸な経緯をたどった所産でして、村山首相は自民党が政権復帰するための神輿に担がれた。

しかし、せっかく社会党の委員長が内閣総理大臣なんだから、歴史の反省を見せてやろうじゃないか、というので国会決議を考えます。ですが衆議院では欠席多数、可決はされましたが賛同数は微々たるもの。参議院は当時のドン村上正邦さんたちが抵抗してできなかった。しょうがないので、首相の談話だったら勝手にやれるだろうと、おまけにそれを閣議決定するというので、当時閣僚だった平沼赳夫さんも特に反対せずに、村山談話という形で発表された。

だからあれはちょっと悔し紛れにやってみたみたいなところがあったので、安倍政権でひっくり返してやると。村山談話を真正面から取り消すことはできないけれど、事実上取り消すようなメッセージを安倍談話として発表すると。意気揚々と臨んだところが押し込まれてしまい、結局村山談話を悪くしたのか良くしたのか分からないようなものでお茶を濁してしまった。

舞台裏を見ると、トホホな談話になってしまっていて、しかも、村山談話の頃、保守系の人たちは、行政のトップである内閣総理大臣が特定の歴史認識にお墨付きを与えるようなことは、内容如何に関わらず、良くないんだと、そんなものは総理大臣が表明するような性格のものじゃないと言っていたんです。にもかかわらず安倍さんは立派な談話を出した、なんてことを今さら言い出した。明らかにダブルスタンダード。しかも二つの談話の経緯と中身を見ると、どうなのかなと。言ってみれば、政治的妥協の産物みたいな色彩が濃いので。

自らの歴史を誇るような憲法というのは、大抵はなんとなく心配な国なので、日本もその仲間入りをしてしまうのか、といった心配もあります。

小林　その点はわしも同感だわ。中国なんか昔は三〇〇〇年の歴史って言ってたんだけど、最近は四〇〇〇年の歴史って言い始めるようになったから。

高森　そのうち五〇〇〇年になるでしょうね（笑）。

小林　最古の歴史が中国にあるっていうこと自体、それは基本的に歴史、知らないでしょうと、中国の人に言いたくなってしまうくらいのもので。じゃあ元寇とか、あれはどうなのと。元はモンゴル人だけど、あれも中国だったわけ？　いつからそうなったわけ？　とか。

高森　日本に侵略したんだからその責任を取れみたいな話ね。

小林　て、なってしまうし、どうも分からない。だから、それも結局、国家が自分のアイデンティティーが揺らがないように、正統性を作り出すための言い訳だよね。言い訳として、その前文に持ってくる。そうすると、嘘の歴史を、国民はたちまち、頭の中に思い込まなければいけなくなってしまうということ自体が、わしはどうなんだろうっていう気持ちがするわけです。

笹　アイデンティティーが揺らいでいるからですね。

小林　そうなのよ。自信があったらそんなもの、書き込まなくったっていいっていうふうに思ってしまうわけだ。なおかつ、日本国憲法の前文を、普通に義務教育を受けた国語力で読んだときに、わし、この前文を読めなかったんです。ものすごい違和感があって、もう駄目だ、こんなもの読みたくないって、ずっとほったらかしてたんです。読まなくったっていいんだ、国語としておかしいからと。

高森　翻訳調ですからね。

小林　なんか、嫌な気持ちになる。『政府の行為によつて再び戦争の惨禍が起ることのないやうにすることを決意し、ここに主権が国民に存することを宣言し、この憲法を確定する』って書いてあるわけ。ただこの感覚って、戦前の政府によって戦争が起こったんだと、政府と国民を分断するイデオロギーがこの中に入ってるんです。これはまさに占領軍が考えてたことなんですよ。

なんでこんなことを洗脳されなければいけないんだっていう意識が、わしの中に最初からあったわけ。だから、わし、この前文のいろんなところに、一〇〇個ぐらい文句があるんだわ。こんなことを言ってたら、二時間、三時間かかるからやめておくけど（笑）。

歯止めとしての天皇制

小林　例えば天皇条項にしたってそうなんです。『主権の存する日本国民の総意に基く』って言うけど、『日本国民の総意に基く』ってなると、今現在の流行によって、もう天皇必要ないんじゃないのってなってしまったら、天皇制そのものを放棄できるっていうことになってしまうんです。

けれども、伝統っていうのは死者も含めたものであるのが本当なわけで。死者の民主主義ってことを言う人がいるけど、死者と生者、あるいは将来の子孫たちが、ともにつくりあげていくことが伝統になるんですよ。

逆に、中国や韓国の憲法みたいな物語は要らないというふうにわしは思うんです。

わしは基本的に天皇制さえ続けば日本国のアイデンティティーは続くんだっていうふうに思っている。逆に、もし天皇制がなくなってしまうと、これは相当にやばいことになる。もう右から、左から、国民のそのときそのときの感覚がぐらぐら揺れていってしまって、独裁制に行き着くだろうと思ってしまう。現在の安倍政権にしたって、芸能人にいたるまでの「忖度《そんたく》システム」を作り上げて、独裁制に近づいているわけだから。

放送法から特定秘密保護法、共謀罪、もうやってることが全部、国家主義ですよね。独裁制と一緒じゃないかと。以前だったら森友学園の問題だって、官僚が全部、資料を改ざんしていたっていうことになると、恥を知る首相ならこの時点で辞任していましたよ。けれど、居直ることを覚えちゃったわけ。

本当に恐るべきことが起こってるんです。何が起こっても辞めないって居直っておれば、絶対国民は忘れる。絶対風化する。だから、権力を取った者は徹底的に居直って正当化すればいい、そのためにはフェイクも作るぞと。いずれは独裁制ができますよ。

笹　そうやって居直っていたら国民は忘れてしまうから、また支持率が上がっちゃったりする。

小林　今、安倍政権が天皇陛下の意思を徹底的に封じるっていうことをやっている。つまり、天皇よりも政権のほうが上っていう日本を作っているんです。これは非常に危ないから。

わしは天皇制っていうのを独裁制の歯止めとしてどうしても残したい。そのときそのときの日本国民の総意によって天皇制が簡単に覆ってしまっては危ないと思っているわけ。となるとやっぱり死者も含めた民主主義っていうものを、この第一条から書き込んでいかなければいけないんじゃないかって思っている。

わしはある程度、山尾さんとか、倉持さんとかと妥協できるところを探して、リベラルな憲法案というものをやってるわけ。

高森　リベラルぶってるわけですか？

小林　そう（笑）。いや実のところ保守というのはリベラルとものすごく関係していて。

今の安倍政権とか産経新聞一派、これはただのアナクロニズムなんですよ。だから、相撲の女人禁制問題とかが出てきちゃうわけです。あれは、明治へのアナクロニズムであって、伝統とも違うわけなんですよ。だから、前文に伝統はこうであるなんていうことは入れないほうがいいと、わしは思うわけ。天皇制さえあれば伝統は守られるんだから。

ただ、このときの天皇制っていうのは、基本的にはバジョットの憲政論に従った、イギリス流の天皇制に持っていかないと、まだまだ危ないぞと思う。これは軍国主義とか、右翼チックな考えに戻そうということじゃなくて、より民主的で、より今の日本の民主制が独裁制から遠ざかるためのやり方として考えている。つまり、政権がいくら変わっても、天皇陛下はずっと見ているわけ。だから天皇には知恵があって、それを天皇の意思として表現することで政治に影響を与えられる。そういう天皇制をもう一度構築し直さないと、日本の民主制は危ないぞと思っておるわけよ。今、天皇制は封じ込められているぞという思いがある。

高森　正直におっしゃいましたね（笑）。

山尾　政治学者の中島岳志さんが、死者の民主主義っていうことを言ってるんですよね。

その時々で変えるべきものもたくさんあるけど、次の世代に受け継いでいくものもある。

小林　それから、内田樹っていう人が最近、自分は天皇主義者だって言ってる。あの人リベラルだと思っていたのに、いつの間に天皇主義者になったのかと思ったんだけど（笑）。あの人の天皇観は、実はかなりわしが考えていることに近い。不思議なことに。むしろ、今ってリベラルのほうが天皇陛下を支持するっていう状態になっちゃってる。

高森　辻元清美さんを含めてですね（笑）。

小林　辻元清美も、わしがかなり脅かしたから。

高森　脅かしちゃいけないですよ（笑）。

小林　天皇陛下のお茶会に呼ばれたとき、辻本清美がいたから、「おまえ、天皇制反対なはずなのになんでこんな所に来てるんだ」って脅かしてやったわけ（笑）。

一見教条主義的護憲派に見える彼女でさえ、やっぱり天皇陛下こそ保守でありリベラルだということが分かってきたんでしょうな。今はむしろ、天皇嫌いなのは右ですよ。退位させないぞ、自由にはさせないぞとか、天皇陛下を徹底的に押し込めようとしている。だから、危ない。やっぱり天皇のほうが信じられる。

変えてはならない部分

笹　不易流行っていう言葉がありますが、変わるべきものと変えてはいけないものの区別がつかないのが、今の保守なんじゃないかなと思ったりもします。

高森　この、『建國ノ體ニ基キ』というのが、言ってみれば「不易」にあたるわけです。そして『廣ク海外各國ノ成法ヲ斟酌シ』、これは流行の部分ということなんでしょう。

中島岳志さんが死者の意思の継承としての憲法というような言い方をしています。憲法の一条は、私にはそういうふうに読むべき余地が十分ある。ある意味よくできた条文じゃないかとさえ思っています。

戦前の帝国憲法下において、国内がファッショ的な政治状況を示し、そのピークに達しようとしたとき、大政翼賛会でさえ結成後いきなり形骸化してしまいました。なぜかというと、大政翼賛会をナチス党のような一党独裁の体制に持ち込むことは憲法違反であるという議論があったわけです。憲法に定める天皇の統治権に大政翼賛会が抵触するというのがその理由です。

結局大政翼賛会は、実際には政治権力を行使できない形に転落してしまった。その経緯を見ても、第一次世界大戦で君主制が滅びたドイツのように、日本にも君主制の縛りがない状態で、熱狂的な全体主義的傾向が生じていたならば、それこそ、日本にも第二のナチスが生まれていたかもしれない。立憲君主としての天皇の位置付けがそれを防いだという点から考えると、天皇という存在がリベラル的価値を体現し得るということは、見落としてはならないと思うんです。

山元　憲法九七条に、『この憲法が日本国民に保障する基本的人権は、人類の多年にわたる自由獲得の努力の成果であつて、過去幾多の試練に堪へ』っていう一文があるんですが、ここに死者がいると私は思っています。自由獲得の努力っていうのは、今でこそペンの力でやれますけれども、少し時代をさかのぼれば、命がけで戦うしかなかったわけです。

ですから、表現の自由とか、信教の自由って書くのは、漢字と平仮名で簡単に書けてしまいますが、ここにはやはり歴史においてその権利のために命がけで戦った死者もいるわけです。その意味で、人権の裏には死者がいるっていう感覚は大切かなと、申し上げたいと思います。

たかが憲法で変わると思うな

倉持　保守の方々からよく聞いた言説に、個人主義が行き過ぎて責任感のない国民が生まれたのは憲法が悪いというものがあります。これ、実は逆説的に憲法の力を認めていると思うんです。憲法は社会体制を変え、個人の生き方を変え得る存在だと。

ある元関取が、モンゴル人ばっかりが横綱になるのは日本国憲法のせいだと書いてるんです。憲法は横綱の地位までも規律できると。どういうロジックだかちゃんと読んでないのですけど。

実は改憲派の人たちこそ憲法の力を信じている。僕も憲法を改正するべきだと思ってますが、憲法を変えることで社会が良くなるんじゃないかとか、権力の歪みを正せるんじゃないかと思っている。だけど、護憲派の人たちと議論をしていると、たかが憲法の文字を変えただけで社会が変わると思うなと言われるわけです（笑）。

高森　護憲派のほうが、憲法を軽視していると。

倉持　そうです。安倍はどうせ守らないとかって言うわけです。

笹　つまり、世の中変わらないと思ってるわけでしょ。

倉持　そう。そこで率直に、憲法を変えることは、社会やわれわれの考え方にインパクトを与えるのかっていうことをお聞きしたいと思います。

もう一つは、帝国憲法はそれまでの国づくりの総仕上げであり、一九四六年憲法も「建国の体」があったと。では今の改憲論はどういう方向性を目指すべきなのかという問題提起です。

山元　一つ目については、今まで憲法を改正したことがないので、憲法を改正したらどうなるか、誰にも分からない。それをすごく不安に思う人と、何も変わらないという人の間の差を作っている。だから私は社会実験するべきだと思ってるんです。つまり、例えば環境権を実験的に変えてみましょうということをやってみる。そういう実験とデータがないままでは不幸だと思うんです。

ご存じだと思いますけど、ドイツやフランスでは何回も憲法を変えていますから、どの程度のことかっていう社会的なコンセンサスがある。

私はどちらかというと護憲派の憲法学者のほうです。だけど、試してみないと分からないですよね。それ、同棲しないで結婚する感じですよね。いろいろやってみて、こういうことなんですねって分かった上で、九条、いきますかと。九条ってやっぱり重大なので、他の条文で実験をしてみてから検討すると、僕自身はそう思ってるんです。

国家の理想としての憲法

泉美　日本国憲法の前文のところで、そもそも、どこの国の憲法にも前文ってあるものなのかなっていう疑問が一つ。

あと、私は小林先生のように前文の一つ一つをかみ砕いて読んだことはないんですが、前文を暗記するのが学校ですごくはやってたんです。でも、暗記させられていた前文には、政府と国民を分断するイデオロギーが入っていたんですよね。

護憲派の人はきっと前文がそっくりそのまま頭に入ってて、いいものだっていう感覚をもっていると思うんです。日本国憲法って前文と九条しかないっていうくらいの感覚が護憲派の人の憲法観なのかなって。私も憲法前文を覚えさせられていた子どもの頃はそれしかなかったので。実は第一条が天皇条項だっていうことに、はたと気が付いて結構びっくりした記憶があります。

あと、さっき前半で高森先生がおっしゃったように、一番最初に天皇条項が入っていることが建国の体そのものなんじゃないかって私も思います。だから前文には伝統がどうとか、国家観がどうとか、そういうこの国はすごいんだっていう物語を入れるのはちょっと違うかなって思います。三〇〇〇年の歴史があって、餃子の生産量は一日一〇〇万個だみたいなことを書いてもしょうがない（笑）。

もうすでに今の日本国憲法そのものが、教育によって浸透してしまっているので、そこに美しい日本はこうだ、みたいな物語を入れ込むと、それはそれでまたやばいことになるんじゃないかって思います。

小林　でも、やっぱり国家の理想ってある程度、あると思うんです。今の日本国憲法の前文がその理想ですから。護憲派の人たちの理想なんですよ、これ。もう一文字も変えてはならないという、聖書のようなものになってるわけであって。

で、右は右でなんか別の理想があるんですよ。それが勘違いした伝統主義だったりするから、ここでどえらい摩擦が起こって、どうせ合意を見ることはないんですよね、どっちみち。だったらこのままでいいけど、わしはずっと批判するから。

そうすると、唯一の理想って何かなって言ったら、やっぱり天皇制が維持されることとか、基本的に国民国家なんだからそれを守る軍隊が必要だとか。なおかつ、侵略戦争しないっていうのも理想なんですよ、これが。

やっぱりこういうところは憲法で押さえられていてほしいんだが、それ以上のいろんな理想を勝手につなぎ合わせようとしても、合意はできませんよ、この国では。

山元　まず、多くの憲法に前文があるかどうかですが、あるっていうのが答えです。長いもの、短いもの、すごく長いものも含めて、いろいろあります。

最近作られる憲法は自分の国はこういう苦労があって、こういう栄光があって、みたいなナショナルヒストリーを冗舌に語るものが増えているかなと思います。ある学者は、その種の憲法を「ロマンティック憲法」と呼んでいます。

これに対して一九世紀、フランス人権宣言とかアメリカ独立宣言、あの頃の考え方っていうのは今とは全然違っています。

人権と民主主義っていう普遍的な価値、共通の理念で、みんなでやりましょうっていう感じです。でも、その後に憲法を作る国々はナショナリズムを刺激するものが多いです。ドイツもそうですし、日本も入ると思います。ナショナリズムを憲法の中に書き込みたいと、これが一九世紀の終わりぐらいから出てくる非常に強い発想です。今はその両方の流れをあわせ持った憲法が多いと思います。

それから、今の日本国憲法の前文の持つ意味についてですけど、これは小林さんがおっしゃることが非常にリベラルだと私は思うし、賛成もします。なぜかというと、やっぱりそれぞれが思いを語り始めたら、もうなんの合意もできない。あまりにも戦前の日本に対する見方が違いすぎていて、本当に素晴らしいと思う人と、すごく暗黒だったっていう人のコンセンサスがない。そこに一個の理想像を掲げて、もうみんな、これでいきますというのは現在の秩序を破壊してしまう気がします。

それからもう一つ、小林さんがイデオロギーが埋め込まれているとおっしゃった『政府の行為によって』という表現について、私もそう思います。悪かったのは軍部と軍部に協力した当時の政府の人たちで、日本国民はあの戦争で悪いことなんかしてないですよと、政府が暴走しましたと、こういうストーリーです。

これに対して皆さんが賛成するか、反対するか、いろいろご意見があると思います。非常に高度なイデオロギーも憲法前文にはまぶしてあるし、普遍的な価値もあるし、それを子どもの頃に覚えろって言われたら、困っちゃいますよね（笑）。

泉美　すごく困りました（笑）。

山元　これまでの教育で、保守の方から見ると日教組の教師たちが教え込んでいたんだから、今度、憲法を新しく変えたら、政府に賛成する側の教員が違うように教え込むぞと。どっちにいっても刷り込みの文章になってしまうところが不幸ですね。

会場との質疑応答

フランスより本当に劣っているのか

A　森友問題が騒がれていますが、少し落ち着いてくると、支持率がまた上がっています。それを見ると、日本人って人治主義のほうがあっているんじゃないかという気がしています。江戸時代なんかでは、飢饉があると庶民が天皇に助けを求めたという記録もあるそうです。法治主義って日本人の気質にあっているのでしょうか。それとも、今は日本人が法治主義を受け入れるための成長期なのでしょうか。

山元　憲法学者として答えられるかどうか分からないです。むしろ、日頃、有権者の方と接しておられる政治家の方の意見のほうが的確かもしれません。ただ、そんなに卑下することはないと思います。私はフランスのことを研究しているので、フランスによく行きますし、フランス人とよく話しますが、彼らのデモクラシーと、僕らがやっているデモクラシーが大きく違うかっていうと、どっこいどっこいっていう感じがするんです。

日本では民進党の分裂騒動がありましたが、フランスではマクロン政権になり、オランド政権の与党、社会党がほぼなくなってしまいました。フランスはフランスで非常に出口がない状況で、テロリズムの脅威に直面して緊急事態宣言を適用していたりします。トランプのアメリカだって民主主義の脅威と言われています。だから日本の状況を低く見る必要はあまりないと思います。

高森　江戸時代、光格天皇のとき天明の大飢饉があって、民衆が、最初は百人規模、ピークには一日に三万人以上が、御所千度参りということで、宗教的な崇拝の対象として京都御所にお参りを行って、さい銭を投げているんです。当時の光格天皇は京都所司代を呼び出して、幕府の役人は民衆のデモを見ながら御所の中に入り、交渉をして救済米を放出するという政治的成果を勝ち得てい

憲法は、その国の在り方を示すもの。日本は立憲君主国です。憲法も天皇陛下も蔑ろにする現政権は信用できない。この国が辿って来た歴史と未来を考え、立憲的改憲案を支持します。**（愛媛県・看護師・Topaz）**

ます。これ、人治主義うんぬんっていう話とはちょっと違うので、この点からも日本の民主主義の遅れを過大に考える必要はないだろうと思います。

B　先週からフランスでゼネストが始まりました。三カ月、続くそうで、大学でもストライキがあって、今、ブロック、閉鎖してます。日本で安倍政権を打倒するために、ゼネストや、学生のストライキはできないのか疑問に思いました。

山元　フランスの意思表明の仕方ってやっぱり文化なんだろうと私は思っています。ストをします、すると政権が動きます。例えばストのトップの人、学生運動のトップの人を、やがてエリゼ宮が受け入れるんです。「ちょっと話をしよう」と言って。それで、今まで僕らもちょっと横暴だったから、これから直しますと。こういう文化なんです。

議会っていうのは、必ずしも国民の多数派を代表するわけではないわけですから、穴がたくさんあるわけです。それをどうやって埋めていくかっていう話で、メディアを通じて埋めるやり方もあるでしょうし、フランスですとストやデモが重要です。

それで政治が動く一方ですごく非効率な側面がやっぱりあって、生活上、非常に困る。フランスの人たちもそう思っていますが、悪くは言わないです、これがフランスだからと。

日本は支持率が下がると、政権が強気に出られなくなる。これがフランスのデモやストと比べて、非常に悪い社会かといえば、そこまでは言いにくいです。

小林　政権交代って言ったら、野党から与党へ、与党から野党へっていうふうにみんな、いつの間にか思い込んでしまってるから。別に安倍から石破へ交代してもいいのに。それが本来自民党の中だけで政権交代を起こすシステムだったのに、若者はもうそれを知らないからね。

長年にわたって取り繕われてきた「解釈」という、歪なつぎはぎを取り除くために、「立憲的改憲」を支持します。**(埼玉県・自営業・ボン)**

なぜ自民党は人権を奪おうとするのか

C　私は『ゴー宣』の読者なので、グローバルとか、グローバリズムとかって聞くと、結構、抵抗感や反発があります。

でも、山元先生のレジュメを拝見して、憲法には制定されたときの世界のグローバルスタンダードが反映されるみたいなお話を伺って、なるほどなって、とても思ったんです。が、このたびの道場に参加させていただくにあたって、自民党の草案っていうのを少しだけ見てみたんですけど、ことごとく、そのグローバルスタンダードの逆を行ってる印象を受けました。

これはもう本当に頭にきたんですけど。例えば二四条で見ますと、現行憲法では『両性の合意のみに基いて成立し』って書かれてありますが、自民党の草案を見ますと、『婚姻は、両性の合意に基づいて』って、『のみ』っていう言葉が省かれているると。これ、どういうことなのかって。個人っていうものが、できうる限りないがしろにされているっていう印象を受けます。ほか、例えば一三条を見ますと、現行憲法では『すべて国民は、個人として尊重される』となっているのが、『全て国民は、人として尊重される』と。『個』が抜かれてるんです。

一体、これ、何でしょうか。人っていうと、ネコじゃないとか、ハトじゃないとか、なんかそれぐらいですよね。殺されない権利とか、監禁されない権利はあるけれども、もっと内面的なものは認めないんだよね、みたいなニュアンスをとても感じるんです。実際、その後に『公益および公の秩序に反しない限り』と書いてあって、やっぱり内面をばりばりコントロールする気でいるんだなっていう感じがします。

大まかなところ。私は個人の幸せの希求とか追求っていうことと、愛国心っていうのは、決して相反するものとは思っていないので、自分の幸せが実現できれば国も愛することができるんじゃないかって思いますが、どう思われますか。

日本国民に主権があるなら、政治と国家を我々の手に取り戻し、日本を守るため「だけ」に自分たちの手で軍事力を制限できるはず。日本人とは私たち自身のことだと実感するために、山尾志桜里さんの立憲的改憲を支持します。**(徳島県・会社経営・あき)**

山元　今の話は小さい話どころか、もう憲法の原理と国の原理そのものに関わる問題で、本当に一言ではお答えできないんですけれども、まず、グローバル化がいいかどうかっていう大問題があります。グローバル化で経済的に搾取される地域なんてたくさんあります。

私がここでグローバル化って言ってるのは、憲法とか人権の制度や考え方のグローバル化という、本当に狭い分野です。経済のグローバル化を含めたものでは全然、ないです。それが第一点ですね。

個人か、人かっていうのは、実は憲法の非常に重要な論点です。日本国憲法一三条は「個人」の尊重なんですけど、日本とほぼ同じくらいに作ったドイツ基本法では「人間」なんです。人間の尊厳っていう言葉です。ヨーロッパを中心として、むしろ、「人間の尊厳」のほうが重要な価値があると考えられていて、個人とするほうが少数派なんです。多分、日本国憲法以外にはあまりないと思います。

これは日本国憲法の特殊性に基づいていまして、アメリカが憲法を押し付けたときに、この国は個人が大切にされていない国だ、という点に問題を見い出したからです。だから、自民党の保守的な人たちはこの「個人」という言葉が一番嫌いです。ですから、良くも悪くも日本国憲法の肝は一三条だと、憲法の学説や判例でも一致しています。

山尾　質問なんですが、ヨーロッパの「人間の尊厳」っていう言葉は、別に人間として最低限生きていけるっていう意味ではなくて、各個人一人一人の多様性を尊重するっていう価値が、社会に埋め込まれているというか、共有されてる前提があるんですよね。

山元　ここ、すごく難しいんです。つまり、ヨーロッパの「人間の尊厳」って両方の面があるんですよ。個人を大切にする面と、個人は社会で守らなきゃならないという面と。

例えばフランスの例を出すと、「小人投げ」っていうエンターテインメントがあって、何ていう

憲法の不備や自衛隊のあり方など日本が抱えていた諸問題が、憲法を蔑ろにする安倍政権の存在により次々と表面化していると思います。これらの問題をこれ以上先送りせずに正すため、立憲的改憲が今こそ必要であると考えます。**（大阪府・会社員・いよかん）**

のかな、障害者の人が投げられるんですよ。これをアトラクションとしてやっていいかどうかっていう問題が起きました。

その人はハンディキャップを持っている人なので、投げられる対象になることで、収入を得て生きている。だから、大切な糧ですってその人は言ったんですが、人間を道具にして生計をたてること自体が非常に問題であるっていうことで、ある自治体が禁止したんです。

高森　人間の尊厳を冒すということですか。

山元　その通り、冒す行為としてです。フランスなどヨーロッパを見ると、結構自由を制限しているところもあるんです。例えばヘイトスピーチなんかでも、かなり厳しいんです。好きなことを話すのは個人の自由でしょっていう考えもあるんですが、でも、人間の尊厳のほうが上なので、人間の尊厳に反するような表現の自由っていうのは駄目ですよと。

高森　むちゃくちゃ本質的な質問じゃないですか。

山元　そうなんですよ。答えはないです。歴史的なコンテクストもあるし、その国や社会の状況もありますので。

高森　はっきりしているのは、自民党案の「人」というのは今、おっしゃった人間の尊厳とは関係ないと思うんです。

小林　自民党はとにかく個人主義になったから駄目だっていうふうに言ってるんだけど、それは結局、利己主義のことなのよ。それを個人主義っていう言葉と間違って使ってるわけ、そもそもが。だから大体、自民党の右系の議員の感覚って根本的におかしい。

高森　この一三条にある『個人として尊重される』って、別にエゴイズムを野放図に奨励しているような条文ではない。にもかかわらず、個人をつぶしたいがために『人』といっている。

小林　個人主義は大事だもん。わしは、どの日本人よりも自分は個人主義だって言ってる。日本人はどっちかっていうと集団主義のほうが多いから。

憲法違反を平然と繰り返す安倍政権に改憲発議をする資格はない。暴走する権力を縛る為に憲法があるのだと全国民が知るべき。ゴー宣道場から議論を盛り上げよう!　私は山尾議員、立憲的改憲を支持します。**(京都府・ふぁんたん)**

忖度とかいうのだって、上のほうに合わせようとか、全体に合わせようっていう感覚。それが強くなりすぎているということだから、個人主義は本当に大事ですよ。神との契約の下で自分の倫理や信念を貫くっていうのが個人主義だから、それこそ立派なことですよ。

倉持　あと、多分、近代の個人の概念って、きっと無色透明なものとしてつくったはずだと思うんですよ。階級とか肌の色とか、貴族であるとか全部ぶっ壊すために。

高森　近代までの社会関係を一回ぶっ壊すと。

倉持　すると、別に自分の信念を通すことが個人主義ではなく、同時に全く違う感性の人をも否定はしない。それにともなう厳しさや辛さも、個人主義とか個人っていう言葉の中にはあるんだろうなと思いますよね。

高森　今の人間の尊厳と個人の自由との葛藤と言いますか、非常に深い問題ですよね。

多様性を認める前提としての「個」

D　比較憲法学で、比較するってことは、二つのものを同列に見てると思うんですけれども、これ、僕、ちょっと分かんなかったんです。

共通するものとしてスタンダードな、世界的な潮流を見れば学ぶことはできるんですけど、異なるものの固有の価値とか、自分の内面について、どうやって比較したり知ることができるんだっていうか、僕にはよく分かんなかったです。

固有性って同列に語っていいものなのか。仮にできたとして、それは多分、合理的な理性とか、そういう普遍性のあるものに限定されると思うんですけど、これは憲法に含めていいものなのか、それがよく分からなかったです。お願いします。

山元　哲学的なところは私もうまくは答えられないんですけれども、比較憲法学でいう比較したときの個性っていうのは非常に浅い意味です。

なので、逆説的に言うと、例えば世界は共通の価値を持っていますっていうのも、共通性かもし

嘘つき、浅薄、姑息な安倍政権。これが日本の代表で、今の日本人の姿かもしれないと思うと、ため息が出ます。しかしニヒリズムに侵されることなく、私たちのありたいと願う日本人像を考えていくこと、その第一歩が立憲的改憲だと思います。**（三重県・シュウ）**

れないけど、うちにはうちのすごさがあるぞっていうのをみんなが言い始めたら、それも全部共通性で、大して個性がないんですよ。

もし、日本はすごい国だぞって言えたら、中国もすごい国だって言ってるし、韓国もすごい国だって言ってるし、シンガポールもすごいらしいしってことになっちゃうと。そんなレベルです。ですから、逆に言うと今の自民党案も、全然、日本っぽくないんですよ。単にナショナリズムがちょっと強めに書けて良かったなという程度。

E　憲法に日本国の領土を書き込まなくていいのかっていう質問なんですけど、書き込む必要があると思いますか。

山元　現在の日本の憲法体制っていうのはポツダム宣言で限定された領土の中に日本国憲法を作ったっていう、こういう作りになっています。ですから、もし、日本固有の領土規定を持つと、ポツダム宣言を修正することになります。それはよくないと他の国が思う可能性は高いと思います。

つまり、ポツダム宣言でつくられたルールを作り直したいっていうふうに取られちゃうと思うんです。安倍政権は当初、戦後レジームからの脱却っていう言葉をよく使ってましたが、あれも悪く言えば、戦後の日本の枠組みは全部、悪かったですというのとかなり近くなってしまうんじゃないでしょうか。領土の問題は他国との関係でのみ成り立つので、不用意に書けば悪い意味での刺激剤になることは確実だとは思います。

小林　広がる可能性だってあるかもよ。

高森　憲法改正して、旧満州地域は日本の領土であるとかってね。

小林　まだ規定しないでおこう（笑）。

能動的「象徴天皇」とご譲位

高森明勅

ビデオメッセージの衝撃

平成二八年八月八日――。

天皇陛下はビデオメッセージという異例の形式で、ご自身のお気持ちを託した「おことば」を発表された。正式名称は「象徴としてのお務めについての天皇陛下のおことば」である。

この「おことば」に触れ、多くの国民は驚き、衝撃をうけた。ほとんど誰もこれまで想像したことがなかった陛下のご本心が、かなり率直に打ち明けられていたからだ。

「本日は、社会の高齢化が進む中、天皇もまた高齢となった場合、どのような在り方が望ましいか、天皇という立場上、現行の皇室制度に具体的に触れることは控えながら、私が個人として、これまでに考えて来たことを話したいと思います」

「即位以来、私は国事行為を行うと共に、日本国憲法下で象徴と位置づけられた天皇の望ましい在り方を、日々模索しつつ過ごして来ました」

「高齢による体力の低下を覚えるようになった頃から、これから先、従来のように重い務めを果たすことが困難になった場合、どのように身を処していくことが、国にとり、国民にとり、また、私のあとを歩む皇族にとり良いことであるかにつき、考えるようになりました」

「私はこれまで天皇の務めとして、何よりもまず国民の安寧と幸せを祈ることを大切に考えて来ましたが、同時に事にあたっては、時として人々の傍らに立ち、その声に耳を傾け、思いに寄り添うことも大切なことと考えて来ました」

「天皇の高齢化に伴う対処の仕方が、国事行為や、その象徴としての行為を限りなく縮小して

立憲的改憲はもっと世間に広がって行かねばなりません。マスコミの協力ももちろんですが、道場参加者が草の根的に地道に努力を続ける必要があると思います。もっと勉強してちゃんとした説明ができるよう、レベルを上げて行きたいと考えています。**(KORE)**

いくことには、無理があろうと思われます。また……摂政を置くことも……天皇が十分にその立場に求められる務めを果たせぬまま、生涯の終わりに至るまで天皇であり続けることに変わりはありません」

「これからも皇室がどのような時にも国民と共にあり、相たずさえてこの国の未来を築いていけるよう、そして象徴天皇の務めが常に途切れることなく、安定的に続いていくことをひとえに念じ、ここに私の気持ちをお話しいたしました」

天皇が「国民統合の象徴としての役割を果たすためには」（同「おことば」より）いかにあるべきか。その一点に絞り、自らの実践と経験を踏まえて、徹底的に考え抜かれた思考の結果を、さまざまなタブーも突き破って、包み隠すことなく、直接国民に投げかけられた、まさにご自身のご生涯を賭けての切実な問題提起だった。

天皇に「個」の立場はありうるのか

まず、「私が個人として……」と述べられたことが意外だったという人も少なくなかったのではないか。「天皇にも〝個人として〟のお立場があったのか」という素朴な疑問だ。

だが、「天皇に〝個人〟としてのお立場はない」と考えること自体、実は、天皇という存在について十分に理解できていなかったことの証拠だろう。

天皇陛下は、明確かつ強固な「個人」（公的な地位を離れた一人の人間）としてのお考えや信念を、当然ながらお持ちだ。あえて言えば、日本国内で陛下ほど輪郭の鮮明な「個人」としての信念を持つ人間は、どこにもいないのではないかとさえ思えるほどだ。

個人としての〝強い〟お考えをお持ちだからこそ、積極的・能動的に「公《おおやけ》」（公共の利益）を自ら背負おうとすることができる。個人の主体的な決断によって選び取られた〝公への志向〟であればこそ、その振る舞いは、紛れもなく内面の情熱や

自分達の次の世代を守るため、国際的に大人の国家として認められるようになるため、自分達で憲法を考え、作り、そして守る、そういう国に変えていく立憲的改憲を支持します。**（三重県・会社員・masemaze）**

使命感、責任感に支えられた、「血の通った」献身でありうる。天皇陛下のご行動は、だからこそ人々の心に迫るのだ。

その公への情熱の行きついた果てに、陛下ご自身が示唆されたのは、近代以降の皇室制度にはまったく抜け落ちていた、「ご譲位」（生前退位）という選択肢だった。

果たして「国民統合の象徴としての役割」と「ご譲位」はどのようにつながるのか。

まず従来、見落とされがちだった点に言及しておく。天皇の地位は憲法上、きわめて重視されているという事実だ。

それは、憲法の構成を見れば一目瞭然だろう。ほかならぬ「第一章」に、天皇に関する条項が一括して置かれている。

各章の並び順は以下の通りである。

天皇→戦争の放棄→国民の権利及び義務→国会→内閣→司法→財政→地方自治→改正→最高法規→補則。

明らかに憲法が想定する国家の公的秩序における重要性、その優先順位を意識した配列だろう。「国民」よりも「戦争放棄」よりもさらに前に、「天皇」が位置付けられている。この事実は軽視できない。

世界の立憲君主国の憲法において、第一章に君主の規定を一括して置くものは、ほとんど類例を見ない。これは、先行する大日本帝国憲法の構成を踏襲したためだろう。ちなみに、大日本帝国憲法の各章の配列は次の通り。

天皇→臣民権利義務→帝国議会→国務大臣及枢密顧問→司法→会計→補則。

天皇を重視している日本国憲法

それはともかく、憲法上、天皇が重視されてい

近代国家への過程には多くの先人の努力があった。しかし「自由」を得るには多くの壁がある。権力欲、他国との軋轢、民の生活安定の願い――。これらのバランスの背骨が憲法だと思う。必要に応じて改正することが重要だ。**(長野県・歯科医・キン)**

ることは、第九九条（憲法の尊重擁護義務）に以下のように規定している事実からも明らかだ。

「天皇又は摂政及び国務大臣、国会議員、裁判官その他の公務員は、この憲法を尊重し擁護する義務を負ふ」

憲法とは、基本的に「統治する側」に〝制限〟を加え、その制限の範囲内で権力を正統化する、つまり〝授権〟するための規範だ。だから日本国憲法では「統治する側」の「憲法の尊重擁護義務」だけを明記し、その「統治する側」の筆頭に「天皇（およびその代行者たる摂政）」が名指しされている。これも憲法における天皇重視の表れだ。

一方、三権の長とされる内閣総理大臣、衆参両議院議長、最高裁長官のいずれも、「国務大臣、国会議員、裁判官」の中に含まれていて、憲法の条文上、とくに名指しはされていない（なお条文が「及び」の前後で分割されているのを見逃してはならない）。

こうした天皇重視の姿勢は、憲法に規定された〝国事行為〟の中身を見ると、より納得できる。

例えば、行政のトップである内閣総理大臣を「任命」するのは天皇だ（第六条第一項）。また、司法のトップの最高裁長官も同様に天皇によって「任命」される（同条第二項）。「国権の最高機関であって、国の唯一の立法機関」（第四一条）とされる国会を「召集」するのも天皇である（第七条第二項）。成立した法律が実際に法的効力を持つには「公布」という手続きが不可欠だが、公布は天皇の国事行為のひとつである（同条第一項）。

国家運営の根幹にかかわる重大な事項には、ことごとく天皇の関与が求められている。そう言っても、決して言いすぎではあるまい。

しかも「任命」「召集」（上位の者が下位の者を呼び集めること。「招集」とは異なる）という語に示されているように、天皇は内閣総理大臣や最高裁長官、国会よりも公的秩序において形式上、

国に何を望むか。否、私達が国にできることは何か。目先のことだけにとらわれていて、五年後、十年後はどうなるのか。国民の命を、財産を、権力の亡者がほしいままにする国であってはならない。そのためにも、立憲的改憲を支持します。**（奈良県・横手陽子）**

〝上位〟の存在とされている事実にも、目を向ける必要がある。

このような天皇の位置付けは、どう理解すればよいのか。これは天皇が憲法上、「主権の存する日本国民の総意に基く」という、憲法上もっとも権威ある基盤に立つ、〝唯一の〟「日本国の象徴」（第一条）という存在と規定されていることが、その根拠となっている。そう考える以外にないだろう。

天皇という存在に対する、感情的な好悪やイデオロギー上の立場もさまざまあるだろう。だがそれをいったん横に置いて、憲法それ自体をよく読んでみれば、天皇をきわめて重視していることは明らかだ。どのような立場をとるにせよ、この事実はひとまず認めざるを得ないだろう。

ところで憲法では、天皇は「日本国の象徴」であるほか、「日本国民統合の象徴」とも規定されている（第一条）。

「日本国の象徴」「日本国民統合の象徴」という二つの「象徴」の持つ意味は、同じなのか、それとも違うのか。また、この「象徴」の書き分けが、実際の天皇の振る舞いにもストレートに関係してくるのか、どうか。

それを探るためには、「おことば」にあった「国民統合の象徴としての役割」の内実に迫る必要がある。

象徴天皇には何ができて何ができないのか

憲法は「規範」である。だから条文に書かれた内容は、単なる〝事実〟の記述ではない。「かくあるべし」という〝当為〟の提示だ。

「天皇は、日本国の象徴であり日本国民統合の象徴であって、この地位は、主権の存する日本国民の総意に基く」（第一条）という条文についても当然、そこに規範性を認めなければならない。

つまり、天皇は「日本国の象徴」「日本国民統合の象徴」であるにふさわしく行動すべきことが、憲法によって〝求められている〟と理解できる。

「憲法に明記されていない」のを良いことに、偏った政治を行う安倍政権に疑問を感じている。今度は「憲法に自衛隊を明記」し、隊員・国民を危険にさらす恐れに危機感を抱いている。対案として、山尾議員・改憲案に注目しています。**(愛媛県・T)**

例えば、憲法が国民に「保障」するさまざまな権利は、天皇に対してはほぼ全面的に制限されている。選挙権・被選挙権(第一五条)をはじめ、集会・結社・表現の自由(第二一条)、居住・移転・職業選択、外国移住・国籍離脱の自由(第二二条)等々。どれも制約されている。

なぜこのような基本的人権の制約が許されるのか。

いくつか説明の仕方があるだろう。その一つとして言えるのは、憲法それ自体が天皇に「象徴にふさわしく行動すべし」と要請している以上、それに抵触する権利は制限されざるを得ない——ということだろう。

一方、天皇には、「なさるべきこと」が憲法に列挙されている。天皇が行うべき十三種類の国事行為がそれだ。それらは、まさに「日本国の象徴」にふさわしい〝務め〟と言える。

ところで、憲法はこの「国事行為」について次のように定めている。

「天皇は、この憲法に定める国事に関する行為のみを行ひ、国政に関する機能を有しない」(第四条第一項)

これを表面的にだけ読むと、天皇は公的な場面では「国事行為」以外は一切行うことができないように理解できる。天皇には国事行為以外は「私的行為」しか認められないと。だが果たしてそうか。

具体的、現実的に考えてみよう。例えば、国王や大統領などの国家元首が外国から来日した場合。天皇から「任命」される立場の内閣総理大臣が迎えると、外交儀礼上、相手に対し〝格〟が落ちてしまう。外国の国家元首と同格の存在としては、やはり天皇ご自身が迎えられるしかない。そうでなければバランスを欠くことになる。

しかも、外国の元首から「任命」された、駐日大使や公使は、天皇が「接受」されることが国事

憲法を自分と関連づけて捉えるには、その作成過程に参加するべきなのは当然です。仕事でも自分でやる事を決め、実際に運用し、チェック、改善という流れを回すのが基本のキ。国のあるべき姿も自分達で考えて決めたいです。**（東京都・会社員・マヒロ）**

行為として憲法に明記されている（第七条第九号）。国家格下の大使・公使は天皇が迎えられながら、元首自身は内閣総理大臣が出迎える、というのではツジツマが合わない。外国の元首は天皇が迎えられるしかないのだ。

しかし、これは憲法に列挙する国事行為に含まれていない。「この憲法に定める国事に関する行為のみを行ひ」という条文を窮屈に解釈すると、外国の元首を迎えることは「私的行為」と解釈するしかない。公的性格を認めた場合は〝憲法違反〟になってしまう。そんな解釈はあまりにも現実離れしているだろう。

あるいは、国会の開会式にはかならず陛下がお出ましになる。国会の「召集」自体は、天皇の国事行為。しかし、国会の開会式へのご臨席までは、国事行為に含まれていない。

だからといって、国会を召集された当の天皇のお姿が開会式にみえない、というのはどう考えても不自然だ。お出ましいただくのが当然だろう。

またそれをことさら「私的行為」とするのは無理がある。たまたま陛下のお気が向いたから――という話ではないからだ。

「宮中晩餐会」や「園遊会」の主催、地方での「全国植樹祭」「国民体育大会」「全国豊かな海づくり大会」などへのお出ましなど、天皇には私的行為とも憲法違反とも言えない〝ご公務〟がいくつもある。そこで憲法解釈として、天皇には国事行為以外にも「象徴（または象徴たる公人）としての地位」にもとづく公的行為（象徴行為）が認められると考えるのが自然だろう。以下のような考え方だ。

「天皇は、国事行為と私的行為のほかに、憲法上象徴としての地位を与えられたことにもとづいてなされる公的行為という特殊の類型の行為をなしうると解するのが妥当であろう。この立場に立てば、それらの行為は公的行為であるから……重大な憲法的制約がおかれる。また、私

真の平和主義と真の国家主権を回復する、その目標に向かって一歩進めることができる立憲的改憲を支持します**（新潟県・会社員・ポジ盛）**

的行為でないから、この行為について内閣が直接にまたは宮内庁を通じて間接に補佐することになり、その行為に対する責任も内閣が負うことになる。なお、公的行為を認めることにより、その費用も宮廷費として国費によって支弁されることが可能になる」（伊藤正己氏）

こうして、現に、天皇には①国政権能を含まない、②象徴たる性格に反しない、③内閣が責任を負う——という三つの条件を前提として「公的行為（象徴行為）」が認められている。

だが、天皇陛下はこの「公的行為」について、単に憲法上〝なしうる〟とか〝認められる〟という、消極的な理解にとどまっておられない。

それはどういうことか。

象徴天皇は〝引き算〟の結果か

憲法は、天皇に「国民統合の象徴」としてふさわしく行動することを求めている。「日本国の象徴」ならば、憲法上にポジティブリストとして列挙された国事行為だけを行っていれば、それでこと足りる。

〝日本国〟がスタティック（静的）な統治組織を前提としている以上、その「象徴」として果たすべき「役割」を、あらかじめリストアップすることも比較的容易だろう。

ところが、〝国民統合〟というのは違う経済格差、政治対立、差別意識など、時々刻々、変動する要素も視野にいれなければならない。「統合」とはダイナミック（動的）な概念だからだ。

したがって、流動的な概念である統合の「象徴」にふさわしい行動とは何かを、あらかじめ固定的にポジティブリスト化するのは至難だ。だから、先の「三つの条件」のような形で、ネガティブリストとして示す以外に方法はない。

ネガティブリストである以上、それに具体的な〝内実〟を与えるのは、その時々の天皇ご自身の情熱や、使命感、責任感にほかならない。

憲法が具体的に何を規定しているのか、抽象的で限られた語数の条文だけで解釈するのは無理があると感じる。だから、その条文になるまでの議論の過程を後の世に残す仕組みが必要。そして何より、皆がその議論に参加することが必要だ。**(兵庫県・会社員・ぷー)**

平成の国民にとって、最も印象深い天皇による公的行為は、「被災地へのお見舞い」と「戦跡への慰霊の旅」の二つだろう。

あるいは、かつては苛酷な差別に苦しんだ元ハンセン病患者を収容する療養所をくまなく巡られたり、各地の離島にまでわざわざ足を運ばれたりされたことなども、忘れがたい事実ではないか。

天皇陛下は、それらを憲法上〝なしうる〟〝認められる〟行為として、取り組んでこられたのでは決してない。そうではなく、「国民統合の象徴であるにふさわしく行動すべし」という憲法の要請に、積極的・能動的に応えるため、自ら創意工夫して築き上げてこられたのだ。

天皇陛下にとって、公的行為は「国民統合の象徴としての役割を果たすために」むしろ欠かせない〝務め〟と自覚されているに違いない。

思えばこれは、驚くべき「象徴天皇」像の〝転換〟と言うべきだろう。

憲法に定められた「象徴」天皇については、〝引き算〟の論理で理解されるのが、しばらく一般的だった。例えば次のように。

「およそ、君主制国家では、君主は、本来、象徴としての地位と役割とを与えられてきた。明治憲法下でも、天皇は象徴であったと言うことができる。しかし、そこでは、統治権の総攬《そうらん》者としての地位が前面に出ていたために、象徴としての地位は背後に隠れていたと考えられる。日本国憲法では、統治権の総攬者としての地位が否定され国政に関する機能をまったくもたなくなった結果、象徴としての地位が前面に出てきたのである。したがって、憲法一条の象徴天皇制の主眼は、天皇が国の象徴たる役割をもつことを強調することよりも、むしろ、天皇が国の象徴たる役割以外の役割をもたないことを強調することにあると考えなければならない」(芦部信喜《あしべのぶよし》氏)

立憲的改憲を支持します。経済的・軍事的に不平等な条約を改正し、日本が真の独立国となる為に。国のビジョンを込め、その理想に向けて権力と国民が共に公心を持って進む為に。私は独立国の国民として生き、死んでいきたい。**(東京都・会社員・sava)**

帝国憲法下の天皇から「統治権」を〝引き算〟したのが「象徴」天皇であり、「象徴以外の役割をもたない」のがそのポイント——というとらえ方だ。これは、現憲法の草案を起草したGHQサイドの思惑を、あえて〝忖度《そんたく》〟した解釈のようにも見える。

だがGHQ自身は、「象徴」について〝引き算〟ばかりで考えていたわけではなかった。実際に「天皇」条項の起草を担当したGHQ民政局のリチャード・A・プール海軍少尉の次の証言がある。

「私たちは、天皇の地位についてこのような表現を用いることによって、天皇の品位を汚そうなどということは全く念頭にありませんでした。……(非政治的な=引用者)何か意義のある(significant)地位を与えようというものでした」

あるいはマッカーサー自身も次のような表現をしていた。

「天皇は、すべての日本人を統合する象徴なのです(He is a symbol which unites all Japanese)」(一九四六年一月二五日付の米国統合参謀本部宛の電文)

だが、ほかの誰よりも「象徴」規定に最も積極的・能動的な意味を読み込まれたのは、じつに天皇陛下ご自身だった。

象徴天皇を支えるもの

天皇陛下は、皇太子時代から次のようなご発言を繰り返しておられる。

「政治から離れた立場で国民の苦しみに心を寄せたという過去の天皇の話は、象徴という言葉で表すのに最もふさわしいあり方ではないかと思っています」(昭和五九年四月六日)

日本の安全保障で不安を感じるのは「安全保障」という言葉のインフレだ。自説でこの言葉を振り回す知識人が増えた。逆に、「安全保障」を語ることが高尚とならず、日常会話として楽しめる雰囲気になって欲しい。**（大阪府・弁護士・茅根豪）**

「天皇が国民の象徴であるというあり方が理想的だと思います。天皇は政治を動かす立場になく、伝統的に国民と苦楽をともにするという精神的立場に立っています」（昭和六一年五月二六日）

ご即位後のご発言から。


「天皇はそれぞれの時代の政治や社会の状況を受け入れながら、その状況の中で、国や人々のために務めを果たすよう努力してきたと思います。……そのような姿が天皇の伝統的在り方と考えられます。……日本国憲法……の規定も天皇の伝統的在り方に基づいたものと考えます。

　憲法に定められた国事行為のほかに、天皇の伝統的在り方にふさわしい公務を私は務めていますが……社会が変化している今日、新たな社会の要請にこたえていくことは大切なことと考えています」（平成一八年六月六日）

　天皇陛下にとって、「象徴天皇」とは決して〝引き算〟の結果などではない。むしろ「天皇の伝統的在り方に基づいたもの」にほかならない。そこから「国民と苦楽をともにする」「国や人々のために務めを果たすよう努力する」――といった〝実践的〟な態度も、おのずからみちびかれることになる。

　それこそ天皇陛下がお考えになっている「国民統合の象徴としての役割」にほかならないだろう。

　まさに〝引き算〟ではなく、「過去の天皇」「伝統的在り方」への真剣な回顧の中から、積極的・能動的な「象徴天皇」像を自ら〝発見〟されたのである。

　天皇陛下はその〝像〟を、ご自身の全身全霊を傾けた「公的行為」の積み重ねによって、実体化してこられた。平成のこれまでの三〇年の歳月をかけて、「国民統合の象徴」に〝ふさわしい〟天

日本の安全保障について不安に思うのは、立憲的改憲が実現して、日本が真の独立国になろうとする時、アメリカがどう動くのかということ。また、国連の旧敵国条項がいつ削除されるのかも気になります。**（大阪府・会社員・GON）**

皇像を、ゆるぎなく確立された。

そのことは、各種の世論調査において、天皇への「尊敬」や「好感」を表明する国民の比率が安定的に高い、という事実に示されている。

だが、この能動的「象徴天皇」像を支えているのは、天皇ご自身が〝務めを果たす〟ことであり、〝ふさわしく行動する〟ことにほかならない。

ならば、天皇がご高齢になられるなどの理由で、「全身全霊をもって象徴の務めを果たしていくことが、難しく」（同「おことば」より）なった場合、どうすればよいのか。

天皇ご本人のご意思を起点として、その地位を後継者（皇嗣《こうし》）に譲る、「ご譲位」という選択肢も、あらかじめ用意しておくことが何としても欠かせない。

憲法が、天皇に「国民統合の象徴にふさわしく行動すべし」と求めているのであれば、「象徴天皇の務めが常に途切れることなく安定的に続いていくこと」も、同じく憲法の要請と見なくてはならない。

それゆえ「ご譲位」それ自体も、「象徴天皇（とくに「国民統合の象徴」）」に必然的にともなう憲法上の要請と考えられるのである。

第Ⅳ部
改憲が政治を変える

憲法は国民のものではないのか（二〇一八年六月一〇日、福岡・博多）

井上武史

日本国憲法の三つの特徴

井上武史　今日は私が憲法について考えていることの一端をお話しさせていただきたいと思います。まず最初に、小林先生には昔から私淑させていただいており、本日お会いすることができて感激しております。私が高校生だったとき、「ゴーマニズム宣言」が連載されていた『SAPIO』をよく買って読んでいました。こんな漫画家がいるのかと。絵より字のほうが多いっていう。

高森　そこですか（笑）。

井上　あのときは確か歴史教科書問題がよく取り上げられていたと思います。実は当時の私も歴史教科書問題には関心があり、興味をもって読んでいました。友人たちに話をすると「小林よしのりって確か『おぼっちゃまくん』を描いている人だよね？」って言われました。社会問題をマンガという方法で表現する漫画家がいるのかと、皆で驚いていたことが思い出されます。その小林先生のご出身の福岡でこのようにご一緒できることは、私にとっても本当に光栄なことです。

「憲法が国民のものになっていない」という問題があるとすれば、その原因はどこにあるのか。

私が憲法を論じるときのスタンスは、特定の政治信条とか個人的な思い入れといったものを一応カッコに入れまして、理論的な見地から、あるいは諸外国の憲法との比較の視点から、客観的な目で虚心坦懐に見る、というものです。

表1　各国憲法の比較

国名（憲法制定年）	英単語数	改憲回数
ドイツ　（1949年）	27379	62
イタリア（1947年）	11708	16
フランス（1958年）	10180	24
韓国（1948年）	9059	9
米国（1787年）	7762	18（戦後6）
日本（1946年）	4998	0

（「Comparative Constitutions Project」のHPによる。192カ国中、日本は少ない方から5番目）

そのような観点から見ますと、日本国憲法には、他国の憲法には見られない三つの特徴があります。

一つ目は分量の少ない、小さい憲法であること。私は「Minimalist constitution」と名付けています。

表1に他国との比較を載せております。これを見ますとドイツやフランスなど、われわれが民主主義のお手本としてきた国と比較して、日本国憲法の分量は極端に少ないことが分かります。

次の頁の図1を見ると、われわれの社会は、政治を行う上でのルールにおいて、憲法の占める割合が非常に小さいという特徴を持っているんです。ある政治学者は、日本の憲法は「ゴム型憲法」だと言っています。

つまり憲法は改正が難しいので、いわば硬い部分なんですけども、その周りの法律は過半数で変更できるので柔らかい。だから日本の政治のルールはゴムのように変化できる、ということです。九〇年代に選挙制度改革や行政改革などいろんな改革がありましたけども、例えば裁判員制度の導入とか、政治主導とかも全て法律の改正だけで実現しているわけなんです。憲法そのものは一言一句変わってない。それなのに、二〇年前の憲法の教科書は、今ではまったく役に立ちません。憲法以外の部分のウエイトがいかに大きいのかわかります。

図1　憲法秩序のモデル

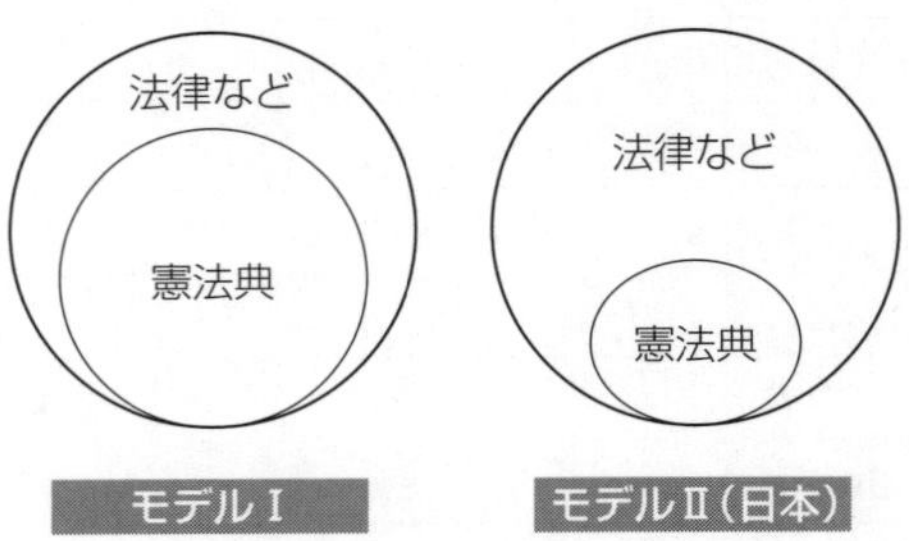

二つ目の特徴は、一度も改正経験のない憲法だということ。七〇年間で日本の社会は大きく変わりましたが、憲法の文言はまったく変わっていない。これは時代の変化に対応していないっていうことでもありますけども、本日のテーマとの関連でいうと、日本国民がこの憲法について、一度も意思を表明していないということでもあるんです。

日本国憲法は、その後の技術の進歩や革新を一切反映せず、また経年劣化に対するメンテナンスも一切なされていません。私がよく使う例で言うと、七〇年前は最先端の新車だったのかもしれないのですが、今では七〇年前の車をそのままの状態で走らせているようなものなのです。これは、他の立憲主義国の憲法の歩みとは、相当に異なるものです。

三点目は、占領下で制定された憲法という特徴です。これは言い換えると自由な国民の意思で制定されてはいない、ということ。

日本は一九五二年に独立しますが、その前にすでに憲法があったということになります。しかし、よく考えてみると憲法は普通その国の基本的なルールを自治的に決めるもののはずで、独立前から憲法があるという事態は、本当はおかしい。これが日本国憲法は「押し付け憲法」と言われる大きな原因です。

そこで、国民の意思が本当に憲法に反映されているのか、憲法にわれわれの血がちゃんと流れているのか、という問題が出てきます。しかも、その後の改正経験もないため、それを考える機会さえ制定以降一度もない、という状況が続いている。「憲法が国民のものになっていない」とすれば、それは国民自身が憲法の制定や改正を一度も経験していないことと関係があるように思います。

国家権力は国民に由来する

井上　「憲法は権力を縛るもの」という考え方。これは立憲主義の基本的な考え方です。ところで、この命題について、皆さんは何か疑問を感じられませんか。縛られるべき「権力」って一体どこから来るのでしょうか。その問いが、本当はこの命題の前提にあるはずですよね。

権力というと、首相とか国会議員などの権力者が持つもの、と思いがちなのですが、実は違うんですね。国民主権という建前の下では、すべての国家権力は国民に由来します。

ドイツの憲法（ドイツでは「基本法」と言います）には、「すべての国家権力は、国民に由来する。国家権力は選挙及び投票において国民により、かつ、立法、執行権及び裁判の個別の諸機関を通じて行使される」（ドイツ基本法二〇条）と書いてあります。国会などの国家機関は国民から与えられた権力を行使しているんだ、そういう考え方自体が憲法に書かれている、ということです。

ところが、日本国憲法には権力の源泉を明らかにする規定がありません。天皇の地位を規定する第一条で、「主権の存する日本国民」と付随的に書かれているだけです。

私は、昨年（二〇一七年）、『中央公論』という雑誌に「最初の憲法改正は『国民主権』をテーマに」と題する論考を公表しました。そこでは、改憲するのであればまず国民主権の意味を具体的に明記するのが良いのではないかという問題提起をしました。その後、安倍首相が突如九条改正を打ち出しましたので、改憲論議の関心はもっぱら九条にむけられてしまいましたが、私は今でも、憲法で権力の淵源を明らかにする規定を置くのが望ましいと思っております。

日本国憲法の前文を見ますと、冒頭に「日本国民は……ここに主権が国民に存することを宣言し、この憲法を確定する」と書いてあります。しかし、この言明は正しいのでしょうか。皆さんの中で考えたことがある方はいらっしゃいますか。憲法制定時は占領下ですから、日本の国家そのものにそもそも主権がありません。ですから国民が自由な意思で制定したとは到底言えないわけですね。

高森 占領下の昭和二十一年、二十二年(一九四六-七)の段階で、ということですね?

井上 そうです。だからこの「日本国民は……主権が国民に存することを宣言し」という言明は、明らかに事実に反します。今ふうに言うと「フェイク」です。事実ではありません。ですが建前としてはわれわれが憲法を作ったことになっている。この点が「押し付け憲法」論からの最大の攻撃対象になっています。「押し付け憲法(Imposed constitution)」という言い方は、世界の憲法学者が日本国憲法の特徴を説明するときに普通に使うもので、学問的におかしい表現ではないのですが、日本語の語感ではいかにも情緒的で、しかも自尊心を非常に傷付けます。だから、これまであまり生産的な議論が行われてこなかったのだと思います。そこで、これを私は別の視点から捉えようと思っています。

憲法を作るということの意味

井上 比較憲法学では「国際社会が関与した憲法」という憲法の類型があります。憲法の全部または一部が、国際社会や外国勢力の関与によって制定された憲法、という意味です。

憲法の制定は、その国の人々が起草し、審議し、承認する、というのが本来のプロセスです。アメリカ憲法やフランス憲法はそのようなプロセスで制定されています。しかし敗戦国や、いわゆるポスト・コンフリクト国では、自分たちで新憲法を制定して国を再建することが難しいので、国連とか常任理事国などの外国勢力が介入し、民主化や非軍国主義化を推し進めるために、憲法制定に関わることがあります。

例えば、ボスニア紛争後の一九九五年に制定されたボスニア・ヘルツェゴビナ憲法などのように、国際社会が全面的に関与し、自国民の意思が一切反映されていない憲法も実はあります。一方でそれとは少し異なり、国際社会が部分的に関与した憲法もあります。この「国際社会が部分的に関与した憲法」という類型の中に、敗戦後に制定された日本国憲法やドイツ基本法（憲法）が含まれるわけです（表2）。

ご存知の通り、日本国憲法は国民が最初から最後まで全部を制定したわけではございませんので、国民が権力者に権力を与えたっていう建前を、どうやって回復するのかが問題になるわけですね。いわば、国民と憲法をつなぐ「回路」が十分に接続されていない状態にあるわけです。

先ほども言いましたように、本来、国民は憲法を制定することによって、国会や内閣、裁判所などの国家機関を作り、それらに国民が持っている権力を与えるんですね。これが憲法を作ることの本当の、かつ重要な意味なんです（図2）。

山尾さんは国会議員なので立法権を行使していますが、これも初めから特権的に持っているのではなくて、国民が国会という機関を設立し、それに立法権という権力を付与したから、行使可能なんです。ちなみに、フランスの裁判所の判決文には、冒頭に「フランス国民の名において」と書かれています。裁判所でさえも、国民から委託されて権力を行使していることを意識して、判決を下しているのですね。国民の側に国家機関に授権する、つまり権力を授けるという意識が、日本では希薄なのだと思います。その裏返しで、国家機関の側も、行使している権力が本当は国民に由来している、国民から託されているという意識が希薄です。

最近の象徴的な例を一つ取り上げます。今年の通常国会での森友学園問題についての審議で、財務省の

表2　国際社会が関与した憲法

関与の度合い	対象となる憲法（制定年）
全面的な関与	ボスニア・ヘルツェゴヴィナ憲法（1995年）、 キプロス憲法（1960年）、コソヴォ憲法（2001年）など
部分的な関与	●合意に基づくもの：パレスチナ憲法（1947年） ナミビア憲法（1990年） 東ティモール憲法（2002年） カンボジア憲法（1993年） マケドニア憲法（2001年）など
	●事実状況に基づくもの：ドイツ基本法（1949年） 日本国憲法（1946年）

局長が野党議員から「誰に仕えているのか」というような趣旨の質問をされていました。そのとき財務省の局長は「私は公務員としてお仕えした方に一生懸命お仕えするのが仕事」であると答弁したのです。

しかし、これは明らかに間違いです。彼ら官僚は政治家に仕えるために仕事をしているのではありません。憲法が「すべて公務員は、全体の奉仕者」（一五条二項）と規定しているように、国民に仕えるという観点がなければ駄目です。政権のために情報漏えいや文書改ざんをしてしまうのも、国民から権力を委託されているという意識が足りないのではないかと思います。

高森　国民の名において森友学園に値引きしていますから。

より良い国にするための憲法論議

井上　国民が誰に、どのような権力を委ねるのかは、一通りではありません。国によって、社会によって、時代によっていろんなあり方がある。各国の憲法が同じでないのはそのためです。だから今ある憲法というのも、必ずしも絶対的なものではない。憲法を変えることによって、社会が今よりももっと良くなるかもしれない。そういうことを考えて憲法論議をすることは、実は非常にクリエイティブなことであるはずです。

図2　国民主権のイメージ

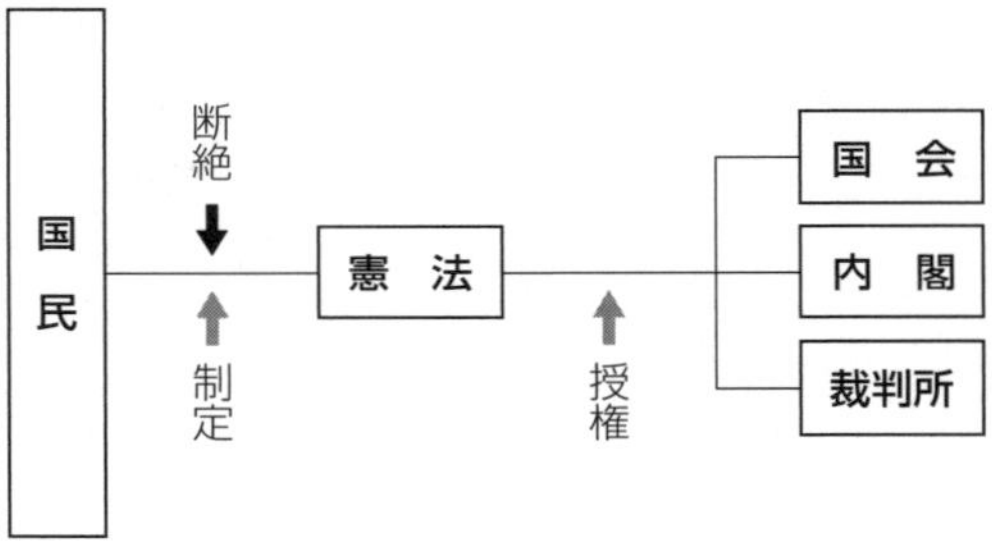

でも今の憲法論議では、憲法を変えると社会が悪くなる、戦前みたいになる、という話が多いような気がします。山尾議員みたいに、民主主義も権利保障も、憲法を変えればもっと良くなるんじゃないかっていうふうに議論すると、憲法論議はとても生産的になると思うんです。

その具体例の一つが憲法裁判所構想、これはまさに山尾議員が訴えていることです。

現行憲法でも最高裁判所には違憲審査権、つまり法律が憲法に適合するか否かを審査する権限が与えられていますが、その権限の行使について、裁判所は非常に消極的です。そのため「司法消極主義」と呼ばれたりします。

憲法の施行から七〇年以上も経ちましたが、国会議員が作った法律を最高裁が憲法違反だと宣言した例は、たった一〇件しかない。フランスやドイツ、アメリカだと何百件もあるんです。かといって、日本の法律は完全無欠で、日本の国会議員の質がそれだけ高いと言えるのでしょうか。

小林　ちょっと微妙ですね。

井上　憲法裁判所は、立憲主義の統治システムの一つの到達点であり、現在、設置している国は非常に多いんです。ただ、その役割を理解しなければ、おそらくは機能しないでしょう。

憲法裁判所は、憲法を守ることを目的として置かれる国家機関です。憲法を作ったのは国民ですから、国民の決定を代表者が破っていないかをチェックするのが憲法裁判所の任務です。

つまり、国民の領域（憲法）と代表者の領域（法律）をきっちり区分けして、その上で国民の側に立つのが憲法裁判所なんです。それを代表者である山尾議員が提案するのは、本来はご自分の権限の縮小につながります。それをあえておっしゃっているのは、山尾議員が国民目線に立った政治家だからだと、私は思っております。

高森 逆に言えば国民はこれまで何をしてたんだって話ですよね。

井上 もう一つ、日本の民主主義は今のままでよいのでしょうか。選挙で代表者を選んでいますが、現在の選挙制度は国民の意思を本当に反映しているでしょうか。ここ数回の選挙で政府与党は圧勝しているにもかかわらず、世論調査で圧倒的に支持されているわけではない。国会議員は国民を代表していないのではないかと考えられないでしょうか。

日本の場合は特に女性議員の数が非常に少ないんです。衆議院では昨年の選挙後でも、たった一〇・一％、定数四六五人のうち四七人しか女性議員がいません。でも社会の半分は女性で、むしろ女性人口のほうが多いくらいです。国会は果たして社会の実態を反映しているといえるでしょうか。日本の民主政治はこのような状態でいいのか、不健全ではないかということを、もっと真剣に問わなければなりません。そしてそれを問うたのがフランスだったのですね。

フランスは、憲法の基本原理として平等を掲げていますが、かつては女性の社会進出が遅れていた国でした。例えば九三年の時点で、女性議員の比率は七％程度。今の日本よりも少なかった。

しかし、二〇〇二年の総選挙から女性候補者の数が飛躍的に増えました。一九九九年に憲法を改正し、それに伴い男女の立候補者数を同数にする制度を作ったことがその理由です。このような考え方や仕組みは「パリテ」と呼ばれます。「パリテ（parité）」というのは英語で言うと「パリティ（parity）」、あるいは「フィフティ・フィフティ」、日本語で言えば「半々」という意味です。つまり「男女半々原則」っていうことですね。日本でも今年五月に男女候補均等法が議員立法によって成立しましたが、フランスはそれを憲法で決めたということです。

昨年フランスでも下院議員選挙がありましたが、女性議員の割合は今や約三九％に達し、改憲の効果がはっきり表れている。国民の意志で新しい民主主義のあり方をデザインしたのです。また、現在のフランスでは、閣僚の数も男女同数にするという慣行が定着しております。

一方、日本の現内閣では、閣僚二〇人の中で女性の大臣は、上川陽子法務大臣と野田聖子総務大臣の二人だけです（二〇一六年九月一日現在）。割合で言うと一割、つまり女性議員の割合と同じなのですね。

高森　フランスの場合、女性の投票権を認めたのも割と遅いですよね。

井上　遅いですね。日本とほとんど同じぐらいですね。

高森　日本がもたもたしている間にフランスは進んだと。

井上　現状に不満を言うだけでは社会は変わらない。フランスでは現状に問題があるのであれば、憲法改正を含めて議論をし、社会をより良く変えていくための制度を作ることが必要だと思われています。

理念なき改憲案

井上　今、自民党は党内で議論をして、四つの改憲項目を挙げています。ただ、それぞれの項目に一貫性や関連性は全く見られません。九条と教育や、九条と参院合区解消とはまったく関連性がありません。

フランスの憲法改正では、まず大きな構想を打ち立てて、それを実現するためにはどの条文を変えればいいのか、というふうに議論が進んでいきます。また、そのときの条文とは憲法に限りません。関連する法律や議院規則についての改正も検討し、政治のあり方全体を視野に入れて議論します。そのとき、専門家である法律家や実務家が非常に重要な役割を果たしています。

例えばサルコジ大統領が憲法改正を提案したときには、バラデュール元首相を議長とする委員会を設置し、法律家や実務家、元政治家などを集めて制度改革の議論をしました。そのときに設定されたテーマは、統治機構の現代化やリバランスです。二〇〇八年に憲法制定五〇年を迎えるのに合わせて、現行憲法に不具合はないか、より良い政治プロセスのあり方は何かについて、まず専門家に議論させたわけです。

委員会は審議を経た後、最終的に報告書を作成し、改憲の検討項目だけでなく、具体的な条文案まで提示します。もちろん専門家の条文案がそのまま原案になるわけではありません。政府内で検討したうえで最終的に政府の責任で法案を出します。さらに国会で与野党からおびただしい修正案が提出され、政府の改憲案は修正されていきます。これも日本と全然違う点です。

憲法は国のあり方を決める非常に重要なルールですので、国会議員だけで決めることはない、ということも重要です。法律専門家や政府、さらには政府の法律顧問であるコンセイユ・デタ（日本の内閣法制局のモデルとなった機関）による法案チェックも受けるなど、いろいろなアクターが関与しています。

国会議員はもちろん選挙で選ばれていますので、ある意味民主主義を体現する存在です。他方、憲法は国のかたちを決める基本法でもあるので、法律的な観点からの専門的、技術的な合理性を確保することも必要なわけです。

さらに、フランスは二〇〇八年に憲法改正を実現しましたが、同じバラデュール委員会はその二年後に、憲法改正の成果を検証する報告書を作成しており、事後的な検証を行っていることも特筆に値します。

図3　フランス下院の女性立候補者（上）と当選者（下）の割合

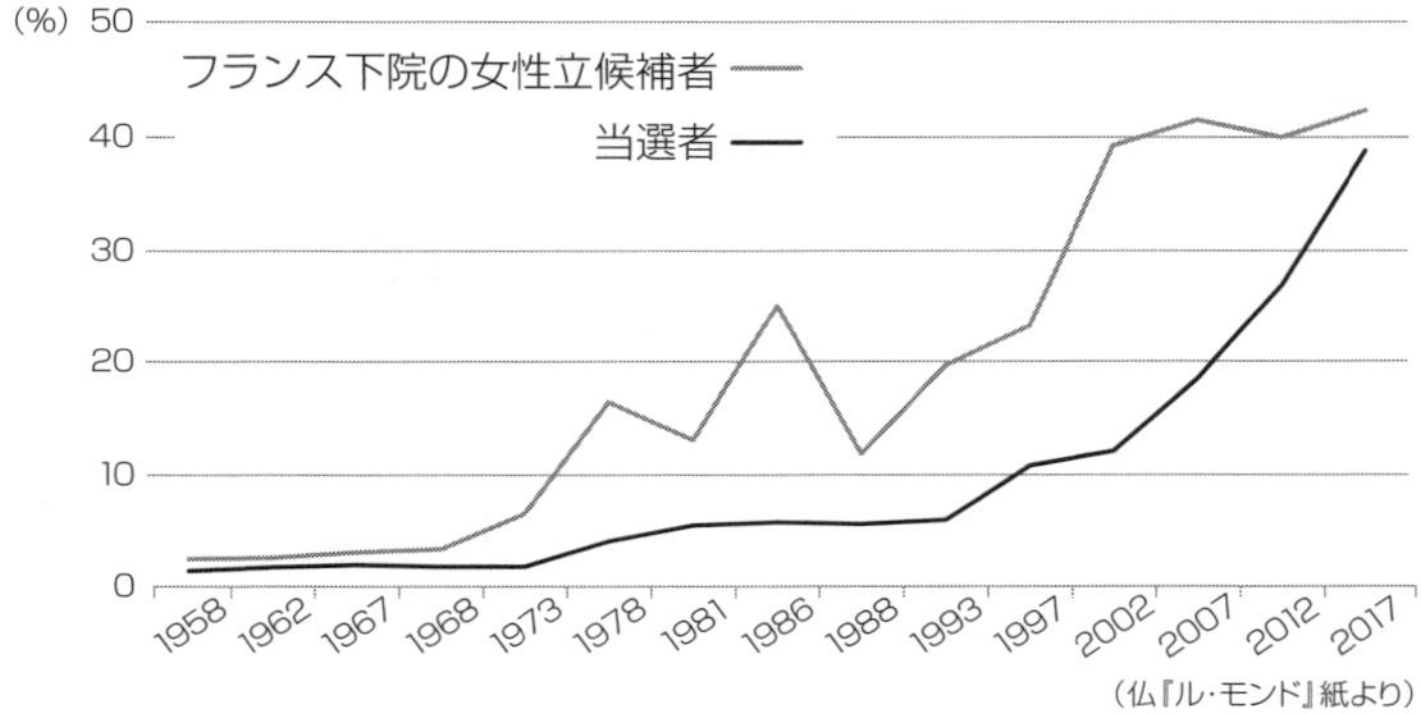

（仏『ル・モンド』紙より）

統治機構改革としての憲法論議

井上　フランスの議論で参考になる点が四つあるように思います。まず大きなテーマや構想を設定するということが一つ。立憲主義や民主主義を今より良くするため憲法を議論しています。

二つ目は、憲法以外の法律もあわせて議論する点です。フランスでは憲法改正とはあまりいわずに、統治機構改革という言い方をします。その中身は憲法だけではなく、法律・議院規則など、関連するものがすべて含まれます。

三つ目は国会議員による民主的な議論を踏まえつつ、専門的、技術的な合理性も大事にするということです。四つ目は、統治制度のあり方や改革の効果を常に検証していることです。

日本の場合は七〇年間憲法が改正されていませんので、権力の不均衡や制度疲労がいろんなところで起きています。ですから今後、五年、一〇年かけて、統治機構の全般を視野に入れて、段階的に見直す必要があります。

今の自民党の議論を見ていると、最初の一回だけやればそれで関心を失いそうな予感がしますが、そこは山尾議員に頑張っていただきたいと思います。

憲法裁判所はもちろんですが、そのほかにも例えば国会の二院制のあるべき姿や、地方自治制度の再構築、さらには緊急事態条項などについても、きちんと議論してほしいなと思っております。
フランスではマクロン大統領の就任後、さっそく統治機構改革の議論をしております。憲法改正法案が五月九日に閣議決定され、すでに国会に案が提出されております。
そのテーマは何かといいますと、「より代表的、応答的、効率的な民主制のための憲法改正」。つまり、民主主義の質の向上が大きなテーマです。何となくかっこいいじゃないですか。

高森 応答的なんてね。

井上 応答的というのは、政治が国民の意思にきちんと応答しているかっていうこと。あと、効率的な民主主義かという観点も重要な関心事になっています。
それは、「デジタル民主主義」と呼ばれることがあります。インターネットを活用して、民意を効率的に吸い上げるなど、国民の新たな政治参加の方法を模索するものです。また、国内外の情勢が刻一刻と変化する中、質を落とさず意思決定のスピードを上げるにはどうすればよいかなども検討されています。残念ながら、日本ではこういった議論はまったくないですよね。
あとは、フランスでは予算委員長が野党会派に割り当てられることなどをはじめとして、国会審議において野党に一定の特権が与えられていますが、このたびの改憲論議では逆に、審議の効率化の観点から野党の法案修正権を制限することが議論されています。
そのほか、憲法裁判所改革と、これが大事ですが国会議員定数の三〇%削減が提案されています。

高森 圧巻。

井上 さらに議員の連続四選の禁止も議論されています。つまり、連続三期までにすることです。フランスの下院議員の任期は五年なので、一五年で議員生活は終わりということです。

高森 自民党の参議院の定数是正とは全然違いますね。

井上　ほかに下院選挙における比例代表制の一部導入も議論されています。

憲法というのは国民が作って、国民が国家機関に権力を与えるものです。私たちが国会などの国家機関に権力を与えているという感覚をどれだけ持てるかが、立憲主義や民主主義を機能させる鍵ではないでしょうか。この点を最後に強調させていただいて、私の基調講演とさせていただきます。ご清聴ありがとうございました。

師範との質疑応答

笹　井上先生、どうもありがとうございました。非常に分かりやすい講演でした。いつもの授業より易しくお話しいただいたんですか。

井上　そうですね。いや、こんな感じです。

笹　そうですか。ありがとうございます。非常に分かりやすかったです。

先日、山尾先生がテレビの討論番組に出演されたとき、自民党の片山さつき議員は執拗《しつよう》に「条文を出せ。条文を出さなきゃ一切議論しない」とおっしゃっていました。これはなんかおかしいなと思っていましたが、今日の井上先生の講演によって、フランスでの議論と比べてやっぱりおかしいんだと納得できました。

それともう一つ、われわれは政治や憲法に当事者意識を持たなきゃいけないと思うんですが、一方で国民は憲法論議なんてやらなくてもいいよ、という人も中にはいるわけですよね。

小林　憲法学者でな。

笹　率直に伺いますが、井上先生はそういう方についてどうお感じになりますか。

井上　いきなり学者生命を奪うような質問をされますね（笑）。

小林　控室でその辺は配慮するっていうことになってなかったかな。恐ろし過ぎる。

井上　そういう有力な学説っていうのは確かにあるんですけども。

笹　学説？

井上　そうですね。確かに納得できる部分もあるんですけど、そもそも前提が違うんですね。つまり、現に通用している法というのは、文字通りの憲法や法律そのものではなくて、それらを実際に用いている公務員とか裁判官が法だと思っているものなのだという理解なんです。スタンダードな考え方とは違うんですが。この辺りで勘弁していただけませんでしょうか（笑）。

お上がよきに計らってくれるほうがいい？

高森　国民が裁判所をたてて、自分たちが裁判官を雇って、そして判決を書かせていると、つまり極端に言えばそういうことでしたよね。ただ残念ながらそういう感覚を持てない。なぜかというとわれわれが憲法を作っていないからです。

現在の憲法が国民から隔絶しているだけではなく、サンフランシスコ講和条約発効前という、主権がない状況下に作られてしまった。考えたらむちゃくちゃな話だと私は思います。

国民は自分の手で憲法を作ったとも思えないし、国会や内閣や裁判所が自分たちを代表する者としてそれぞれの任務に就いているとは思いにくいですよね。その事実さえ曖昧になって、何か日本は悲惨な戦争に負けて、その深い反省に立って今の憲法を作ったんだと、ぼやっとごまかされてしまっている。

井上　その点で気になるのは、裁判員制度が始まって今年で九年目に入りますが、最近出された最高裁の調査によると、裁判員制度についての国民の評価があまり高くないことですね。でも諸外国だと裁判権力はものすごく恐ろしいという認識があって、裁判を裁判官だけに任せることはできない、だから国民が入って一緒に権力を行使する、裁判官を半ば監視するっていう観点があります。アメリカでは、陪審裁判を受ける権利が憲法で定められているほどです。日本ではそういう感覚はないですよね。

高森　そうですね。おっしゃるとおりですね。

井上　最高裁によると、昨年は裁判員の辞退率が七割弱にも達しており、国民からするとむしろ面倒くさいっていう感覚が強いのではないでしょうか。こういうところに、権力と国民との関係が表れているんだと思います。裁判官がよきに計らってくれるんじゃないかっていう意識。これは印象論ですが。

高森　裁判員制度の導入自体、法曹関係者主導で進んだんじゃなかったですか。

倉持　そうだと思います。裁判官って法廷で見ると三人いたりするじゃないですか。真ん中に偉そうなおじさんが座っていて、右陪席っていうのが大体、中堅どころ、もうちょっとで裁判長になるから、裁判長のことしか見てない人（笑）。反対側が左陪席っていって、一番若くて裁判官になりたての情熱ほとばしる人。

高森　弁護士ってそういう風に見ているんだね（笑）。

倉持　裁判員制度導入後、裁判員をエスコートするのは左陪席の役目なんですよ。一番若手で、情熱ほとばしる人がやるわけです。裁判員が入ったときの評決って多数決を採るんですが、多数決の多いほうが裁判員だけだと、もう一回やり直しなんです。必ず多数決で多いほうに裁判官が一人入っていないとＯＫにならないんです。

左陪席が裁判員をエスコートして「こういう事案で、こうで、多分こういうふうになります」と説明するわけですね。今までの裁判員が入っていない裁判官のみの合議のとき、左陪席の意見は、裁判長に「駄目」って言われると、右陪席は裁判長しか見ていませんから自動的に「駄目」となって、普通は通らないんです、二対一ですから。だけど裁判員が入ると、多数決で勝てるわけですね。

高森　そういう下克上ができるということですね。

倉持　左陪席の人はまだ裁判所という組織に染まり切ってませんから、いい判決で社会を変えるんだという人が多いので。

笹　ちゃんとした正義感を持っている人ですね。

倉持　そうです。そういう人の意見が通りやすくなっている。

あと、量刑相場というものがあります。こういう事件で相手が女性で全治何週間だったらどれぐらいの量刑だっていうのがわかる、量刑データベースっていうものがあって、条件をいれるとバッと出てくるわけですね。

この量刑の相場っていうものは論理では説明できないんです。だけど一般の人が裁判員として入ると説明しなきゃいけない。裁判員に「データベースでそうなってます」という説明じゃ通らないから、本当にその事件そのものと向き合って量刑を考えていく、そういう実務上の効用は割とあると思うんです。判決を書くだけだった裁判官にそのプロセスにおける説明責任が生まれた。

井上　もともとは裁判官の量刑相場が、特に重大犯罪について軽いというので、裁判官の感覚と一般国民の感覚がずれているんじゃないかというところから出てきたんですね。

高森　それでも「やらされてる」感が強い。

山尾　今の裁判員裁判の話も、諸外国だったら憲法にかかわる問題として、国民的な議論がまずあって、国民が選択していくものなんですよね。

井上　先ほど倉持さんがおっしゃったように、判決の量刑を決めるとき、まさに国家の刑罰権、権力を行使しています。裁判員制度というのは、その決定を人任せにしないで、国民が責任を負うっていうことなんですね。

笹　自分が死刑を決めるとなると、いろいろ考えざるを得なくなりますね。

高森　裁判員にならなくても、死刑はわれわれが権力を委ねてやらせていることなんです。

泉美　国民的議論になる、ならないって、私、最初、女性議員の枠を増やすって以前に聞いたときはイメージがパッと湧かなくって、女性専用車両を作るような感覚で、形だけ女性を優遇しましょうっていうような印象を持っちゃいました。そういう印象を持ってしまうこと自体、政治とか権力と自分自身がつながっていない証拠なのかなって、思いながら聞いていました。憲法改正によって、社会全体をどう変えていくべきか、みんなで議論していこう、立憲的改憲ってそういうことなんだってすごく思いましたね。

小林　女性議員が防衛大臣になったと思ったら網のストッキング履いてきたりして。

笹　防衛大臣のとき、あのタイツは一応禁止されていたそうですね。

倉持　アメリカから「あれはやめたほうが……」と待ったがかかったっていう話も出ていましたね（笑）。

女性の政治参加を妨げるもの

山尾　笹さんがおっしゃった憲法のトーク番組に片山さつきさんと私が出たんですよね。その次の週の愛知県での憲法シンポジウムでも、また片山さつきさんと私が出ました。女性議員で憲法を語ろうっていうと、必ず片山さつきさんと私になるわけです。そもそも女性議員が少ないし、さらにテーマが憲法に絞られると、ほかに出てくる人がほとんどいないんですよね。

笹　でも片山さん、憲法語ってないですよね。

山尾　語らないわけですよ。もうとにかく「条文を出していない政党と私は議論しない」っていうことを言い続けるだけです。あえて言うと、私は女性同士で議論することよりも質の高い議論をすることのほうが大事だと思いますよ。正直、女性議員の縛りを外して、女性でも男性でもいいから、まともな議論ができる人を出してほしいと思うこともあります。

笹　そりゃあそうですね。

山尾　ただ、ああいう残念な議論を見て、これじゃあ女性議員を増やしても意味がないと思うのか、それとも国会にいる女性議員が少なすぎるからこういうことになるんだと考えるのか。今の時代はもう後者なんだろうなって私は強く思います。女性が初めて国会議員になってから七〇年あまり。衆議院でみると、当時、議員数の九・五%だった女性比率が、今でもまだ一〇・一%です。

高森　ほとんど変わっていないですね。

山尾　七〇年かけて約一%しか変わっていないんですよ。これは仕組みの問題です。

笹　井上先生、授業でこのお話をされると学生さんはどういう反応しますか。

井上　実はあまり反応がないんですよ。そんなものかと。

高森　女子学生が少ないせいですか？

井上　四割ぐらいは女子学生です。

高森　有権者の半分が女性でありながら、どう考えてもアンバランスですよね。

山尾　この国会でクオータ制っていう法律が通ったことを、ご存知の方はどれぐらいいらっしゃいますか（数名が手を挙げる）。国の選挙から地方議員の選挙まで、全ての選挙においてあらゆる政党が候補者を男女半々にする努力義務を負うという法律です。結構すごいことじゃないでしょうか。

高森　しかも全会一致で可決でしょう？

山尾　全然知られてないんですね。この法律は、知られることで政党にプレッシャーがかかるのが一番のポイントなわけですよ。

井上　全会一致だと、実は改憲の発議もできたわけですよね。フランスのパリテ原則みたいに。

高森　そうですよね。

山尾　この法律をめぐってどんな議論があったか。自民党のおじさんたち、あるいは日本会議にしゃべらされている女性議員たちは、全力で反対し続けてきたわけですよ。私が聞いたところによると、某女性議員は、自民党の会議で、震える手で紙に書かれた「クオータ制に反対だ」という言葉を読まされたそうです。それぐらい自民党の中で反対があったんです。

高森　改憲のテーマになり得る話だったわけですよね。

井上　パリテにはフランスでも前史がありまして。最初、法律でクオータ制をやったところ、性別に基づく差別だという理由で、憲法裁判所が憲法違反だと言ったんです。だから憲法の方を改正して、九九年に実現したっていう経緯があるんですね。

小林　わしは、昔は稲田みたいな女性大臣が、戦争になるかどうかの指示を与えるということ自体が許せんな、という感覚もあったんだけれど、ここんとこ男性議員の質も相当低いなあと思う。粗雑でどうしようもないこんな男が、なぜ議員に選ばれるんだろうと。片山さんだって、在特会とつながっていたわけじゃないですか。ネトウヨ議員ですよ。

全体的にレベルが低いんだから、もう男女半分ずつにしたっていいんじゃないの、っていう気持ちになってきた。

笹　投げやりですね。

小林　男が偉そうなことを言えるような状態じゃないよ。だから女性議員と男性議員の比率を半々にするのにも賛成だと、わしは書きましたよ。

無関心は権力のゆがみをもたらす

山尾　今、立憲的改憲で権力を縛るという話をしていますが、臨時国会の召集を野党が憲法に則って請求したのに、与党が無視したのは憲法違反じゃないか、という話があります。議員が原告になって、今民事訴訟をやっています。ここで裁判の闇というか、あからさまにおかしな点があります。

国民が原告になって、国家を被告にして訴訟をするわけですが、国家の側に立つのは検事がやるわけです。この検事は、三年の任期で出向している裁判官が務める場合があります。判検交流と言いまして、裁判官が検察庁に出向する制度があるわけです。その人たちが国家の側に立って理屈を組み立て、その後裁判官に戻るのです。こういう状況で憲法の裁判が公平にできるのかっていう話もあるわけです。

小林　なるほど。

井上　それは昨今ずっと問題だと言われていて、もう廃止する方針だと聞きましたが。

山尾　この国会で法務委員会で質問に立って確認したのですけれど、刑事裁判での判検交流は廃止されたんですが、民事裁判では廃止されていないし廃止する方針にもなっていません。「廃止すべきだ」と言ったら「縮小したい」と言ってましたが、実際には縮小もされていないようですね。

井上　裁判所は、選挙で選ばれた人たちではないので、特に立法権に対しては弱い立場にあるんですね。憲法裁判所は、そのもう一段上に立って、三権がちゃんと憲法を守っているかどうかを審査する機関です。だから権力に憲法を守らせることができるんです。

小林　とにかく主権者意識を持つのがなかなか難しいことですね。任せておけばどっかできっとやってくれてるんだろうと思ってしまうんですよ。

笹　最初の先生のごあいさつとは真逆のことをおっしゃっていただきました。

小林　もし自分に裁判員が回ってきたら仕事をどれか一本打ち切らないと駄目なんじゃないかと、もう不安感でいっぱいになってしまう。絶対選ばれないように行動しよう（笑）。

会場との質疑応答

この国の政治文化を変える

小林　立憲民主党の枝野氏は、この前国会議員の在職何十周年とかで表彰されるはずだったんです。

山尾　二五周年ですね。

高森　安倍さんと同じでしょう。

小林　そう。それで国会の中に肖像画とかを飾られるわけでしょう。あれを拒否したんですよ、ただ一人、自分の美学に合わないと。あれはやっぱりえらいなとわしは思ったんです。

在職二五周年というだけで表彰される。これ、一体何の意味があるのかと。何をしたか評価されたわけじゃない。さっき、フランスでは何年って言ってた？

山尾　四選禁止。

小林　フランスでは四選禁止が議論されているのに……。

山尾　二五年在職したら表彰されるどころか、これからは憲法違反になるかもしれませんね。

小林　それを表彰するんです、日本では。肖像画を描いて、国会に飾られちゃうんです。これなんだろう、キモイなと、国民としては思うじゃない。それを自分の美学に反すると、拒否したんです、枝野幸男は。この男はやっぱり見事だなとわしは思ったんです。

高森　できそうでできないと思います。

小林　だから、いくら党内に護憲派がいっぱいいたとしても、そこに屈して、自分の本当の哲学、考え方を曲げてしまうような人間じゃないとわしは思った。

それとあと、朝日新聞が立憲的改憲を取り上げたのは、メディアとして、わしはとても偉いと思う。なぜかといえば、あそこは護憲派が支えてるんです。その護憲派に気に入られないような記事を載せるのは、極めて難しい。どんな媒体でも商売の論理で動くんです。それは朝日新聞に限らず、

日本の安全保障の議論にはリアリズムと当事者性が欠如している。米国への依存も軍隊の否定もどちらも盲目的で現実が議論の中心にない。沖縄に安全保障の大半を負担させているが、本土の人間には他人事だ。**(千葉県・akira)**

言論誌、雑誌、全部そう。読者が怒るような記事は載せないんです。

朝日新聞は、記者が自分の頭で考えたんでしょう。筋道からいって、立憲的改憲しかないんだと。けど、朝日新聞の社説で、私たちも立憲的改憲に賛成しますと書いてしまったら、読者が全部離れてしまう恐れすらある。そのバランスを取って、知的誠実さを担保しようとしている。こういうところが非常にえらくって、わしが関わってるメディアも全員学んでほしいと思う。

高森 あららら。

小林 読者が完全にネトウヨだらけだったとしても、やはりその中に、個人の良心として載せるべき記事を、うまく配分して載せるっていう戦い方があると思うんです。わしもマンガを描きながら、ものすごく苦心するところなんです。商売の問題は必ずあるんです。読者は怒ったりもするんです。けれどそれで諦めてしまわずに、自分のポリシーをどうやって入れこんでいくか、それを考えることが一番大事なんです。

それを、いくら売れるからってネトウヨが大好きな記事ばかり書いてしまう。百田尚樹とか、外国人のくせに偉そうなことを言うケント・ギルバートとか、ああいうの、無茶苦茶なわけです。とにかくそっち方面にうけるように書いておけば、金になる、それだけでしょう。商売に魂を売ってしまったら、表現者としておしまいなんです。『ＷｉＬＬ』とか『Ｈａｎａｄａ』とかは、朝日新聞のことを目の敵にして、馬鹿なことばっかり言ってるけど。

高森 朝日批判ばかり繰り返しやってますよね。

小林 ああいう馬鹿みたいなのは、どうしようもないなと思う。あと今、朝日にはわしが気になる記事がいっぱいあるんです。本当言うと。あの辺には良心があるっていうことは言っておきたい。

高森 いわゆる朝日批判を、保守系の雑誌がじゃんじゃんやっている。これは私の臆測ですが、要するに、朝日がモリカケ批判をかなりやっている

安全保障を自分のこととして考える土壌が我が国にないことが不安。米国任せでは独立国とは言えないが、そう主張する人たちは何故か中国へのシンパシーが強いと感じる。不誠実さがまかり通る現実に不安を覚える。**(会社員・train8585)**

ので、対抗するために、朝日の権威を傷つけなきゃいけない、という奇妙な動機でやっているフシがあります。くれぐれもご注意いただきたい。

ほか内輪の話としては、ある保守論壇誌は自民党が買い取っているようです。今、雑誌が売れない時代に、毎月必ず何百冊自民党が買うとなると、論調や編集はおのずから制約されてしまう。

小林 要するに宗教団体とかの買い取りもあるから。だからまとめて買ってくれる所に一番うけるような意見を載せると、たくさんさばけるんです。

こっちは砂粒をさらに粉と化したような、一人一人の理性的な読者だけをねらって書いているから、商売がものすごく難しくなってしまうんです。

高森 今回、『SPA!』で復活した「ゴーマニズム宣言」で憲法学者を一人取りあげましたね。

小林 憲法学者の中の権威中の権威、最高位に君臨しているこの長谷部恭男っていう人を、まず叩こうと。その中に、「ゴー宣道場」に来てくれる、勇気ある憲法学者の似顔絵を描いたことによって、彼らは永遠にその権威から目を付けられて、学者として不遇をかこつことになるんではないかと、そういう懸念を表明されまして。

高森 井上武史先生だけは、登壇する前からもう目を付けられてしまっていたかも知れませんが。

小林 長谷部恭男氏に代表される、ものすごい権威主義が、憲法学者の間には広がっているわけです。一人の尊師が全て支配しているような状態になっているわけだから、それは健全じゃないよと。何だったら議論しましょうよっていう感じでもあるわけ、こっちは。

高森 ここにお呼びしてもいい。

小林 ここに来てくれて、それで議論をすればいいわけです。それを、こそこそ裏で圧力をかけようとしたり、そういうことはもうやらないほうがいいですよっていう警告を、一応、これに書いているわけです。いつか、今は不遇をかこつ、この立派な憲法学者が……。

高森 まだそこまでなってませんから。

日本が抱える様々な問題の多くは、アメリカの属国であることに原因を求め得る。立憲的改憲により属国状態を抜け出し、真の独立国になるという、大きな希望を持つことが出来る。先祖と子孫のために、誇りを持てる国になる未来を願う。**（大阪府・事務・hisui）**

小林　彼のほうがむしろ権威になるような世の中を、私は作りたくて書いてるんです。

高森　その前に不遇になっちゃいますけどね。

小林　世の中の知的誠実さを信じるしかないです。

高森　知的誠実さがあるならば、憲法学者として長谷部恭男先生もぜひここに来て、われわれと論争する。そのときは山尾先生が論破すると思うので、われわれはただ見てるだけですが。

小林　そんなところです。

政治家は一生の仕事ではない

笹　せっかくですので、井上先生あるいは山尾先生にこれだけは聞いておきたいという方、いらっしゃいますでしょうか。

A　憲法の国民的議論に関して質問したいです。僕は宮崎大学の獣医学科の人間でして、憲法は教養課程でちょこっと扱う以外、ほとんど学んだことがありません。今回こういう貴重なお話が聞けて、すごく勉強になりました。

僕みたいな若者とか、結構、憲法に興味を持って、もっと議論してもらいたいなあって思いますが、現実には僕の周りにも、そういう雰囲気が全然ないんです。議論を盛り上げていくには、どうすればいいのでしょうか。

小林　やっぱり九州でやって良かった。宮崎から志を持った人が来てくれるんだから。多分、そういう志のある人たちは現状では孤立していると思います。

高森　それでは困りますよ。

小林　現状ではそうだから。それではいかんので、最近門弟や門下生の中でも、異様なまでの熱意を持っている人がいるんです。彼らの主体的な熱意の周りに集まってくる人たちが、どんどん増えていって、自分たちで集まって、こういう議論を本当に楽しそうにやっているんです。そういう人に連絡を取ったほうがいい。ユーチューブなんかにも自分たちで議論したものをどんどんあげている。違った動きが出始めているから、どんどん仲間が

自分の国は自分で守る。一刻も早くそんな当たり前の国にしたい。人（アメリカ）任せにしていたら一番大事なものをなくしていく。そんな状況はもうウンザリ!!! **（よっしー）**

増えていくと思いますよ、絶対。

笹　目に見えるつながりだけではなくて、今、ネットとかＳＮＳとかで遠くの人たちが盛り上がって、動画や音声を録って、ユーチューブにアップしたり、ものすごい盛んにやってるんです。一つのコミュニティになりつつあるような印象をはたから見ていて思います。

B　実は僕も宮崎大学を四月に卒業して、今、大学院で街づくりの勉強をしています。憲法の議論は街づくりと似てると感じました。山尾先生がさっき言われたクオータ制の件なんですが、宮崎県の五ヶ瀬町っていう、小林先生が『天皇論』で取材された高千穂町の隣にある町があります。その町では議員の成り手がおらず、議員さんが亡くなっても補選が成り立たないという問題が起きています。まずは議員の成り手の問題が深刻なので、そういった方面の議論があれば教えていただきたいなと思います。

井上　クオータ制と同時に、高額の供託金の納付や立候補による失職など、選挙関連の制度もあわせて変えていかないと難しいと思います。ただ男女同数立候補してくださいねっていっても、できないよっていうこともありますよね。

倉持　あとは職業の魅力が重要です。僕らの法曹界は今危機に瀕しています。昔は司法試験を五万人が受けていたんです。二％しか受からないのに。今は二〇％以上受かるのに、数千人しか受験しません。ロースクールを志望するような人たちは、僕が入った当時は、全部で三万から四万人ほどいましたが、今や一五〇〇人です。優秀な人材が絶対的に減ります。

司法試験は弁護士を輩出するだけじゃなくて、検察官と裁判官を選び育てるためのものでもあります。司法というインフラに優秀な人が行かなくなると、国家として危機的状況です。僕は今の政権は法に対する意識がとても低いと思いますし、今の社会はそれを反映していると思います。司法が魅力的な職業だと思われていないのは、政治家

いつまで敗戦国でいるつもり？　アメリカにとってただの金づるである事に、気付かぬフリはもうやめませんか？　誇りを捨ててまで守ってもらうのは嫌なので、一日も早い独立を!　自分にできる事は何か、真剣に考えるべきだと思う。**（東京都・会社員・ビビ）**

とも似ているところがあるんじゃないかと思います。

山尾　政治っていうインフラに、魅力的な人物がほぼいない状況もずっと続いていると思います。この前、井上武史先生が憲法の議論をした高村正彦さんは、実はもう国会議員はお辞めになられています。でも副総裁という肩書で自民党の憲法議論をいまだ牛耳っているようですし、一方、議席だけは息子さんにちゃっかり継がせている。どれだけ人材がいないんだっていうことですよね。

私は政治文化の一切をもう変えたほうがいいと思っています。さっきの二五周年表彰は私も違和感があって、本会議場では拍手しませんでした。こういうときだけは与野党一緒に拍手して先輩を称えるんだ、みたいな感覚も私は持てないし。むしろ、安全保障とか社会保障とか、それこそ憲法とか、国家の大柱を与野党一緒に議論する方向に労力使いませんか、と思っちゃいましたね。

選挙に勝って一生議員やって勲章もらっても、国民国家のためになってない人がたくさんいます。政治家は、一生政治家というプレッシャーから解放された方がいい仕事できると思いますよ。選挙に注ぐエネルギーを、本来の仕事に使えるから。そして、政治家を辞めても、やるべきことやりたいことがたくさんあるような人が、政治家をやった方がいいと思います。政治家を辞めたら社会で行き場がない人がしがみつく場所では、政治はよくならないです。

だから、政治家自身が意識改革したほうがいいと思うし、四選禁止だとか、二五周年表彰をやめるだとか、制度も変えていく必要があると思います。自分の人生の一部の期間だけ、自分の労力や経験を生かして市議会に貢献しますよとか、国会に貢献しますよと。それで自分のやれることが終わって一区切りがついたときには、また別のことをやらせてもらいますよと。そういうふうになったほうがいいんじゃないかなって思います。

日米関係はお互いに対等でなければいけないと思います。しかし、残念ながら現在の日本と米国の関係は、完全に米国が上で従米になっています。日本は独立して自分で自分の国を守るべきだと思います。**(東京都・俳優・関口晃弘)**

国会議員の人数は実は少ない

小林 今、国民全体の活力やボルテージがどんどん落ちている。やっぱり人口が多かったときって競争するじゃない。だけど人口が減り始めて、競争もなくなると、だんだん質が落ちてくる。マンガにしろ文学にしろ、普通に活字が読めないんだよね。雑誌自体の部数もどんどん落ちている。

読むっていうこと自体が苦行になってるから。マンガだってどんどん部数が減って、劣化しているわけです。そこに埋没していくと、裁判員制度がつらいなとか。地方議会に立候補するなんて、そんな面倒をなんで引き受けなきゃいけないのとか、そういう感覚がどんどん蔓延するわけです。

やっぱりどっかで一発逆転するためのエネルギーの爆発が必要だね。われわれなんか、その核、ビックバンにならないといけないわけ。この文化の風潮を全部変えていかないと、誰かがそれをやらないといけない。そういう使命感を持ってやらなきゃ。熱意を持った人間が、ここにこれだけいるってこと自体、ニヒリズムが蔓延するこの世の中では異常事態ですよ。

井上 議員と国民・住民との距離って、結構重要です。皆さんの中に国会議員とお話ししたことがあるとか、普段から接しておられるという方は、どれぐらいいらっしゃるんですか(複数手が挙がる)。わりと多いほうですね。代表者との距離っていいますか、握手したり、顔を見たり、お話を聞いたりする機会は重要だと思います。山尾さんの選挙区だったら、選挙区の人が山尾さんを代表者として送り出しているっていう感覚を持たないと、政治に対する興味や、政治への期待感も出てこないと思うんです。

日本は人口のわりに国会議員の数が実は少ないんです。ヨーロッパでは、大体人口一〇万人に衆議院議員が一人いる計算です。日本では、山尾先生の選挙区では有権者数が四〇万人を超えていますよね。つまり一人の代表者を、四〇数万人で支えている。だから国会議員と国民との距離が非常

アメリカにすり寄り、天皇陛下に逆らい、公をないがしろにする今の政治の原因は何だろう？　堕落は政治家だけの問題か？　私たちはうぬぼれた大衆になり下がっていないか？　国民国家の構成員として、確固たる自覚はあるのだろうか？**（宮崎県・大学生）**

に遠い。それでも日本は議員を増やすと言えば、反対されるじゃないですか。国際標準なら、本当は六〇〇人から七〇〇人ぐらいいてもいいんです。

高森　議員を増やすっていう法律を通さなきゃいけないですから。それを国会議員がやると、自分たちの利権をより拡大しようとしている、という反発を生むんじゃないかと。

倉持　あとは国会議員が有能に見えないからじゃないですか。この人たちを増やしてどうすんの、っていう感覚があるんだと思います。政治家にはプロフェッショナルを感じませんから。

高森　私が聞いた話では、市議会議員は立派な人でないと務まらないと。有権者と距離が近いから。ところが国会議員は、党が応援すれば、勢いがあれば当選しちゃうと。だから国会議員は人間性に欠陥があっても務まる。

井上　国会議員の数はずっと減り続けていまして、二〇年ぐらい前まで、五一二人いたのが、今や四六五人です。国会議員の数が減るってことは、国民の声を聞く「耳」の数が減るということです。また国民の声を代弁する「口」の数も減ります。民意を吸い上げて、国会の場で伝える人が減るっていうことなので、民主主義の規模が縮小してしまうという危惧もあるのです。だからある程度国会議員の数を確保するのも、民主主義の充実にとっては意外と重要な点なのかなと私は考えます。

高森　論理的にはおっしゃる通りです。市議会議員のほうが立派じゃなきゃ務まらないみたいな逆転現象も、数が増えれば緩和されるでしょうから。

山尾　でも立候補する人がいない。政治家になるモチベーションがないっていうことですもんね。街づくりをされてるなら、ご自身が議員になることは考えないですか。考えたときにハードルとして思い浮かぶのはなんですか。

B　現場のほうが重要かなと思います。

倉持　でも兼業できますよね、地方議員って。そういう感じでどんどん議員になれたほうがいいと思うんです。軽く起業するみたいな感じで、地方

安倍晋三やりたい放題の自民党は北朝鮮みたい。自民党べったりの公明党に存在意義があるかはなはだ疑問、まさに米国にすがる日本のようで嫌になる。選挙で勝ったからって全権委任はしていない。国会で熟議を尽くしてこその民主主義。**（福岡県・派遣N.T）**

議員をやってみる。

B　ただその町は、自分では議員をやりたいって言っても、家族が反対したとか、そういった話もあるんです。

山尾　日本で政治家になるのは、プロとして政策を作ったり、それを広げたりっていう本来の仕事以外に求められる要素があまりにも多いし、みんなそういうもんだと思ってる。だから足を突っ込んだら家族もろとも大変だと。もっと政治家も他の職業と同じように、プロの仕事として、自分のスキルを差し出す。兼業もできるし、何期やるかは自分で判断する。

井上　フランスみたいに四選禁止の法案を出してみてはどうでしょうか。国会議員とは何かを真面目に考える良い契機になると思います。現に日本でも、知事レベルでは多選制限が議論されていると思うので。

山尾　出したほうがいいですね。出そうかな。でも日本では一人じゃ法案を出せないんですよね。

井上　それも日本の問題でして、議員立法の法案提出も日本では難しいです。特に憲法改正の法案だと、衆議院一〇〇人、参議院五〇人の賛同者がいないと出せません。ですがフランスでは一人でも出せます。

高森　確かに四選で打ち止めっていう提案も、賛成の国会議員が三人弱はいるとは思いますけど。

山尾　三人いるかなあ。三人もいないかもしれないですね。私、今、三期目ですから。四選禁止だとこの期が最後になります。そういう覚悟で提案したとして、一人では法案提出できないんです。

倉持　イギリスとか世襲駄目ですよね。確か。

山尾　ブレア政権のときに世襲制限しましたね。

小林　フランスは民主主義が発生したところだから、やっぱり民主主義に対する関心が、基本的に日本とは違うわな。それは情けないところです。

高森　逆に在職二五年で表彰されるところってどうなんでしょうね。

倉持　自民党が世襲を批判されて、公募にがらっ

従米か独立かを判断するために、まずは現状をよく知らないと。みんな、知らなさ過ぎます。道場で、どんどん目を見開かされます。**（東京都・イチマリ）**

と切り替えて、集まった人たちが魔の二回生だったんです。だから全然良くなっていないっていうか、むしろ劣化したじゃないかという議論もあったんですよね。つまり、世襲がだめなんじゃなくて、政治というマーケットが有能で魅力的な人が集まらないものになっているんじゃないかということです。

山尾　世襲でも、公募に応募して当選したらいっていうふうにしたわけでしょう。何の意味もなかったけど。

倉持　でもあのとき問題になった人たちは、世襲の人じゃなかったですね。

小林　だんだん過疎化する地域の市議会議員とかって、人材もいなくなって、共同体的なしばりもあったら、非常に難しい状態になっていくね。夕張市の市長とかえらいよね。ほとんど共同体が崩壊してしまったような所で薄給で市長をやってるじゃない、若い人が。あれを見たら、夕張メロン食わないいかんなと思う。

制度の欠陥ではなく担当者の問題?

C　憲法裁判所構想がありましたが、違憲審査制は今十分に機能しないということであれば、まずは現状の制度を強化するっていう方法はとれないんでしょうか。

井上　それは長年論じられてきて、司法消極主義っていうふうに言われているんです。つまり裁判所は違憲判断をなるべく出さない方向で考える。国会議員が作った法律は、ほとんど合憲にする。

それをどう改善するかもずっと議論されていて、司法制度改革でも、最高裁判所の負担を減らすとか、いろいろな改革が行われましたが、あんまり効果がないのが実状です。

最高裁判所の裁判官が、適切に職務を行使できる環境にあるのかどうか。その際、どこからリクルートして、誰がどのような手続きで任命するかが非常に重要なポイントになると思います。現行憲法では内閣の裁量的な任命が認められており、国会がまったく関与できない仕組みになっていま

日米関係については、もはや「独立」という言葉が、対米依存を前提として使われているほど洗脳が行き届いている。**(宮城県・とうほくどー)**

す。でも、法律を違憲無効にできる強大な権限を行使する最高裁判事を何のチェックもなく内閣の職権で任命できるような制度は、世界的には珍しいんですね。

アメリカでも上院の承認がないと、最高裁判所の判事になれないとか、国民的な承認をどこかで得る仕組みがあります。日本はそういうものもありませんし、裁判官の七〇歳が定年ということもあり、在職期間がすごく短いので、職責を十分果たす前に退官になってしまう。だから改憲によって憲法裁判所を作ったほうがいいんじゃないかっていう考え方が出てくるようになったのだと思います。

D　現状の法律の中には、本来は違憲状態のものもたくさんある。だから改憲して憲法裁判所を作る必要がある。といった理由であれば、多分一般の人にも分かりやすいんじゃないかと思いました。

井上　統治の機能不全は憲法や制度の問題ではなくて、担当している人の問題だという議論が、日本には多いように思います。安倍さんが憲法を守らないのがいけないんだと。つまり憲法を守らない状態を是正するシステムがないのがおかしいのだと思わずに、憲法を守らないその人がおかしい、という考え方になる。同じように、違憲審査を積極的にしない裁判官がおかしいんだと。本来は、制度によって人を動かす、あるいは誰が権力者になっても憲法が守られるような仕組みを備える、という視点が重要なはずです。でも、日本では憲法に手を付けることがタブー視されてきたこともあって、責任は憲法にあるのではなくて、憲法を尊重しない人にあるのだ、という方向に議論が行っちゃうんです。

高森　精神主義の一種ですよね、それは。

井上　そうですね。システムや制度で人の動きを統制し、変えるのが重要じゃないかと思います。

山尾　制度の見直しが憲法を変えることにつながるから、制度を見直すんじゃなくて、人のせいにして終わらせたいっていう、日本の特殊性がある

7月末に全国知事会が日米地位協定見直しすべしという声明を発表。世界に類を見ない非互恵的な日米地位協定。これを維持しようとする政府与党を、多数の国民が支持する異常さ。日本の実態を自覚しないと何も変えられませんね。**（茨城県・会社員・Tommy）**

んだと思うんです。

高森　まず護憲ありき。

山尾　まず護憲ありき。

今の裁判所の問題も、憲法裁判所を作るっていうことが目的ではなく、裁判官が国家の憲法違反をきちんと指摘して、正せるようにすることが目的です。今の制度をできるだけ変えずにやれることもあると思います。

でも、たとえば、最高裁判所裁判官の指名権や任命権が内閣にあることは憲法事項です。内閣の力が強すぎるから、今ある最高裁判所の違憲審査権の活性化のために、人事を内閣から中立にしよう、国民の意志が入るようにしよう。こう提案すれば、ほとんどの人は、悪くないと思うでしょう。

ただこれをやるには憲法改正が必要です。憲法改正が必要ならやりたくない、そこでブレーキがかかり、改革が先送りされてきた。でも、裁判官がもっと積極的になればいいとか、安倍総理が憲法を守るようになればいいとか、それだけ言っていても社会はよくならないよってことを、安倍政権が証明した今、人じゃなくて制度を変えていくチャンスです。

党利党略よりも理想を語れ

E　違憲審査制ですけど、逆もあり得るのかなと。というのも、憲法で例えば男女の平等を掲げておきながら、議会の男女比が一〇％しかない状況を変えるための法律を、作っていないよね、それは違憲なんじゃないっていう考え方もあり得ると思うんです。不作為に対して違憲性を問えるのかどうか、そこを伺いたいなと思います。

井上　それは「立法の不作為」という問題ですね。法学部の憲法の授業みたいになってしまうんですが、実際に裁判でも争われたことがあるんです。

裁判で問題になったのは、外国に住んでいる日本人が、選挙権を行使できなかったこと。外国に住んでいても、日本人であれば日本の国政選挙に投票できるべきなのに、外国での投票制度がな

鬼畜米英、今こそ掲げんこの矜持。日本は敗戦以来独立国ではない。県外の同胞よ、どうして沖縄に米軍基地があるのですか？（蛍の光4番）「千島の奥も沖縄も八島の内の護りなり、至らん国にいさおしく努めよ吾が背つつがなく」**（沖縄県・老人・さむらい）**

かったから、選挙権を行使できなかった。最高裁判所は、選挙権はとても重要な基本的人権なので、それを行使できる制度を国会は整備しなければならない、だからそのような立法がない状態を憲法違反だと判断したことがあります。

ただ、あらゆる場合について立法の不作為が認められるかと言えば、なかなかそうならないんです。立法不作為は、本来立法しなければいけないことが憲法から見て明らかでないと駄目なんです。男女の均等の場合は、憲法において確実にそうすべきだと果たして憲法から読み取れるのか、という問題があります。選挙権の場合は、必ず選挙権があるのが前提なので、行使させていない状態がおかしいと言いやすい。とてもいい質問ですけど、とても難しい問題です。

高森　あまり踏みこむと、司法が立法に干渉することになりますね。

井上　まさにそうだと思います。立法の不作為は、違憲判断が難しいのです。立法するかしないかの裁量が立法権にあるので、裁判所がこういう法律を作れという判断を下すと、裁判所が立法してしまっていることになり、司法権が立法権を侵害することになってしまいます。だから、最高裁は難しい判断を迫られます。

高森　国会が唯一の立法機関であるという憲法の規定にも抵触しますよね。

F　議員が人口に対して少ないっていう話について。私は佐賀県の出身で今も住んでいるんですが、以前、選挙区は三区ありましたが、今では二区になりました。単純に人口で議員数を考えると、不都合が出てくるのかなと思います。先日、自民党の石破議員も鳥取と島根のお話をされていました。国会で地方と中央の人口の格差と議員数の格差の議論は行われているのでしょうか。

山尾　切実で大事な議論だと思うんですが、例えば衆議院は全国民の代表として、ある意味で無色透明の基準、物差しとして人口比を用いて制度設計しつつ、参議院においては、住んでいる地方を

独立する気概も無く、権力者による嘘に憤る事も無く、「恥」の精神さえ失ったネトウヨのことさえも、生涯にわたって祈ることを自身の「幸せ」と考える皇室。「日本のため」と言うなら、少しは皇室の事も考えるべき **(謎の中国人・チョン=パンチー)**

代表する、あるいは、世代を代表する制度設計にする、ということも考えられると思っています。

私は愛知に住民票があり、愛知から出馬していますが、日本国民としての自分もいれば、愛知県民としての自分もいます。今日の皆さんも、福岡県民であるっていう自分もいれば、福岡市民である、女性である、子育て世代である、若者である、高齢者である、あるいは公務員である、民間人であるとか、人間はそういうふうにいろんな顔を持った多面的な存在じゃないですか、本来。

そのうちのどの部分を、国会議員が代表するのかという本質的な議論を、参議院の議論としてやるべきだと思うんです。アメリカの上院みたいなイメージで、佐賀県で何名とか、人口の多寡にかかわらず地域を必ず代表するというのも制度設計としてはありえます。合区の議論とも関係するんですよね。

井上 自民党の参院の合区解消の議論は、まさに党利党略でまったく賛成できません。合区解消の問題は、本当は山尾先生がおっしゃったように、参議院にどういう民意を集めて、その民意にどういう権限を行使させるかっていう、私たちの民主主義をデザインする大きな問題のはずで、それこそ国民的な議論になり得るんです。

第二院である参議院については、山尾先生がおっしゃったように、いろんな構成の仕方があると思うんです。地方の意見を重視するっていう考え方もありますし、高齢者の声に負けてしまいがちな一〇代二〇代の声を吸い上げるという考え方もあり得ると思います。年金や医療、教育、環境など次世代に関わる問題が、政治の議題にのりにくい状況が生まれています。「シルバー民主主義」と呼ばれる問題ですね。子育て世代や、将来を担う人たちのことも含めて、将来世代に対する責任や世代間の公平という考え方を憲法に取り入れている国もあります。

とにかく議論自体を排除せずに、現在の日本社会が抱える様々な問題を、一度憲法の問題として

ネトウヨ的思考とは、物事を属性や風評で判断し、価値判断を極めて単純化することだと感じる。憲法においても、改憲＝右派、護憲＝左派といった雑な理解がこれまでまかり通ってきた。我々は思考を放棄する堕落を拒もう！**（長崎県・公務員・ガトー）**

議論してみることが、大事なことだと思います。

最後、小林先生に質問があります。もし裁判員の通知が来たらどうしますか？

小林　つらいよね、これは。裁判員をやるには連載切らないといけない。ただ「公」のためならばやらざるを得ないでしょう。

高森　きっとぶつぶつ文句を言いながら裁判に出られるんでしょうね（笑）。

小林　「公」のためにやらねば、と頭では思いつつ、心のつぶやきは相反するという。仕事があるのに、ふざけやがって、と言いながら、それでもわしはやるからな。

高森　裁判を監視する市民が文句を言うのは、本来筋が通らないですが。

小林　だからわしのは文句じゃなくてぼやき（笑）。

高森　裁判を監視するマンガを描くとか。

小林　それいいな。わしは表現者だから、体験するといろいろイメージが湧いてきてしまうからな。

泉美　守秘義務があるので、裁判の後で内容を公開してはいけないそうです。

小林　それおかしいんじゃない？　裁判員にはどのような心の葛藤があるのか、とか。そういうことを誰しも知りたいでしょう？　それでこそ民主主義ですよ。

井上　やっぱり小林先生には裁判員を体験していただいたほうがいろいろ良さそうです。

小林　おかしいな。なんでそういう結論になるんだろう（笑）。

井上　評議をマンガで描いたら起訴されますよ。

小林　そんなんで起訴されちゃうの？

倉持　それはそれで表現の自由に違反するって訴えればいいんじゃないですか。

泉美　その裁判がまたネタになりますよ。

小林　面倒くさ（笑）。

倉持　僕が弁護しますよ（笑）。

高森　弁護料は高めでいいからね（笑）。

立憲的改憲批判に応答する
～そんなことを言っている暇があるのか！

倉持麟太郎

誰が誰よりどうだとか
誰の仕事がどうしたとか
そんなことを言ってゐるひまがあるのか
さあわれわれは一つになって　〔以下空白〕

（宮沢賢治『生徒諸君に寄せる』より）

二〇一八年五月三日、立憲民主党代表の枝野幸男議員が「僕は立憲的改憲論者ですから」と口をすべらせてから、「護憲」「改憲」のほかに、「立憲的改憲」という選択肢が憲法論議に加わった。

「立憲的改憲」はどのように評価されているだろうか。私の元にも賛否両論ともに寄せられ大変刺激を受けているが、いくつかの批判については、あまり生産的な議論とは言いがたい。

以下、立憲的改憲への批判的言説を吟味しつつ、立憲的改憲のコンセプトの再点検と、立憲的改憲の一番の標的たる安倍改憲の問題点について、改めて整理したい。

立憲的改憲はポジティブリストではない

まず、「立憲的改憲」プロジェクトへの批判の矢を最初に飛ばしたのが、長谷部恭男・早稲田大学教授である。

長谷部教授は、元東京大学教授であり、学会や法律家共同体を中心とした言論界に大きな影響力を持つ。ゆえに、その批判が的を射たものであるかどうかは検討に値するし、誤解や誤導を含むものであれば、きっちりと反論し、より良い議論のために争点の〝ゆがみ〟をただす必要がある。

勇ましい言動から真正保守の政治家だと思って安倍晋三を支持していた。ところが首相になったとたん、いくつもの保守の言説は反故にされ、支持したことは間違いだと気付いた。ネトウヨには安倍晋三は保守でもなんでもないことに気付いて欲しい。**(かどやん)**

さて、長谷部氏の批判は、立憲的改憲というプロジェクト自体への批判なのかどうか、実は判然としない。

そもそも、立憲的改憲が主張して「いない」内容について、氏が批判をしているからだ。

あるレストランの看板メニューが「おろしポン酢ハンバーグ」だったとする。しかも「デミグラスソースハンバーグ」はメニューにない。

その店が、グルメ雑誌か口コミサイトなどで、「この店のデミグラスソースハンバーグはあまり煮込まれていない」と批判されたら、レストランは困惑するだろう。だが不幸にもその口コミが影響力をもってしまい、客数が減って売り上げが落ちれば、レストランは怒り、強く抗議するはずだ。

このような「存在しない批判対象をあたかもそこに存在するかのように批判する」論法を、ここでは「シャドーボクシング」と呼びたい。長谷部氏が立憲的改憲に向けた批判は、まさに「シャドーボクシング」ではないか。

また、立憲的改憲には安倍改憲と同様の危険があると読める指摘もされている。

ただ、なぜそのような結論になるのか明示されていない。むしろ、ある別の政治的な動機が見え隠れする。

要するに、長谷部教授は、現在の政治状況、つまり「安倍一強」のもとでの改憲論はすべて悪だと決めつけたいのではないか。もっと言えば、そもそも改憲論自体が悪だ、という結論がすでにあって、そこから逆算して批判しているとすら考えられる。

これは、長谷部教授を支持する人々から、もっとも賛同を集められるような方法・論点で、立憲的改憲論を批判しているということもできる。

最凶最悪の安倍改憲案と同じ欠点を持っていることにできれば、運動論・政治論として、安倍改憲もろとも葬り去ることができる。しかし、このような論法は、フェアではない。

私達は憲法をもっと身近に引き寄せて考えなければならないと思います。必ず自分にも関わってくることだから。山尾議員は憲法を庶民感覚でわかりやすく語ってくれるので、憲法について考えるのが面白くなります。**（神奈川県・会社経営・mayu）**

長谷部恭男教授が創り上げた批判対象とは何か

長谷部教授の批判の中身を吟味していこう。氏は著書において次のように書き、立憲的改憲を批判している。

「自衛隊のできることを「ポジティブリスト」として、一つ一つ憲法に書き込もう、その方が明確になる、と主張する政治家やグループがいます」（『憲法の良識』朝日新書）

さらに、立憲的改憲論について、次のようにまとめている。

「しかし、九条の規定を明確にすれば安全だ、という考えは、じつは危険をともなうと私は思います。このような改正を提案した人は、本来であれば自衛隊法などのふつうの法律に書くべきことを、憲法の中に一つ一つ書くことについて、いわゆる「限定列挙」のつもりで提案しているのかもしれません。限定的にとどめることで、それ以外の自衛隊の活動はあり得ない、と釘を刺しているつもりでしょうけれど、いったんそういう条文ができてしまうと、政府の側としては、拡大して理解しようとするものです。」（『憲法の良識』朝日新書）

まず、立憲的改憲論は、「自衛隊」の活動範囲ではなく、「自衛権」の発動要件を規律するものである。いわゆる「ポジティブリスト」を憲法に明記するものではまったくない。

基本的には、個別的自衛権の発動要件としてわが国が設定してきた、いわゆる旧三要件（①我が国に対する急迫不正の侵害があり、②これを排除するために他の取りうる手段がない場合、③必要最小限の範囲内で自衛の措置をとれる）をもとに、自衛隊が戦力であることを真正面から認め（正当化）、自衛隊をコントロールしよう（統制）というコンセプトこそ、立憲的改憲論である。

現政権に不信、不満を持っている人は多い。一方で思考停止し、日本の未来を一切考えないキリギリスも多い。私たちの地道な活動はアリの活動かもしれません。しかしゴー宣道場のような議論の場は絶対必要です！　広がれ全国へ！**（高知県・語学教師・さり）**

旧三要件とは、自衛権の発動要件である。つまり、開戦の要件であり、戦争遂行方法の規定として、自衛隊に可能な任務を列挙するものではない。

自衛権発動要件すなわち開戦の要件は、戦争遂行方法についての禁止事項とは、次元を異にする概念であり、「ポジ」と「ネガ」という対をなす対応関係にはない。したがって、立憲的改憲論に導入した旧三要件の縛りを「ポジティブリスト」と呼ぶことは、ネガティブリストとの関係を考えても、用語の使い方として不適当である。

以上のとおり、「立憲的改憲論にはポジティブリストを書くうえでの危険性がある」という長谷部教授からの批判について応答するなら、「前提に誤りがあり、その批判はあたらない」ということになる。

長谷部教授は、旧三要件までは自衛隊も日米安保も合憲とされている。しかし、二〇一四年七月一日の閣議決定を経た限定的集団的自衛権は、九条の限界を超えており違憲だと主張されてきた。

旧三要件以前に戻す立憲的改憲論でも、権力濫用の危険がある。長谷部氏がそうおっしゃるのであれば、旧三要件自体の評価はどうお考えになるのか。

限定的集団的自衛権まで解釈で認めてしまった事実をもとに、「旧三要件も拡大解釈されうる規範ですね」とお認めになるのだろうか。

また、現行九条の〝解釈のみ〟を根拠に、法律で融通無碍に運用できた旧三要件と、自衛隊が戦力であることを真正面から認め、その自衛権発動要件を憲法に書き込む立憲的改憲案を比較した場合、どちらが規範として明確だろうか。また、どちらが違憲合憲のはっきりした判断基準を、裁判所や、ひいては国民に提供しうる条文だろうか。

少なくとも、旧三要件を憲法に明記した場合、「わが国」に対する攻撃がないにもかかわらず、他国への攻撃を理由に、我が国の自衛権を行使しうる「集団的自衛権」は、明確に違憲と断言できるようになる。

庶民の側から権力を縛るためにも改憲を、という発想を持つ事と、憲法や政治について考える事が必要だと思うので、立憲的改憲を支持します。子どもにも分かりやすく、議論を通して考えを深められるゴー宣道場を応援します。**（佐賀県・高校生・みんと）**

複雑怪奇な憲法解釈の蓄積は法的安定性を損なう

長谷部教授は、自民党が招致した参考人として、二〇一五年六月四日の衆議院憲法審査会において意見陳述を行っている。

その中で、安保法制の違憲性を尋ねられ、「従来の政府見解の基本的な論理の枠内では説明がつきませんし、法的な安定性を大きく揺るがすものである」として、違憲だと発言されている。つまり〝法的安定性〟をもって、憲法違反という立論の軸としている。

これ以外の場面でも、集団的自衛権の行使容認は法的安定性を害し、「立憲主義違反」だという言い方をされている。

九条と、個別的自衛権を容認する政府解釈、関連法規の集合体を、一つの規範だととらえ、その規範の変更が法的な「不安定」をうむことが、〝立憲主義〟に反すると指摘しているのだ。

しかし、長谷部氏のこの議論は、図らずも次のことを白状してしまっている。すなわち、戦力の不保持と交戦権の否認をうたいながら、自衛隊の存在を認めた時点で、九条自体からは読めない規範を解釈で導き出したため、九条という規範のパワーの源泉は、その文言自体ではなく、その規範のもとでの解釈の「長年の定着」に求めざるを得なくなっているということである。

したがって、現政権がやって見せたように、規範の核心部分において解釈による変更可能性がある（それ自体は悪いことではない）時点で、この九条を頂点とした解釈の集積体という規範自体が「不安定」なものであることを露呈している。

民法上、ある一定期間平穏かつ公然と、事実状態の継続があれば、権利を取得したり失ったりする。いわゆる「時効」の制度のことである。

この制度はときに〝不道徳〟な制度だと言われることがある。事実状態の積み重ね、それ自体が「規範」として生成されるというフィクションだからだ。人の物でも、定められた年数占有していれば、所有権を取得することは、不道徳と形容さ

山尾先生を支持します。お話しさせていただくとテレビや雑誌の印象とは変わって、聡明なことはもとより可愛いらしい女性でした。これからも応援します。**（神奈川県・会社員・荒井誠）**

れる側面があるのは否めない。

ここには、真の権利関係よりも、継続した事実状態によって形成された「法的安定性」を優先すべき場面がある、という価値観がある。これ自体は、民事商事の世界を織りなす取引社会においては、取引当事者が多数におよぶ場合に、一つの権利関係ですべてがひっくり返るということは望ましくなく、一定の妥当性があろう。しかし、憲法ではどうだろうか。

自衛権の発動という重大な国家行為について、どこまでが合憲でどこから違憲なのか、その線引きが、九条の条文文言からはおよそ読み取れない解釈によってなされている現状は問題ではないのか。

解釈の蓄積による「法的安定性」を重視することをもって、解釈のみによって、自衛権行使の線引きをしていることを正当化している。だが、それはむしろ社会や国家の安定のみならず、「法的安定性」をも損なっていないだろうか。現に、安倍政権に解釈改憲を許してしまったのだから。

しかも、九条をめぐる法解釈があまりに多義的で、専門家にとっても難解であることは、法的安定性の前提である「真の権利関係」をも隠ぺいしている。

法的安定性を解釈改憲によって一内閣でひっくり返されることを目の当たりにした今、九条が守ろうとした核心と限界は何であるかということを議論し、憲法上どこまで自衛権を容認するのか、はっきりと規定すべきだ。

九条は統治の規定だということを見落としてはならない。

日本国憲法は、おおまかに前半部分が権利のカタログ、後半が国会・内閣・裁判所等統治機構の取り扱い説明書である。

抽象度が高いとされる日本国憲法においてでさえ、後半の統治の規定は、多義的な解釈を許さない（例えば、衆議院議員の任期が「四年」という規定は、解釈によって「六年」に変更することはできな

安倍政権下の改憲阻止ではなく、立憲的改憲を安倍政権に飲ませよう。そのためにゴー宣道場や山尾志桜里議員を応援します。**（北海道・門間祐哉）**

い。これを〝規律密度が高い〟ともいう）。

九条の規定は、人権の規定の前にある。それゆえ人権よりさらに抽象的な規範であると思われがちだが、実はそうではない。

第三章「国民の権利及び義務」という人権カタログの前に存在する、第一章「天皇」と、第二章「戦争放棄」は、第二次世界大戦敗戦の記憶として埋め込まれた、一種の統治装置である。

天皇から政治的権能を奪い（一章）、この国の法体系から、軍事に関する規定を〝カテゴリカルに消去〟した（二章）。

本来、国家権力が最も先鋭化するのが、対内的には「国家刑罰権（警察権→刑事裁判権）」であり、対外的には、「自衛権」を含んだ軍事的な規定である。

両者をどのようにコントロールするかは、憲法の最大の関心事である。特に軍事に関する事項は、統治規範たる憲法の最重要項目であるのが普通なのだ。

後者を、日本国憲法は「無」とした。ある意味、非常に明快かつ多義的でない規定だ。

〈日本国憲法　第九条〉

日本国民は、正義と秩序を基調とする国際平和を誠実に希求し、国権の発動たる戦争と、武力による威嚇又は武力の行使は、国際紛争を解決する手段としては、永久にこれを放棄する。

二　前項の目的を達するため、陸海空軍その他の戦力は、これを保持しない。国の交戦権は、これを認めない。

現行憲法九条である。この条文が多様な解釈を許す、抽象的な規範だと言うのは、やはり無理がある。

国民の意思によって国家最大の暴力たる軍事について、その判断基準を明確に規定することで、本当の法的安定性を獲得すべきではないだろうか。

一人で居ても淋しくない人間になれ！　頭山満の名言通り、先人の想いを含めて公の事を考え続けてきたゴー宣道場。常に人の半歩先を行く小林先生を支持します。**（兵庫県・会社員・よし）**

「相手の土俵に乗るな」論の問題点

長谷部教授は、首相の解散権を制約するための憲法改正にも言及しつつ、著書の最後で次のように苦言を呈する。

「ただ、こうした憲法改正に現在の日本の与党が賛成するかというと、その見込みはきわめて小さいと思います。実現可能性のない改正提案をすることには、やはり意味はない。勝ち目があるわけでもないのに、のこのこ改憲の土俵に上がっていくのは、おっちょこちょいがすぎる、ということになるでしょう。」（『憲法の良識』）

二〇一五年、筆者は微力ながら、現行九条下の安保法制に反対し、できる限りの方策を尽くしたが、負けた。

その時、憲法には内閣の横暴を止める力がないと強く感じた。少なくとも安保法制は通さないように、ライオン（権力者）を閉じ込める檻（憲法）の設計（橡大樹著『檻の中のライオン』）が必要だと痛感した。

安保法制が違憲だとしても、これを是正する方法は、究極的には政権交代か憲法改正しかないのである。つまり、政権交代して、安保法制の違憲部分をすべて廃案にする（ための法案を可決させる）か、憲法を改正して、二〇一四年七月一日以前の旧三要件を憲法上明記し（憲法裁判所を設置し権力側の憲法違反を具体的事件とは関係なく抽象的に審査し是正する仕組みも必要）、安保法制に違憲の判決を下すしか、是正する方法はない（もちろん、現行の最高裁判所でも個人の権利侵害として構成すれば違憲審査による違憲判決は可能だが、「統治行為論」による判断回避はもちろん、憲法判断への構造的な消極性からすると、期待できない）。

仮に政権交代した場合を考えてみよう。この場合でも、安保法制を廃案にするか否かは確実ではないし（「公約」に対する政治家の意識の低さを見よ）、廃案にしたところで、権力者次第で復活さ

従来の「護憲」も「改憲」もすべて対米従属につながるニヒリズム。それをぶちやぶる思想が立憲的改憲、ぶちやぶる場がゴー宣道場!　私たちの独立宣言がはじまる!**（福岡県・事務・歴史のうたごえ）**

せることもできる。

しかし、憲法による統制は違う。違憲合憲の判断基準を明確に提示すれば、どの政権も守らざるを得ないルールの設置が可能であり、政権の暴走にも純法理論的に違憲の裁定を下すことができる。

憲法改正による統制（是正）こそ、本来ならもっとも実現可能性が高く、目指すべき方向性といえる。

現在、自民党の支持率が約四〇%前後であるのに対して、野党第一党の立憲民主党の支持率は六%前後と、大差がついている（二〇一八年八月現在）。しかし「支持政党なし」という人々が四〇%以上存在する以上、ここに訴求すれば現状の逆転は可能である。

また改憲も政権交代も、この層へのマーケティングなしには不可能であることも、数字上はほぼ間違いない。

阪神ファンに「巨人っていいよ、巨人ファンにならない？」と説得したら、熱々のきつねうどんを投げつけられる（？）かもしれない。それと同じように、改憲を是と考える人々に、「護憲」の価値を説いても、支持は広がらない。

筆者の肌感覚としては、「個別的自衛権を専守防衛の範囲内で行使する自衛隊は認める」という意見は、国民の間で広くコンセンサスがとれている。

そして、その内容で憲法改正が発議されるなら、賛成する人もきっと同じくらい多いだろう。

話を戻すと、改憲を是とする人に対して護憲を訴えても、マーケティングとしてはまったく効果的ではない。むしろ、より良い改憲提案が存在すること、安倍改憲はお粗末な内容であることを、きちんと発信することで、まだこれからリーチしうる層は間違いなく存在する。

またその層へのリーチなくして、安倍改憲はおそらく止められない。改憲提案を無視していれば、いずれ改憲論議は消える。そう考えるムキがもしおられるとすれば、もはや「おっちょこちょい」

ゴー宣、読ませていただいてます。読書感想文にも『新・堕落論』を題材にして書きました。ゴー宣道場にも行きました。小林先生には感謝と、尊敬の念を抱いています。ありがとうございます。これからも応援します。**（静岡県・中学2年生・一八式武）**

どころか空想主義的な意見だと言うほかない。

改憲派は思慮が浅く不勉強、護憲派は平和を愛し、思慮深い、という両者のイメージがあるかもしれないが、おそらく実態とは違う。

改憲派、護憲派に限らず、国民はみなそれぞれ、相当に思慮深いし、またある意味では相当に思慮深くない。人間なんてそんなものである。

ただ、九条と自衛隊については、実は誰が相手であっても、話せば必ずわかってもらえるはずだ。なぜなら、特に立憲的改憲論の九条案は、現代を生きる日本国民の肌感覚とかなり近いからだ。

また、日本国民はわれわれの提案をきっと理解できると、われわれが信じて条文を作っているから、そう信じているという面もある。

ただ、もし「話せばわかる」という感覚が失われてしまったら、そのときこそ日本の民主主義終焉の日だろう（実際に一度終わったことがあるではないか）。

相手の土俵では勝ち目がない、と長谷部教授は言う。

一方、長谷部教授は、どのような戦い方であれば勝ち目があると思っているのか。

私も学生時代から特に長谷部教授の著書や論文集に接し、法学部生「らしさ」を育まれた人間である。ゆえに長谷部教授には、批判のための批判ではなく、もっときちんとした議論や正当な指摘をお願いしたいのだ。

「今、安倍政権下で改憲論を言うのは間違っている」という意見は、実際に試合をする前に「このグラウンドはマウンドの距離がおかしい」「芝生の長さが違う」「ピッチャーが野球の本質を理解していない」と指摘して、試合をしないのと同じだ。

それはそれで指摘すれば良いが、では、このルールでプレイボールしてしまって、誰も打席に立たないまま、どんどん球が投げ込まれて、このルールの中で負けてしまったときどうするのか。ゲームセット。負けは負け、もう巻き戻せない。

ワインの香りを身にまとい、「笑い」という刃をもって世間に颯爽と切り込む武士（もののふ）、よしりん。昭和から平成、そして次なる時代。いざ! **（佐賀県・まーたい、ばい）**

ルール上の非難はしつつも、打席に立って打ち返すべきだ。野球の本質をわかっていないピッチャーを、猛打によってマウンドから引きずりおろせばよい。そのために、日々トレーニングをしているのが、野球のプロであり、法律のプロではないのか。

「人の支配」は「法の支配」に勝る?

学習院大学の青井未帆教授は、立憲的改憲をはじめとする「新九条論」を批判している。

青井教授の主張の概要は以下である。

「憲法は国家を縛る法であり、実力の統制に深く関わっていますが、憲法だけで統制できるものではありません。統制が実質的に確保されるかどうかは、**政治の力量にかかっています。**新九条論は、憲法の条文に責を負わせることで、この問題を棚上げする役回りを果たしてしまう恐れがあります。」

「新しい九条を作れば政治がそれに従うというものではありません。憲法の条文を新しくしたところで、実力の統制ができるくらいに成熟した政治がなければ、意味がない。そういう政治を作ることが、まず私たちが解決を目指さなければならない問題でしょうか。政治に力量がなく、実力の統制を真剣に考えていないなかで、あるべき九条論を考えるというのは、力のかけどころを間違っているように思われてなりません。」（『「改憲」の論点』集英社新書）

立憲的改憲の、自衛権等について条文で明確に統制すべきとの主張に対して、次のように論じている。

「しかし、問題は形式よりも実質です。憲法に書き込むことよりも、**文民統制の任務を誰がどう負っているか、きちんと責任が政治家に理解されているかが重要です。**」

ゴー宣道場に参加していなければ、憲法は権力を縛るものであり、国民が作り上げていくものという事も解らないままだったかもしれない。道場師範方に感謝するとともに、これからも学び続け思考を深めていきたいです。**（東京都・会社員・かっしー）**

「この問題は、憲法改正によってどうこうできるという事柄ではなく、**国会や文民政治家の意識や姿勢の問題**です。」（『「改憲」の論点』）

などとし、終局的には政治家個人の「意識」や「姿勢」の問題に帰着させている。

これは、どのようなシステムか、ということではなく、「どのような人物が政治家をしているか」という、政治家の内心に焦点をあてる議論だ。

「大事な概念を理解している政治家が政治をしているか」どうかによって政治の帰趨《きすう》を判断するものであるから、どのような人間が統治者になったとしても、それを統制できるという「法の支配」ではなく、まさに、誰（どんな人）によって統治されるかに主眼がおかれた「人の支配」にコミットするものであり、法律家である筆者はまったく与することができない。

また、たとえ、人の支配もあることを認めたとしても、文民統制や責任の本質を理解していない政治家に、これを理解させる術はあるのか。その手段がなければ、同じことが繰り返されるのではないのか。

もし政治家に本質を教える手段があったとしても、それは人間の内心に立ち入るものであり、法の支配の観点から、またはリベラリズムの観点から、およそ受容できない。

そのほかにも、青井氏の議論には突っ込みどころが満載である。

最終的に、青井教授はこう指摘する。

「新しく憲法を自分たちで作ることにエネルギーを投入している間に、足元が崩れてしまったら元も子もありません。新しい憲法よりも、崩れゆく足元に力を傾注すべきです。」

「自国防衛のための自衛隊は必要だけれど、一定の歯止めをかける必要があるというところにとどまるならば、新九条は不要であることを強調したいと思います。今の状態をいったん、

自称保守達の心地よい言葉にはまりこむ所だった私に、自分の頭で考えることを教えてくれたのはゴー宣でした。安倍政権の矛盾は自分で考えるきっかけを嫌というほど与えてくれます。今こそ自分で考え、言葉にする時です。**(京都府・会社員・子連れ狼)**

二〇一四年に戻せばいいのです。」(『「改憲」の論点』集英社新書)

青井氏はいったいどのようにして、「二〇一四年に戻す」というのか。

前述のとおり、立憲的改憲論は、旧三要件の明文化という形で、そのための具体策を提示している。是非、青井教授にも、政治家が心を変える方法や、「いったん、二〇一四年に戻す」方法をご教示願いたい。

長谷部教授に対する応答で指摘したとおり、九条の神通力や念力の世界ではなく、理論で現状を打破すべきだろう。

ミスリーディングを狙う批判者たちは襟を正せ

その他、立憲的改憲について「九条が空文化しているという認識そのものへの疑義に加えて、法の示す方向性が現実化していないということは法を捨てる根拠にならない。「健康で文化的な最低限度の生活」を保障する憲法二五条の文言は、この社会の実態とかけ離れているが、それが同条を改正する理由となるだろうか」などとする批判がある(杉田敦『九条の意義はどこにあるのか』法学教室四五二号)。

これに対しては、紙幅をさくまでもないが、統治機構に関する、しかも明確な禁止規定である九条と、少なくとも人権規定でありその中でも予算の制限等をともなうプログラム規定であると解されている社会権規定を比べること自体がおかしい、と反論できるだろう。

規律密度の高い(とてもわかりやすく統制を求めている)禁止規定の内容を相対化するために、人権規定の中でも最も規律密度の低い規定を比べて議論すること自体が、法学を知らない人々をミスリーディングする意図でなされたものだろう。

憲法条文は法的条項であり、これを守るか守らないかは人の生き死に関わるような、すさまじくシビアな問題であることを、関係者は再度襟を正

日本人はいつからこんなに考えなくなったのだろう？　ゴー宣道場で憲法は庶民の生活全てに関わっていると知った。その憲法を自分で作ると言う手順を経験すれば、日本人も物事を考えるようになるかもしれない。**（神奈川県・エンジニア・リラリラックマ）**

して認識すべきである。

解釈遊びや、詩や、情緒や、おまじないでは許されない問題である。

憲法をもてあそぶ人間は、どのような意図を持ち、どんな政治的立場に立っていようと、法律家として許せない。法律家は、それくらいの「権力」と「責任」を持っているのだ。

そのほかにも、国際法を専門にすると自称する研究者等からの批判があるが、紙幅と労力の関係で、ここでの反論は省略させていただく。もし今後も辛辣な表現を用いて批判を続ける気なら、ぜひ「勇気を出して」筆者に直接言ってきてほしい。

ネット空間やSNSによって、臆病者が名ばかりの「言論」を安全地帯から発信できる社会になっている。同調者同士の陣取りと異物の排除で単純化するネット空間やSNSが言論とはたまげたハリボテ社会である。

「覚悟」があるといっても、ネット上での「炎上」の覚悟がせいぜいという程度。まさに言論バブルが起きているネット空間は、一見責任をもった発言であるかのように見せつつ、その実は無責任な言論で膨れ上がっているが、そこには必ずしも実質が伴っていない。

「必要な自衛の措置」に隠された政権の悪意

今年の三月二二日に自民党憲法改正推進本部長細田博之会長一任という形で、自民党の憲法改正案の素案がまとまった。

この、自民党改憲案の肝は、「自衛隊を書くだけ」と言いながら、そうではない点である。

すなわち、この案では、「必要な自衛の措置」をとることができる自衛隊の保持を認めているが、〝自衛隊に何ができるか〟を書いていない。そのため、自民党案における自衛隊は、憲法上、無制約である。

これを読み解くキーワードは「必要な自衛の措置」という表現である。

この言葉は、戦後リーガルタームとして用いら

陛下に反逆し、女性宮家創設も潰し、皇統断絶の危機に陥らせた安倍政権を許す日本国民の一人として、陛下に対し痛切に申し訳なく思う。今ここから、まず自分から、「回復の民権」に向けた不断の努力を続けていきたい。**（岡山県・農業・鳥越一史）**

れつづけてきた、長い歴史がある。

安保法制の根拠として政府が誤った形で用いたため、一躍有名になった「砂川事件判決」という最高裁判例がある（外圧による正当性の問題は本稿では省略する）。

在日米軍の違憲性が争われた裁判だが、ここに「必要な自衛の措置」という言葉が登場する。どんな文脈だろうか。以下に判決を引用したい。

〈砂川事件判決　一九五九年一二月一六日・最高裁大法廷判決〉

「一、先ず憲法九条二項前段の規定の意義につき判断する。……。…同条は、同条にいわゆる戦争を放棄し、いわゆる戦力の保持を禁止しているのであるが、しかしもちろんこれによりわが国が主権国として持つ固有の自衛権は何ら否定されたものではなく、わが憲法の平和主義は決して無防備、無抵抗を定めたものではないのである。……。**しからば、わが国が、自国の平和と安全を維持しその存立を全うするために必要な自衛のための措置をとりうることは、国家固有の権能の行使として当然のことといわなければならない。**すなわち、われら日本国民は、憲法九条二項により、同条項にいわゆる戦力は保持しないけれども、これによつて生ずるわが国の防衛力の不足は、これを憲法前文にいわゆる平和を愛好する諸国民の公正と信義に信頼することによつて補ない、もつてわれらの安全と生存を保持しようと決意したのである。そしてそれは、必ずしも原判決のいうように、国際連合の機関である安全保障理事会等の執る軍事的安全措置等に限定されたものではなく、わが国の平和と安全を維持するための安全保障であれば、その目的を達するにふさわしい方式又は手段である限り、国際情勢の実情に即応して適当と認められるものを選ぶことができることはもとよりであつて、憲法九条は、わが国がその平和と安全を維持するために他国に安全保障を求

私は二児の母です。大変な思いをして育てた子供達を、政治家の私利私欲のために捧げたくはありません! アメリカ様は日本が攻められたら本当に助けてくれるの? 戦前に戻そうとするおかしな人達がいる今こそ、皆で憲法を考える時。**(東京都・主婦・こいみ)**

めることを、何ら禁ずるものではないのである。」

次に、これまた安保法制のときに一躍有名になった、いわゆる「昭和四七年見解」。二〇一四年七月に安倍政権によって変更されるまで、我が国の自衛権行使の旧三要件を含め、制限された個別的自衛権を導出する柱となった政府見解である。

〈昭和四七年見解〉

「ところで、政府は、従来から一貫して、わが国は国際法上いわゆる集団的自衛権を有しているとしても、国権の発動としてこれを行使することは、憲法の容認する自衛の措置の限界をこえるものであって許されないとの立場にたっているが、これは次のような考え方に基づくものである。

憲法は、第九条において、同条にいわゆる戦争を放棄し、いわゆる戦力の保持を禁止しているが、前文において「全世界の国民が……平和のうちに生存する権利を有する」ことを確認し、また、第一三条において「生命、自由及び幸福追求に対する国民の権利については、……国政の上で、最大の尊重を必要とする」旨を定めていることからも、わが国がみずからの存立を全うし国民が平和のうちに生存することまでも放棄していないことは明らかであって、自国の平和と安全を維持しその存立を全うするために**必要な自衛の措置をとること**を禁じているとはとうてい解されない。

しかしながら、だからといって、平和主義をその基本原則とする憲法が、右にいう自衛のための措置を無制限に認めているとは解されないのであって、それは、あくまで外国の武力攻撃によって国民の生命、自由及び幸福追求の権利が根底からくつがえされるという急迫、不正の事態に対処し、国民のこれらの権利を守るための止むを得ない措置としてはじめて容認される

ゴー宣道場に参加しています。テーマが「憲法」になってから、毎回「立憲的改憲」を分かった気になって帰るけれど、身の回りの人に説明できません（涙）。これから自分の言葉に落とし込めるようにしなきゃ！**（千葉県・パートタイマー・ミセスたかはし）**

ものであるから、その措置は、右の事態を排除するためとられるべき必要最小限度の範囲にとどまるべきものである。そうだとすれば、わが憲法の下で武力行使を行うことが許されるのは、わが国に対する急迫、不正の侵害に対処する場合に限られるのであって、したがって、他国に加えられた武力攻撃を阻止することをその内容とするいわゆる集団的自衛権の行使は、憲法上許されないといわざるを得ない。」

これら二つの見解の共通点は次のとおりである。

①我が国は、憲法九条によって、戦争を放棄し、戦力不保持・交戦権の否認を規定しており、軍事に関する権能はゼロという建前になっている。

②しかし

一）日本国憲法が前文で平和的生存権を規定している

二）日本国憲法一三条が、生命自由幸福追求の権利に対して国政の上で最大限の尊重を要請している

↓我が国がみずからの存立を全うし国民が平和のうちに生存することまでも放棄していない（座して死を待たず！）↓「必要な自衛の措置」はとれる

ここで九条の禁止を解除すべく登場するのが、「必要な自衛の措置」である。

すなわち、九条は軍事に関する権能をゼロに見積もっているが、前文の平和的生存権及び憲法一三条によって、その九条の縛りに穴を開ける。座して死を待たないための措置を可能にするキーワードが、「必要な自衛の措置」なのだ。

ただ、「昭和四七年見解」では、次のように続く。

「だからといって、平和主義をその基本原則と

少しずつ、少しずつ、周囲に立憲的改憲の意味を説いています。立憲的改憲を世に広めていくために尽力します！**（静岡県・団体職員・武澤克哉）**

する憲法が、右にいう自衛のための措置を無制限に認めているとは解されないのであって、それは、あくまで外国の武力攻撃によって国民の生命、自由及び幸福追求の権利が根底からくつがえされるという急迫、不正の事態に対処し、国民のこれらの権利を守るための止むを得ない措置としてはじめて容認されるものであるから、その措置は、右の事態を排除するためとられるべき必要最小限度の範囲にとどまるべきものである。」

九条に穴を開け、「必要な自衛の措置」で無限の地平を広げた後に、「だからといって……自衛の措置を無制限に認めているとは解されない」という留保の元に、いわゆる旧三要件によって、我が国がとりうる必要な自衛の措置を絞り込むのである。

もうおわかりだろうか。安倍改憲提案は、この「必要な自衛の措置」までしか、規定していない。

つまり、九条に穴をあけ、無限の自衛権行使を可能にするリーガルタームまでしか、あえて規定していないのである。

元内閣法制局長官の阪田雅裕氏が、誠実な改憲発議をするならば、新三要件を明記して発議すべきだと主張されていたが、安倍改憲提案において、自衛権行使を絞り込む要件を明記していない。むしろ、政府解釈で認めてきた要件による制限をはずし、無限定の自衛権行使を可能にしている。

安倍総理は、次のように答弁している。

「二項をそのまま残すという私の提案においては、これは二項の制限がかかるということは今までの政府の解釈と同じでございます」（安倍内閣総理大臣、平成三〇年二月五日　衆・予算委）

これは法理論的にはほぼ「嘘」である。

なぜなら、上に見てきた通り、安倍改憲提案は、憲法上、新旧三要件といった自衛権行使への制限

本当の保守とはなんだろうか？ 本当の民主主義とはなんだろうか？ 国民自身も国の将来を考えていかなければなりません。そのために考えていく方法を知っておくことが大切だと思います。**（熊本県・学生）**

は、一切かけておらず、時の政権の判断や法律レベルに丸投げしている。おそらくは意図的に制約を外したにもかかわらず、九条二項の制限がかかると答弁する。これを悪意ある嘘と呼ばずしてなんと呼ぼう。安倍総理は、ここまで論じてきたことを正々堂々と正直に掲げて国民投票にかけるべきである。

日本人に立憲主義はなじまない？

最近、シンポジウムや、街場の憲法カフェ的な意見交換でよく耳にするのが「国民性」というワードである。これは、いわゆる「リベラル」からも「保守」からも聞かれる。

「リベラル」は、諸外国ではリベラルな価値を標ぼうする陣営からも憲法改正が議論されていることを認めつつ、日本人の「国民性」ではそのような議論はできないとしてブロックする。

一方、「保守」からは、西洋式の契約文化に基づいた権力統制は日本人の「国民性」にあわない、といった主張が聞かれる。

両者に共通するのは、「国民性」というマジックワードを使うことで、〝意図的に〟思考停止しているということである。両陣営にとっての侵されたくない最後の一線を守るために、ご都合主義的に使っているのである。しかし、これらの言説の内実を翻訳すると「日本人という国民性に立憲主義はなじまない」ということである。本当にそれでいいのか。

たしかに、昨今の日本の憲政の現状は、憂うべき状況である。権力者の嘘や不都合な事実の隠ぺいは当たり前。その嘘に基づいた忖度をいかにできるかが、官僚が出世するかどうかの基準であり、少数者の人権を露悪的に踏みにじる発言もネット言論では支持を集める。

このような人権後進社会においては、多様な個人の自由や人権を尊重するという、ごくあたりまえのことさえ難しいかもしれない。

とはいえ、「国民性」の壁に屈していても問題

自分の足で立ちたいと思った。国民がそう思ったのであれば、それ以上の理由が必要だろうか。**（東京都・会社役員・P）**

は解決しない。何らかのブレイクスルーが必要である。

既述のマーケティング戦略とも関係するが、新しい風を吹き込まなければならない。

既存のステージで既得権益を享受する人々は、立憲的改憲にはきっと抵抗するだろう。それは保守でもリベラルでも同様である。

冒頭に引用した宮沢賢治の詩のフレーズのすこし前にこんな一節がある。

諸君はこの颯爽たる
諸君の未来圏から吹いて来る
透明な清潔な風を感じないのか

立憲的改憲に向けられた批判にたいして、応答することが本稿の目的だった。

だが、本当はそうした叩き合いの議論はやめたいのである。

どちらが正しいかという、非生産的で内向きな闘いや、無意味な「シャドーボクシング」的批難はやめにして、ワクワクするような未来を描くための憲法論を語り合うプラットフォームを作らねばならない。

今こそ全く違う他者の意見を「未来圏から吹いて来る透明な清潔な風」と言えるような、懐の深さを持ちたい。

この狭矮《きょうわい》な社会にあって、自分と自分が接するもの以外を排除する姿勢をとり続けることは、社会のパイ自体を縮小させることを、そろそろ自覚すべきである。

誰が誰より正しいとかそんなことを言っている暇は、ないのである。

第V部

〈憲法〉を取り戻す

日本が「欺瞞」から目覚める日

井上達夫
伊勢﨑賢治
〈進行・構成〉名古屋剛（毎日新聞出版）

「交戦権」は国際法で認められていない

――山尾議員の「立憲的改憲」九条案の中で、「交戦権」という言葉を使っている「九条の二の二項」という条文があります（第Ⅴ部二六三頁）。この「交戦権」という概念が難解です。

井上達夫　交戦権という言葉は、国益追求手段として交戦する権利という意味では国際法上もう使っていないんです。憲法九条二項で、「国の交戦権は、これを認めない」と書いてありますが、政府の公式英訳（もともとマッカーサー草案の用語）では「rights of belligerency」となっています。「belligerency」とは「交戦状態」という意味の名詞です。直訳すると、「交戦権」というより「交戦状態の権利」。だから普通はいわゆる「交戦法規」のことを連想します。

「交戦法規」というのは「ユース・イン・ベロー（*jus in bello*）」と呼ばれ、戦争状態になったときに、戦争の手段として何が許されないかを定めたもの。一方、合法的に開戦するための規定のことを、「開戦法規」または「ユース・アド・ベルム（*jus ad bellum*）」と呼びます。国連憲章二条四項において武力行使が一般的に違法化されている以上、「開戦していい理由」とは、国連憲章四二条により安全保障理事会が決定した軍事行動への参加と、五一条で定める、自衛権の行使だけです。この開戦法規と交戦法規がよく混同されています。

かつては国益追求のために必要なら、戦争原因の正、不正を問わず、国家は戦争をすることができた。これが無差別戦争観という考え方。今、この意味での交戦権は、九条二項で否定するまでもなく、パリ不戦条約以来ずっと否定されている。では九条二項における「交戦権の否定」とはどういう意味か。

無差別交戦権は国際法において否定されているから、九条二項が意味を持つのは、無差別交戦権以外の交戦権と考えるしかない。つまり、自衛という正当な戦争原因がある場合、国際人道法上の交戦法規にしたがって戦争を遂行する権利を、九条二項は否定した。

要するに素直に読めば、九条二項が放棄した戦争とは、自衛のための戦争としか考えられないんです。

――国の自衛権は日本国憲法よりも前に、国際的に認められた国の権利だ。だから護憲派は国際的な常識から外れていると、こういう物言いをよく耳にします。

井上 それは変な話なんです。国際法上認められた権利でも、わが国はあえて限定しますと言っても問題はない。国際法に反してはいないから。でも、逆に国際法上禁じられたことを、日本だけ憲法で許可するということはできない。

――現行九条でも、従来の政府見解によれば日本は相手国兵力の破壊や殺傷、臨検・拿捕までできることになっているという趣旨のことを山尾議員が指摘しています。これは開戦法規ではなく、交戦法規のことですよね。

井上 戦争遂行手段の問題だから交戦法規ですね。

――交戦権という言葉を使うこと自体が誤解を招きやすいということですか。

伊勢﨑 誤解を招くというか、国際法上すでにないものを放棄する「恍惚感」が、戦争の実態についての日本人の理解を妨げていると思います。

九条二項がこのままである以上、国際法上の死語である交戦権という言葉に、われわれはずっと縛られ続けます。山尾議員の条文案においても、「交戦権」という言葉を使う限り、この問題がついて回ります。

軍事占領下の立憲作業は焦って行われるものです。だから現憲法には国際法の観点から改善すべき点がいくつもあります。戦後初めての憲法改正なんだから、ここでキチッと国際法と整合させるべきです。交戦権という概念を日本社会、日本の思想体系から完全に削除することです。九条二項改定は、あらゆる改憲案にとっての前提にしなければなりません。

加えて日本人はもう一度、日本国憲法の英語原文を読むべきです。そして「war potential」という言葉の意味を考えるべきです。

井上　そう。英語原文では「land, sea, and air forces, as well as other war potential」となっている。戦争に使える全ての潜在的な力（war potential）を放棄するというのが、九条二項の意図。

——解釈の余地がないですね。

伊勢崎　英文和訳問題なら「potential」を訳し損ねたら大減点ですよね。しかも今、この改憲論議の大前提として、国際社会は日本の憲法を、この英語原文で理解するわけです。

井上　安倍改憲案は、ただ自衛隊としか言ってない。交戦権については一切触れていない。

それに対して、山尾議員の案では、「九条の二の二項」で交戦権の一部にあたる措置を取ることができると書いている（第V部二六三頁）。現在の九条二項では交戦権は認めないが、この追加条項において、一部の交戦権はOKだとしている。

戦力についても、「九条の二の三項」で「必要最小限度の戦力を保持することができる」と書いてある。だから山尾案は実質的に九条二項の明文改正案なんですよ。

ところが、現在の文案、つまり九条二項自体は変えずに、追加条項をつくるという方法だと、安倍改憲案と大して違わないという誤解を与えかねない。実際、そう誤解されて批判されている。

これは山尾さんに期待するがゆえの苦言ですが、九条二項を実質的に改正しているのに、なぜその文言だけ残す書き方をするのか。九条二項の明文改正であることを文面上も明示すると、護憲派の反発がさらに強くなるから、条文の書き方で対応したのでしょうが、それは国民を欺くことでもある。こんな姑息な書き方は自滅的です。立憲的改憲論の支持者まで失望させて支持を失いますよ。あくまで私の意見ですが。

本当はかなり危ない「一三条代用論」

伊勢﨑　九条二項は、交戦権という死語を含み、法理的には欠陥条項であるのに、その法理を追及するべき憲法学者たちを、逆に九条二項のタブー化にかきたてる理由は何なのでしょうか。

――広い意味で護憲派的な憲法観を持つ人はまだまだ根強くいらっしゃると思います。平和的生存権を定める日本国憲法一三条がある以上、九条二項は自衛のための戦力を否定していない、と主張する木村草太さんの本も、広く読まれていますし……。

伊勢﨑　平和的生存権、つまり個人に帰属すべき人権を、国家に帰属する自衛権の根拠にするということですか？　その主張はすごくやばい。自衛の名の下に、国家による人権侵害が行われている。国連創設以来、国家の安全保障より人間の安全保障を、と努力を重ねてきた世界の流れにも逆行した考えです。

井上　これ、メチャクチャな議論なんですよ。木村草太の「一三条代用論」が、いかにひどい議論か、あちこちで言ったけど、もう一度説明します。

専守防衛、個別的自衛権の枠内でも、原理主義的護憲派は、自衛隊は違憲だと言っていた。ただし違憲だけど、この枠内なら、政治的には容認してきたわけ。一方、長谷部恭男のような修正主義的護憲派は、専守防衛、個別的自衛権の枠内なら、自衛隊は合憲だと認めた。ただそれは、自衛隊は戦力ではない実力組織だから、という解釈が前提です。

ところが木村草太は、憲法一三条が、九条二項による戦力の保有・行使の禁止を専守防衛、個別的自衛権の枠内で例外的に解除しているという。これだと、この枠内なら、「戦力」の保有・行使さえも合憲だということになる。これが木村の「一三条代用論」です。

これは、従来の護憲派が固守した二つの封印を切ってしまう議論です。第一に、自衛隊は違憲だという原理主義的護憲派の封印を切った。第二に、戦力としての自衛隊を専守防衛なら合憲だとして、自衛隊が戦力でないとする修正主義的護憲派の封印も切った。

もう少し詳しく言うと、一三条代用論は自衛隊とその防衛出動は九条二項が禁じる戦力の保有・行使にあたるという解釈を前提にしている。九条二項の解釈で自衛隊を合憲化できないからこそ、一三条を持ち出したわけです。

しかし、個人の生命、自由、幸福追求権を保障する憲法一三条は、戦力について一切触れていません。戦力という、国家暴力の一番危険な装置に対する九条二項の明示的な禁止を、戦力について一切触れていない他の条項の勝手な解釈によって解除するなんて、これは違憲の国家暴力を解禁するクーデターに等しい、ひどい詭弁です。

木村は刑法三五条が、「法令または正当な業務による行為は罰しない」として刑罰規定の適用を例外的に解除していることと類比していますが、これも倒錯した議論。刑法三五条は刑罰という国家暴力行使に対する制約を明示的な規定によってさらに強化している。逆に、一三条代用論は刑罰権力より強大な国家暴力である戦力に対する九条二項の明示的禁止を、明示的な適用除外規定によらずに解釈によって勝手に解除している。

——解釈改憲という意味では安倍さんと同じですね。

井上　本当なら護憲派こそ木村草太に怒らなきゃいけないのに、逆に彼を護憲派のニューフェイスとして持ち上げている。ただ、さすがにまずいと気付いたのか、伊藤真は一三条代用論に反対しはじめた。そのせいかどうか、木村草太も最近、自衛隊は戦力ではないという政府解釈も「かなりの説得力がある」などと言い始めている。でも、自衛隊が戦力でなければ、九条二項の適用除外規定として一三条を持ち出す論理が破綻します。修正主義的護憲派の立場に戻りたいなら、一三条代用論は間違っていましたと、はっきり認めなさいと言いたいですね。

伊勢﨑　国際法のリテラシーに欠ける日本人が陥りやすい「魔のトリック」です。

平和的生存権。つまり人権は絶対に大切だから、それを保障するのは国家の責任だから、国家の自衛権は正当化できる。このロジックを護憲派憲法学者が、九条で否定されているものを一三条で復活させるために使うのはおおいに疑問です。

海外にいる同国人を助けるため、もしくは国内で外国人が犯した殺人を根拠に、自衛戦争を仕掛けられてしまうからです。だから国際法は、このロジックを取り締まるために、歴史的な努力を重ね、開戦法規に結晶させてきたのです。

自衛権とは、大手を振って主張できる「権利」ではなく、その行使の最中にも国際法を守らねばならない「義務」だという感覚が、憲法学者にも欠落しています。大手を振って主張しなければならない人権と、自衛権を同列にあつかい、武力行使の根拠にまでしている。

木村さんは、人権を国家の自衛権の根拠にしている。これは、戦後、人権という概念を発展させてきた先人たちの努力に唾を吐く暴挙です。でも、これを地で行く国が一つだけあります。イスラエルです。

今、ガザで、イスラエル国民の平和的生存権のため、「自衛」を根拠に、圧倒的に非力な「敵国」パレスチナの民衆、それも女性、子供の殺害が正当化されています。

そもそもパレスチナはイスラエルにとって「敵国」ですらありません。だって国として認めていないのですから。それでも「自衛権」の行使としてならば、パレスチナ人への「殺人行為」を、ある程度の第二次（巻き添え）被害が許容される「交戦」の世界へ引きずり込める。

——人権を盾にとって、国際法にバックドアを設けようとしていると。

伊勢﨑　「憲法一三条の生存権によって、九条二項の交戦権放棄は無効になる」という言説は、九条の自衛権の根拠は、唯一、個人に帰属する人権だということです。これ、英語で学術発信したら大変なことになりますよ。自衛権という国家の暴力から、いかに人権を守るかで、国際法は死に物狂いの葛藤を重ねているのに。

なぜ、こんなメチャクチャなロジックをつくってまで、九条二項という条文を守らなければならないのか。僕には全く分かりません。

九条に限れば憲法学者は政治的な徒党に過ぎない

——木村さんは日米安保について「明確に合憲」と書かれています。その理由に挙げているのが、砂川事件の最高裁判決です。普通は「統治行為論」の代表例として、あるいはアメリカの内政干渉の一例として扱われる判決です。それを木村さんが評価していることに違和感があります。

井上　護憲派の根底には、実はアメリカ信仰があると私は思っています。

護憲派がなぜ自衛隊を日陰者扱いにできるのか。有事にはアメリカが守ってくれると信じているからです。そういう護憲派の心情が暴露されたのが、砂川事件の最高裁判決を支持した朝日新聞の社説でした（第Ⅱ部一〇七頁参照）。木村草太のスタンスもこれと同じですよ。

一方、同じ護憲派の青井未帆（学習院大大学院教授）は、今年出た共著（青井未帆ほか著『憲法改正をよく考える』日本評論社)で、現行九条の下でさまざまな安全保障制度が成立してきたが、憲法で自衛隊を明記したらそのすべてを変えなければならない、そんな包括的な議論・作業が今できるのか疑問だから、自衛隊明記改憲に今反対だと言っている。さらに、政府はどうせ特定秘密保護法を盾に情報を出さないから、国会には自衛隊を統制できないとも言っている。

これには呆れました。自民党の参考人として、「緊要性」が認められると言って、特定秘密保護法に賛成したのは、護憲派の「隊長」扱いされている長谷部恭男です。だったら青井未帆はまず長谷部を内なる敵として厳しく断罪すべきです。さらに問題なのは、憲法と乖離した安全保障法体系の存在に対する、他人事的・評論家的態度です。彼女は次のように書いています。

「戦後の安保政策について観察するなら、日本国憲法を頂点とする法体系の「外」において政策の方向が決められ、それが内閣の引き受けるところとなり、国会が法的お墨付きを与えるということが、長年にわたって行われてきたところである。そこには、機能の面において、明治憲法にとっての外部であった「統帥権の独立」の占めた位置と類似するところがないだろうか」(『憲法改正をよく考える』日本評論社、七五頁)

この認識は完全に正しい。しかし、憲法の「外」で安全保障法体制が長年構築されてきたことに対しては、自民党政権だけでなく、自衛隊・安保は違憲だけれど専守防衛・個別的自衛権の枠内なら政治的にOKだから、このまま違憲状態を凍結しろと主張してきた原理主義的護憲派や、合憲とさえしている修正主義的護憲派にも、巨大な責任があります。

護憲派は歴代保守政権と自分たちの共犯関係を反省し、自己批判しなければならないのに、青井にはその自覚が見えない。というか、自覚しているけど、とぼけているようにさえ感じる。

安全保障法体制を憲法の「中」に引き戻すためには、護憲派も自衛隊・安保を専守防衛の枠内で容認・是認しているのだから、その枠内で戦力の保有・行使を承認する憲法九条二項の明文改正をする、つまり立憲的改憲案を実現するのが先決でしょう。それなしに安全保障法体制のまともな再構築はできません。しかし、護憲派は安倍改憲案に反対するだけでなく、護憲派が本来支持すべき立憲的改憲論もつぶそうと躍起になっている。

憲法九条と安全保障法体制との乖離の是正を妨げながら、その乖離を評論家的に批判するのは偽善です。しかも、憲法の「外」の安全保障法体系をそう簡単に変えられないと言うのは、偽善の開き直りですよ。

さらに呆れたのはその次の言明です。

「安保政策について、現実に、どこまで日本政府の決められることであり、本当の意味で変えられることなのか。有事の自衛隊の指揮権の所在も含めて、日本が自由になし得る話は少ないというべきではないのか。日米安保条約体制や日米地位協定の改定論を括弧にくくったまま、真に実効的な改憲論議ができるのか疑問である」(『憲法改正をよく考える』日本評論社、七五頁)

これもまた、実に偽善的な議論です。改憲したところで、日米安保体制はどうせ変えられないでしょうとすました顔で言うが、変える気がないのは君たちでしょう、と言いたい。日米安保条約の更新を日本は拒否できる。でも、更新拒否を求める運動を護憲派はしません。護憲派の本音としては、日米安保を変えてほしくない。今の対米従属構造を自ら変える気はないくせに、全部自民党のせいにしてすましている。

伊勢崎　青井さんは、長谷部さんたちと共に、安倍政権の安保政策に真正面から対抗するため「国民安保法制懇」(http://kokumin-anpo.com)を立ち上げて以来の戦友です。素顔はホント、知性に溢れたいい人なんです。

井上　いい人まで偽善化させる護憲派カルトのゆがみが問題です。石川健治もBSフジの『プライムニュース』で私と議論したとき、はっきり言いましたよ。「日本が攻撃されなかったのは九条のおかげじゃありません。日米安保のおかげです」って。彼、護憲派ですよ。

伊勢﨑　一度、番組でご一緒しましたが、木村草太さんも、とても誠実な方です。

僕は交渉のために人間分析をしてきた実務家ですから、このような誠実な知性の持ち主たちが、無理筋の議論に固執するのは、その知性とは別の何かに理由があるのでは、と思ってしまうのです。日本の憲法学には、一度成立した学説をみんなで固守する慣習でもあるのでしょうか。

井上　彼らはこと九条問題に関しては、本当の学者として語っているんじゃないんですよ。

九条以外の問題、例えば人権規定の解釈なんかでは、憲法学者の研究から私もずいぶん勉強させてもらった。しかしこと九条に関しては、憲法学者は学者じゃない。政治的な徒党です。とにかく九条は変えさせないという結論にだけ固執し、そのためなら論理的整合性も知的誠実性もかなぐり捨てて平気、その一点で野合した連中なんだ。

日本の憲法学者がまともだったら、私は彼らに議論を任せます。ただ残念ながら護憲派憲法学者はまともじゃない。彼らを批判しながら集団的自衛権も解釈でOKという右の憲法学者も同じ穴のムジナですが。

これまでの九条論は国際的な批判に耐えない

――国内に限れば、イデオロギー論争にもさして実害はないのかも知れませんが、日ジブチ地位協定のような差し迫った外交問題も生まれています。具体的な安全保障の議論を護憲派は九条論にすりかえ、邪魔をしてきました。

井上　でも、オスプレイが横田基地に配備されて、東京上空を頻繁に飛行するようになるから、護憲派にとっても他人事ではなくなりますね。もちろん事故なんて起こってほしくはないですよ。だが仮定の話として、国内のマジョリティーは今まで知らんぷりだったけれども、東京でオスプレイがもし墜落すれば、真剣に考えはじめますよ。

実際すでに関心が高まっています。最近、テレビ朝日の「モーニングショー」で、この問題を取り上げていましたから。沖縄国際大学での軍用ヘリ墜落事故で、日本の警察は手を出せなかった。その後日本の捜査権を尊重するよう申し入れを行い、日米で確認したにもかかわらず、沖縄のオスプレイ墜落事故では海上保安庁の調査が拒否されたとか、詳しい報道がされていました。

オスプレイが国会議事堂や首相官邸のそばに落ちた場合でも、米軍が現場を押さえてしまい、日本の警察は一切手を出せない。そういう状況を本土住民がリアルに自覚すれば、誰もが疑問に思うでしょう。すると日米地位協定と、日米合同委員会の合意議事録に注目が集まる。なぜ、このように属国的な協定を押し付けられているのか、対等化しないのはおかしいじゃないかという世論が形成される。

——九条改正が東アジアの周辺国に与えるインパクトも考慮すべきとか、そういった主張も今後増えるのではないでしょうか。

井上　そういう主張は増えるかもしれませんが、日本を見るアジアの視線は逆だと思う。

自衛隊は世界有数の武装組織です。日本に戦力がないと本気で信じているアジアの国なんて、ありません。日米安保によって、日本全国に、特に沖縄に、米軍基地が置かれている。この事実を知らないアジアの国もありません。

九条二項があるから日本は信頼されている、というのは嘘だと私は言っています。むしろ日本は憲法を守らない国だという不信感を、アジアに蔓延させている。

さらに、九条があるからこそ、日本はアメリカの軍事的属国になっていますが、アジアが危険視するのは自衛隊の存在自体より、米国に対する日本の軍事的属国化です。

日本はアメリカの言いなりに軍事力を行使するかもしれない。ただでさえ、日本という戦略的に重要な地域の基地を、アメリカは自由に使って戦争を続けている。

そもそも北方領土問題をなぜ解決できないのか。ロシアから見た主因の一つは、全土基地方式のため、日本に北方領土を返還すると、米軍基地を置かれてしまうからです。


伊勢﨑　改憲が世界に与えるインパクトを憂慮する割には、日本の憲法が世界からどう見えるかを全く考えていない。世界は憲法の英語原文で理解しているのに、日本語でしかものを見ていない印象があります。

安倍首相が自衛隊明記の加憲案を表明した後、僕は日本外国特派員協会に呼ばれました。二項では「potential」を含めて「forces」を持たないと言っているのに、追加項で「自衛隊（self-defense forces）」を明記って、何が何だか訳がわからないと言っていました。すでに述べたように、国際法の開戦法規では、「自衛（self-defense）」以外に「forces」を使っちゃいけないので、自衛隊って普通に国防軍なんですよ、英語すなわち国際法の世界では。だから外国人特派員にとっては、何これ？　なんですよね。

山尾さんの条文案も、英語原文をベースに立ち返って、英語で論旨を組み立て直すことを、ぜひ、お勧めしたい。


――護憲派は、九条の価値は世界中で評価されていると言いますが、現実はまったく違うんですね。

伊勢﨑　もし日本国憲法の内容とその解釈が周知されたら、ジブチにも野党はありますから、国民は怒り心頭でしょう。俺たちの国にいるアレは何なんだ？　と。「外交詐欺」を日本自ら世界に暴露、宣伝するようなものです。

当事者でもないのに自動的に交戦国になる日本

――山尾議員の条文案は日本の安全保障にとって有益なのでしょうか。例えば北朝鮮のミサイルという具体的な危機に対抗し得るのでしょうか。

伊勢﨑　立場が保守であろうとリベラルであろうと、欠陥条項である九条二項を正常化することは、全ての憲法論議の前提としなければなりません。そのうえで、それをどう変えるかは、将来の安全保障をどう考えるかが、争点にならなければなりません。

大国のアメリカにとっての典型的な緩衝国家である日本、それも「敵国」に向けて海岸線にこれだけズラーッと原発を並べた島国の国防に、アメリカの言いなりに通常戦力を積み上げるだけの抑止論がどれだけ有効でしょうか？　僕の国防論はこれがベースになります。原子力施設への攻撃は交戦法規、つまり国際人道法違反となりますが、北朝鮮でさえ、これを遵守するという「良識」に頼らなければ、日本という国の国防論は成り立たない、という現状があります。

この世界で無類の国防の脆弱性を鑑み、「何をされようと敵地攻撃はしない」。その代わり「領域内では国民一丸となり、あらゆる手段を使って徹底的に戦う」。これを世界に向けて発信し続けることを侵略に対する抑止力とする以外に方法はない、と考えています。

井上　先制攻撃の問題もあります。相手が実行に着手する前に行うのが本来の先制攻撃だけど、従来の政府見解で可能とされているのは、ミサイルに燃料を注入した段階での攻撃。この段階では、相手はすでに実行に着手しているから、先制攻撃と呼ぶべきではない。

先制攻撃の概念はいくらでも広げられる。英語では「プリエンプティブ・アタック（preemptive attack）」で、原意はまさに「先取り攻撃」。ちなみにその一番ひどい例は、イラク戦争。大量破壊兵器保有の疑いだけで、先制攻撃を行った。だから先制攻撃概念は安易に使うべきじゃない。

伊勢崎　現代の開戦法規、国連憲章第五一条が国家に許すのは自衛だけです。そして、自衛とは、まず攻撃を受けることで正当化されます。でも、交戦法規で禁止されるべき核兵器、大量破壊兵器の出現によって、交戦法規と開戦法規の衝突が始まった。国際法は大きな過渡期にあることは事実です。

しかし、先制攻撃は、建前として、やってはいけない行為なのです。わが国は先制攻撃をしますと公言する国は、単に、無法国家なのです。

井上　山尾案の第一項では「わが国に対する急迫不正の侵害が発生し」とある（第Ⅴ部二六三頁）。「発生し」だから、発生する前じゃない。この条文案では先制攻撃は許容していない。ただ、ミサイル燃料注入段階での攻撃は、先制攻撃ではないが、敵地攻撃ではある。ミサイルの完全迎撃は技術的に無理だから、攻撃国への敵地攻撃なしに自衛は不可能です。敵地攻撃は米国がやってくれるから大丈夫なんて根拠なき楽観は、再検討の必要があると思います。

伊勢崎　敵地攻撃で、もし誤爆して、住宅地を破壊してしまったらどうするのか。そういう国際人道法の違反、つまり自らが戦争犯罪を犯すことを想定して法整備するのが法治国家の自衛権の行使なのですが、日本にはこのマインドセットが欠落している。

国際人道法が定める全ての違反行為を誰よりも自らに厳罰化することこそ、平和憲法の「精神」だと思いますが、そういう違反行為が発生する交戦を、九条によって日本は想定していない。日本が戦力、交戦の主体になれない原因である九条二項を残す限り、それはできません。その意味で現状の山尾案は、その「精神」の投影にはなっていません。

――北朝鮮の場合は休戦中ですよね。先制攻撃してしまったら、休戦破りの誹りを受けるリスクもある。

伊勢崎　はい。一九五三年、北朝鮮のさらなる南下を防ぐために、アメリカが英国やフランスとともに「国連軍」として休戦したまま現在に至ります。

在韓米軍は、基本、国連軍のはずなのです。ただ、その後、安保理決議がありませんから、言わば「国連が匙を投げた国連軍」といったものです。でも、国際法的に、在韓米軍の攻撃を正当化しうる事態は、あくまで北朝鮮が南下した場合です。

逆に言うと北朝鮮が南下していないときに、ミサイルや核開発を理由にアメリカが攻撃する場合、つまり、アメリカの個別的自衛権を理由にしては、国連軍としての在韓米軍は使えないはずなんです。

井上　北朝鮮が軍隊を動かさずに南北境界線手前から大砲を撃ってきた場合は、韓国が自主防衛するしかないってことですか？

伊勢﨑　その場合は、北朝鮮が休戦を破ったということで、開戦ということになるでしょう。でも、過去、二〇一〇年におきた延坪島砲撃事件のように、局地的な衝突をエスカレートさせてしまうと、軍事境界線から五〇キロしか離れていないソウルが火の海になるので、それが開戦を抑止している。こういう時に、韓国のメディアが日本と比べてずっと冷静なのは、そのためです。

——アメリカが北朝鮮を攻撃するという論調が一時ありましたが、どのような名目であれば可能だったのでしょうか。

伊勢﨑　個別的自衛権を根拠にするしかないですね。

——要はアメリカ本土に届くミサイル実験が、アメリカの安全を侵害したから攻撃する、ということ。

伊勢﨑　国際法上、在韓米軍は使えないはずです。国連軍なんだから。

するると近場で使えるのは、空母か、在日米軍です。米朝開戦したら、物理的にも日本は「自動交戦国」になっていたはずです。

——しかも、北朝鮮の占領統治は、アメリカの友好国すべての力を結集しても無理だという結論だったんですよね。米朝が全面的に開戦する確率は実はかなり低かった。

伊勢崎　昨年、僕が招待されたアメリカ陸軍主催の太平洋陸軍参謀総長会議では、その本音が共有されていました。

井上　現状で当面凍結されるでしょうね。日本は北のミサイルと核の射程範囲内に置かれるが、ワシントンに届く核ミサイルはアメリカがつくらせない。

伊勢崎　東京にオスプレイが配備され、何か事件でも起これば、日本人のマインドセットは一変するでしょう。「自由出撃」を許す日米地位協定と朝鮮国連軍地位協定の本性に今更ながら気づくはずです。

井上　でも、在日米軍も朝鮮国連軍の中に入るわけでしょ？

伊勢崎　そうです。

井上　そのとき朝鮮国連軍地位協定が根拠である以上、第二次朝鮮戦争が勃発したら、日本もその当事国になるということですか？

伊勢崎　日本は休戦の当事国ではないんです。ここが面白い。「国連軍」として開戦するためには、アメリカはイギリスやフランス、韓国など、ほかの休戦当事国の同意を得る必要があります。それぞれは主権国家なのですから、自動的にイエスにはなりません。ここに日本は入っていないのです。でも、開戦すれば、自動的に交戦国になる。

井上　在日米軍を使っていいのは、日米地位協定に基づくもの？

伊勢崎　日米地位協定ではなく、朝鮮国連軍地位協定によるものです。

井上　日本の占領時代に出来た協定だから、日本は当事国になれなかったのに、協定の軍事的コストをいまだに負わされるのは、占領が続いているのと同じじゃないですか。

伊勢崎　戦争の当事者じゃないのに交戦国になるおバカな国は、地球上どこを探しても見当たりません。日米地位協定を「正常化」し、アメリカと法的に対等な主権が確立すれば、こんなおバカな朝鮮国連軍地位協定は自動的に無効になります。でも、この「対等性」を構造的に受け入れないのが、護憲派です。

左右に共通する「アメリカ信仰」という甘え

――護憲派は反米を装いながら、在日米軍と日米安保を肯定しているわけですよね。

伊勢﨑　そうじゃないと九条の平和に意味がなくなるからでしょう。ただ、そうこうしている間に、冷戦が終わり、アメリカが海外に置いている基地の正統性が根本的に問われるようになった。この激変の中で地位協定を「安定」させるために、アメリカ自らが、受け入れ国との法的な対等性、つまり互恵性へ方向転換せざるを得なくなった。

ここを突けば、地位協定の改定は、実は簡単なことなのですが、そうなると護憲派が困るのです。日本の「軍事」を、アメリカ軍のカウンターパートとして、認めなければならなくなるから。

井上　さっき紹介したように、青井未帆が、九条単体で議論するのではなく、法制度全体をどう変えるか議論すべきだと言っていた。その青写真を示さず、自衛隊だけ書き込もうというのは無責任だと。この主張自体はある意味当たっている。その通りですよ。

だから、それをやろうっていうのが立憲的改憲なんだけど、護憲派は、立憲的改憲だって状況を変えられないでしょと言う。なぜ変えられないか、もちろん護憲派によって議論が封印されてきたからですよ。

実質的な安全保障のために、どういう法制度が必要かとか、運用実態はどうしなきゃいけないかっていう議論がタブー化されてきたのは、九条と護憲派のせいです。

――変える必要がどこにあるんですか、というロジック。

伊勢﨑　現在日本が外交詐欺をはたらいているジブチの問題に、護憲派はなぜ危機感を感じないのか。ジブチを陥れて、なぜ護憲派が平気なのか。旧民主党政権時は、これを「護憲的」に変える最高の機会だったのに、なぜ黙認したのか。僕には理解できません。

井上　憲法を変える必要はないなんて、違憲状態を放置していながら、それで本当に護憲と言えるのか。本当は憲法なんかどうでも良いのではないのか。

山尾議員が、法律は守らなきゃいけないが、憲法は守らなくても良いという庶民感覚の言葉を紹介していましたが、護憲派もその感覚を持っているよね。

一応、知識人だと謳っているこの人たちが、自分たちの政治的目的の手段になるなら、違憲状態の凍結や、解釈改憲を隠ぺいする欺瞞さえもいいと言う、この感性が信じられない。

日本において、「不都合な真実」を暴く「知識人」という概念はもはや崩壊している。でなければここまで開き直れないでしょう。

――右の勢力は本来フルスペックの軍隊を憲法に書きたい。ならば、安倍さんの改憲案は受け入れられないはずではないでしょうか。

井上　最近、静岡の青年会議所の講演会で、その話をしてきました。聴衆は安倍政権支持者が多い。中には日本会議関係者もいました。まともな保守なら、立場が違っても私は敬意を払う。けれど、安倍改憲案の支持者は保守の恥さらしだ、と論じました。

九条二項削除の石破案ならまだ分かる。でも安倍改憲案は、九条二項を温存したまま自衛隊を明記するだけ。これは自衛隊は戦力じゃないという嘘を憲法で公言することになる。

そうすると、伊勢﨑さんが指摘しているような、軍隊なら当然あるべき法的統制の空白ゆえに、自衛隊員は武器を持っても、使うことができないとか、そういう問題がまったく解決しないわけ。国際的にも、日本の国防上も、こんな憲法改正は害でしかありません。

北朝鮮情勢も予断を許さない中、日本の国益を本当に守りたいなら、安倍改憲案はけしからんと叱るのが、右派の本来あるべき姿でしょう。ところが日本会議も安倍改憲をヨイショしてばかり。

櫻井よしこ、西修、百地章。この三人と私は議論をしたけれど、みんな本当は二〇一二年の自民党改正案、つまり自衛隊を国防軍と認めた上で、一定の戦力統制は設けるのが筋だと言っている。しかし現実を考えると、安倍さんが妥協するのは仕方がないとも言うわけ。つまりお試し的に改憲して、将来本格改憲しようと考えている、と。

九条以外の条文でお試し改憲するならまだ分かるが、九条そのものをお試し改憲するのはナンセンスの極みですよ。憲法改正には膨大な政治的エネルギーが要りますから、毎年やるわけにはいかない。少なくとも一〇年、二〇年の間は変えられない。むしろ、これで解決済みだと強弁されて、戦力未満の自衛隊という嘘を固定化されてしまうかもしれない。安倍やその後継が右派の期待を裏切らない保証なんて、まったくないですからね。

国際情勢がどうなるか分からないときに、自衛隊を戦力と認めることさえしないような能天気な改憲案を、安倍が通そうとしたら、右はせめて石破茂を支持したらどうなんだ。日本会議はなぜそういう運動をしないのか。安倍さえ応援していれば日本のことなんてどうでもいいなら、今すぐ安倍会議と名前を変えるべきだろう。

私がそう言っても、彼らは反論できないんだ、これが。右もまったく考えていないんですよ。これじゃ護憲派と同じ平和ボケじゃないの。

自衛隊の憲法的位置づけに対して、こんな中途半端な扱いをしても許されているのは、いざとなったらアメリカが守ってくれますという、この幻想のせいだと、私はつくづく思った。右も左も、困ったときにはアメリカが助けてくれると信じている。

もう一つ、アメリカに対して「見捨てられ不安」を共有している。対等化に向けて交渉をアメリカにしかけたら、見捨てられるかもしれないとおびえている。見捨てられる訳がないじゃないの。日米安保で一番甘い汁を吸っているのはアメリカなんだから。

最近、イタリアの元首相が、先進諸国の中で、アメリカの言いなりになってるのは日本だけだ、アメリカの方が安保で日本から軍事的利益を多く得ているんだから、そこを突いて交渉できるのに、日本が言いなりになる理由がわからないと言ったらしいですね。

伊勢﨑　翁長雄志さんがまだご健在だったとき、布施祐仁さんと一緒に書いた本（『主権なき平和国家』）の刊行後、その県知事室長と若い県官僚たちが自宅に来てくれたのです。イタリア、ドイツなどの地位協定と国際比較するために調査団を送りたいからと。

調査団は、イタリアの元首相らにインタビューし、大変に興味深い報告書を発表しました。それは、県のポータルサイトになっています（http://www.pref.okinawa.jp/site/chijiko/kichitai/sofa/index.html）。

そのとき、僕が申し上げたのは、地位協定の破棄と、地位協定の改定は、全然次元が違いますよ、ということでした。

地位協定の破棄なら反米運動を続ければよろしいし、非戦の意味を理解するなら本来それは護憲派の「精神」のはずです。でも「改定」、特にアメリカ自身の「変化」の中で対等化を目指すことはそれとは違う。護憲派が本当に沖縄に寄り添いたいと思うなら、その覚悟こそが、今、問われていると。

そうしたら「そのことは翁長さんも承知しています」と仰っていました。

——翁長さんは護憲派ではなかったんですか。

そう言えば、「戦後レジームからの脱却」と言うなら、なぜ自主防衛して米軍基地をなくさないのかと、翁長さんに言われた、というツイートを稲田朋美さんがしていました。

伊勢﨑　翁長さんは生きている間に、日米交渉の発端をつくり、政府にコミットさせたいと願っていたと思います。護憲、改憲を超えて。

井上　米軍機がイタリアで大惨事を引き起こしたことがある。すると当然イタリア国民は激怒するわけですよ。アメリカが一番気にするのは、こうした政治的コストです。基地の経済的コストではありません。基地に対する反対運動こそアメリカが嫌がること。

なぜ沖縄に米軍基地が集中しているのか。占領下では日本本土に米軍基地が多数存在した。しかし主権回復の後で、米軍基地に対する反対闘争が本土で多発したわけ。先ほどの砂川事件もその一つです。一方、主権回復後も沖縄はアメリカが統治していたので、米軍基地への反対運動を押さえ込むことができた。だから、本土の基地を沖縄に移転し、政治的コストを回避しようとした。その結果、〇・六パーセントの国土に、米軍基地の七割以上が集中することになった。

不公平な日米地位協定がなぜ維持されているのか。それは、基地の負担を沖縄に集中転嫁するという点で、本土住民の利害と、政治コストを避けたいというアメリカの利害が一致してきたから。沖縄の犠牲に本土の日本人が怒らないから状況が変わらない。

航空法の特例で、米軍機は高度三〇〇メートル以下でも飛べるとか、横田ラプコンと呼ばれる飛行空域が東京上空に設定され、羽田の飛行機は大きく迂回しなければならないとか、そういった事実をこれまで一般の国民は認識していなかった。ただ最近では普通のニュースでも報道されるようになりつつある。

伊勢﨑　『主権なき平和国家』の刊行後、あの「都民ファーストの会」にも呼ばれて、沖縄国際大学のように、もし首都大学東京に米軍機が墜落したら？　というお題で、講演を頼まれました。

二〇〇四年に米軍ヘリが墜落した沖縄国際大学は、米軍基地のすぐ裏側です。だから米軍が素早く現場を確保した。一方、東京都では、絶対に日本の警察、消防が真っ先に確保するはずです。そこに後から米軍がやって来て、力ずくでどけと言い始めたら、普通の国なら、主権への誇りから、最悪、武力衝突になります。だから、都議会議員の役目として、今のうちから事故を「想定」して、横田の司令官と対処のシミュレーションをしなさいって言ったら、皆さん頷いていました。米軍はこれに嫌とは言えません。少なくとも他の国では。

不謹慎を承知で言いますが、オスプレイが横田に配備されたのは、日米地位協定の改定の好機と捉えるべきです。

——ネトウヨは沖縄にわざわざ出掛けていって、米軍兵をガードしたりしているらしいですね。

井上　アメリカの属国であることを歓迎し、米軍の守衛になる右翼って、一体何なの？

——むしろ売国奴ですよね。

井上　思想があるのかって思うね。護憲派は思想的詐欺師だけど、右の諸君は思想的認知症。

伊勢﨑　元凶は、ネトウヨが支持する安倍加憲も、そして護憲派も維持しようとする九条二項です。

日本が核武装する日は来るのか

——山尾案の最後には核軍縮の条項が入っています。

井上　六項ね。

伊勢﨑　核は無いにこしたことはない。当たり前です。今年の核兵器禁止条約の成立は、その第一歩ですが、世界は核保有国が増え、その拡散に「非国家主体」が関わることに恐れおののいている。

核兵器は戦争を抑止しているのか？　反核主義者—僕もその一人ですが—なら、当然答えは「Ｎｏ」、だから核兵器は意味がない、と主張するでしょう。ただ、本来の答えは「Yes and No」なのです。反核の考え方のパラダイム・チェンジが必要です。

例えば、両国の独立後ずっと戦争に明け暮れたインド、パキスタン。両国が核を保有して以来、通常戦は抑止されています。これは、今のところ、事実として認めなければならない。だから、「Ｙｅｓ」です。

——イスラエルは核を持っていますが、周辺の戦闘を抑止できていません。

伊勢崎　そこが「Ｎｏ」の部分なんです。イスラエルはヒズボラという圧倒的に軍事力の劣る敵からの攻撃を抑止できていません。「Yes and No」。抑止力としての核の議論はファジーなのです。

「核兵器は木偶《でく》の坊」という説もある。使ったらおしまいだから誰も使わない。だから、核保有国同士の核の撃ち合いは、事実として、ない。ならば持っている意味もない木偶の坊。これ、核武装を推し進める業界と政治力にとっては、一番痛いところです。核を使うという前提が共有されないと、敵への抑止は成り立ちませんから。

そういう連中からすると、反核運動はむしろ歓迎なんです。核兵器は木偶の坊じゃない、もし使われたらどうする？　と、脅威をあおって宣伝してくれるからです。

今、反核運動には、大きなパラダイム・チェンジが必要です。闇雲に核兵器はダメというのではなく、核兵器の出現によって核保有国同士の核の撃ち合いも、通常戦も、一応は抑止されている秩序を、「核兵器に変わるものでどう維持してゆくか」です。

最も深刻な問題は、核の「拡散」、それもテロ組織など非国家主体への拡散です。彼らが活躍する舞台は、核保有国の利害が衝突するアフガニスタン、イラク、シリア。それはアジアを含め世界に拡大している。

そして、その脅威は、ソ連崩壊後、世界はその恐怖を味わったように、核施設への管理が緩くなった時に襲いかかる。つまり、核が木偶の坊化した時が一番怖いのです。

井上　核が通常戦争を抑止しうるのは、両当事者が核を持っている場合です。インドもパキスタンも両方が核武装をしたから、通常戦が抑止されている。

イスラエルの場合、イスラエルだけが一方的に核を持っている。だから、イスラエル周辺では通常戦が抑止されていません。イスラエルは周辺国を自由に攻撃できてしまう。ちょっとシニカルに聞こえるかもしれないけど、私はイランが核開発したほうが、中東に核の抑止力が効いてくると思う。

伊勢崎　一応、その状況がかつて発生したことがあるんですね。パキスタンの核保有は、もちろん敵国インドに向けられたものですが、イスラエルに向けた側面もあったわけです。だからサウジアラビアが資金援助した。もちろん、アメリカは親イスラエルの手前、阻止したかったわけですが、結局、許した。アメリカ、そしてNPT体制の二重基準ですね。

――北朝鮮が核を保有している以上、日本も核を持つべきだ、とならないでしょうか？

井上　最終的にはそうなる可能性はある。ただ、国内的にも反発は強いし、また諸外国との関係においても、今いきなり日本が核武装すれば、周辺国を不安にさせますよ。米国だって、トランプ大統領ははったりをかましたけれど、本音では怖いはず。

私は対等な日米同盟として日米安保を再構築するためにも、アメリカの核の傘を利用しながら、必要ならいつでも自前で核開発しうるポテンシャルを持っていれば良いと思う。

むしろ長期的な問題は、アメリカの覇権の終焉が始まったこと。今まではアメリカの世界戦略に絶対必要な軍事拠点として、日本と日米安保が位置づけられていた。それが、かつての「モンロー・ドクトリン」のように、アメリカの縄張りは南北両アメリカ大陸だけ、という状況にいずれなるかもしれない。もしそうなれば、日本を含めた世界情勢は大きく変わりますよね。そのときには日本の核武装も現実的なテーマになり得る。

伊勢崎　はい。それは、本当に心配です。今の日本の政治では、将来はどうなるのかと不安になります。

オバマ大統領の時に、「ノー・ファーストユーズ（NFU：No First Use）」つまりアメリカの核の先制使用の禁止が決まりそうになった。非核化への着実な第一歩のはずでしたが、これを必死に止めたのは、なんと日本の外務省と安倍さんです。

さっきも言ったように、核はいったい何を抑止しているのか。中国は、すでにNFUを宣言しています。アメリカがNFUになってしまったら、アメリカの核の傘があるから中国の侵略を抑止している、だから日米同盟は絶対に重要なんだという前提が崩れてしまうのですね。アメリカはいつでも核を使うという前提が必要なのです。

世界の非核化への着実な歩みを阻害するのはアメリカではなくて、日本なのです。トランプは、NFUを即、否定しました。

井上　ドイツはアメリカが国内に配備した核について、その使用決定権をドイツ政府に移譲せよと要求しているらしいですね。

伊勢﨑　昔はアメリカと同時にボタンを押すだけだったのですが。もちろん、アメリカがのむわけがないですが。そういう世界情勢の中、われわれは未だにアメリカの「自動交戦国」であり続ける。

――アメリカにすがりつくためには、か弱い属国でなければならないわけですよね。

井上　核の傘がほしければ属国でいろというのは米国の論理に過ぎません。日本は米国に対して、日本に核武装してほしくないなら、核の傘を差しだせと、対等な大人の論理で対抗すればいいのに、米国の論理にただ従っている。しかし、その核の傘だって、本当に信頼できるのかどうか疑問です。だってアメリカが日本防衛のために、中国に核を使うとは思えない。

「アメリカの覇権」の終わりの始まり

井上　ジョゼフ・ナイという米国政府の要職にも就いた著名な政治学者が、一九九〇年に『Bound to

Lead』（邦訳『不滅の大国アメリカ』読売新聞社）という本を書いたんですよ。

この中でナイは、「ハードパワー」すなわちアメリカの軍事力と経済力は相対的に低下したが、「ソフトパワー」はまだまだ強いと言っている。

ソフトパワーというのは、要するに世界に対するアメリカの精神的な指導力のこと。国際社会に対して、今何が問題であり、その解決の基準はこうで、優先順位はこうだ、ということをアメリカが提案すれば、みな従うと。

「覇権（ヘゲモニー、hegemony）」という言葉は、「リーダー」を意味する「hegemon」というギリシャ語に由来します。もともと、強制力というよりは指導する力なんです。

この本の原題『Bound to Lead』は、「アメリカは世界を指導する定めにある」という意味です。この本が出た一九九〇年には、ナイは米国の指導力にすごい自信があった。

ところがブッシュ・ジュニア政権でイラク戦争をはじめ、一方的な軍事行動を多数行った結果、アメリカの信用が大きく低下した。すると二〇〇五年に、同じナイが『ソフト・パワー』という本を書いて、このままだとアメリカのソフトパワーも危ないと言い始めた。

とうとうトランプが大統領になり、アメリカ・ファーストの自国中心主義を公然と振り回している現在、米国のソフトパワーは完全に消失したと思います。

ちょっと前の「朝まで生テレビ」で、私がナイの危機感に触れながら、アメリカのソフトパワーはトランプ政権でついに消えたのではないかと言ったら、一緒に出演していた元防衛大臣の森本敏氏が番組後の会話で私にこう言いました。米国の知日派の政治家や知識人たちと会合したと番組で言ったが、実はその中にナイもいて、トランプのおかげで、アメリカのソフトパワーは消えたと言っていた、と。

アメリカの覇権「後」の世界秩序について、われわれは否応なく考えざるを得ない。その場合、日米安保を絶対視せず、アジア地域の集団安全保障体制の構築も検討が必要になっていると思います。集団安全保障体制は、敵と味方を分断しないことが特徴。つまり、領土問題・歴史問題で敵対している中国、北朝鮮、ロシア、韓国も巻き込んだ東アジア安全保障体制を本気で考えなければならない。九〇年代にはその動きがあったが、領土問題険悪化で消えてしまった。

まずは日米地位協定を改定して、全土基地方式をやめなければならない。北方領土に米軍基地を置かないことを明言できなければ、ロシアを巻き込んだ安全保障体制の構築なんて無理です。領土・領海紛争だって解決しない。

伊勢﨑　日本は、典型的なアメリカの緩衝国家です。

同様に、米露の緊張の狭間にあるトルコなんか面白い国です。NATOの一員ですが、今年になってエルドアン大統領はトランプ大統領との舌戦の結果、アメリカ製品の不買運動を宣言した。

一方、トルコには重要なアメリカの空軍基地があります。トルコを拠点としなければ、アメリカはシリアのISと戦えませんが、もちろんトルコはアメリカの「自由出撃」を許しません。

さらにトルコは去年あたりからロシアの地対空ミサイルの導入を決定しています。したたかな国、アッパレです。これこそが、大国の狭間にあり、大国の利害で自国が戦場になってしまう緩衝国家が生き延びる道だと思います。

一方、日本は未だにアメリカの言い値で武器を買わされている。自衛隊はロシアの兵器を一部導入すべきではないでしょうか。

井上　元海上自衛隊の伊藤俊幸さんが今年の元旦のBS朝日の討論番組ではっきり言ってましたよ。イージス・アショア、一基一〇〇〇億以上で、日本は二基買うって言ってたけど、同じのをポーランドには八〇〇億円で売ったらしい。

――今、総額は六〇〇〇億にのぼるとも……。

井上　集団的自衛権にも賛成で、どっちかと言えば親米の伊藤俊幸さんでさえ、憤然として、これ、なんだ、と言っていた。

――あからさまに日本をカモにしていますよね。

伊勢﨑　大統領になってはじめて日本と韓国に訪問した後、ツイッターで、武器買わせてやったぜイェーイって言っちゃう大統領が誕生したのですからね。アメリカの本音があけすけで非常に分かりやすい。これはある意味、日本が変わる好機です。

山尾議員の九条改憲案の議論では、北朝鮮の脅威をかなり問題にしていましたね。

僕は日本の原発にずっと問題意識を持っています。それも地震や津波からの安全、すなわちセーフティーの問題ではなく、標的として狙われるというセキュリティーの問題としてですね。本も書いています（『テロリストは日本の「何」を見ているのか』幻冬舎新書）。

日本はこれを全然やっていないのです。未来永劫変わらない日本の国防の弱点、それが原子力施設です。原発を推進する経団連の重鎮だったある僕の知人が、こう言っていました。「稼働中の原発は、自国に向けた核弾頭である」。

局地的な武力衝突から発展し、通常戦になり、最後には核戦争に突入するっていう、いわゆるエスカレーション・ラダーという概念があります。これを基にいろんな安全保障政策が作られている。でも、このエスカレーション・ラダー通りに事が進めば、結局、核は通常戦を抑止していないわけで、核抑止力論の自滅のロジックとも言える。

このラダーを経ずにいきなり核が使われそうになった例が、印パです。二〇〇一年にいきなり首都ニューデリーで国の中枢が攻撃された。通常戦力ではありません。テロです。パキスタン政府は関与を否定しましたが、やっぱり関与は明らかだということで、本当に核のボタンが押されそうになったのです。
これを別の観点から見ると、敵国を本当に火の海にしたいなら、テロを装ってやるのが、一番良いということです。

――テロなら武装難民でもいいわけですね。

伊勢﨑　そう。本当は国が関与していても、外交上の言い訳の余地を残せる。

――まさに中国がそういうやり方をしましたよね。

伊勢﨑　武装した漁船がまさにそうですね。まず、国軍じゃないもので挑発し、そこに自衛隊が出てきたところで個別的自衛権を正当化する「準軍事的行動（POSOW：Paramilitary Operations Short of War）」の術中にハマることを、日本の右傾政治家は全く理解していない。海保から自衛隊へのシームレスな対応なんて、絶対にしてはいけないのです。

「安倍改憲案にバツをつけよう」の問題点

井上　山尾案を批判しているのは、右よりむしろ護憲派です。特に、修正主義的護憲派は専守防衛の自衛隊は合憲だから立憲的改憲は不要だと、解釈改憲に開き直っている。
これは欺瞞的であると同時に自壊的です。もし、自衛隊が合憲だというなら、九条二項があっても戦力統制規範を憲法に盛り込むことも可能でしょう。だったら軍事司法も含め、自衛隊がきちんと活動できるようにする改憲案を出す義務が、彼らにこそあるはずです。
それをせず山尾案の批判ばかりしている護憲派とは一体何なのか。議論がないまま改憲するなとか、人ごとみたいに言うけれども、自分たちの立場が本来なら要請するはずの改憲案の提出責任すら放棄。ひたすら「改憲ＮＯ」と繰り返し、憲法の議論を妨げているのは、君たち護憲派じゃないか。

――護憲派の一部は、何も考えずに国民投票でバツを付けましょうと宣伝していますね。

井上　実は、国民投票でバツを付けられてしまうと、護憲派にとってもまずいんですよ。安倍改憲案が発議されて、もし国民投票で否決されたとしても、解釈改憲によって安保法制を通した現状が維持されるだけだと、安倍政権が主張しているのは暴論です。九条二項を温存したまま自衛隊を明記する改憲案が否決されたなら、「九条二項と自衛隊は両立不可能だ」「自衛隊は戦力でないから合憲という嘘はだめだ」というのが主権者国民の審判だということです。

しかしこれで困るのは安倍政権だけではありません。戦力未満の自衛隊もだめだとなると、自衛隊を武装解除しなければならない。専守防衛の自衛隊の存続を護憲派も是認してきたわけですから、この主権者審判には護憲派も慌てふためくでしょう。

護憲派は安倍改憲案を否決すると言うけど、それは自分の首を締めることになる。自分たちの欺瞞の基盤である憲法解釈も否定されてしまうから。

――安倍改憲案は現状を追認するという建前で発議される訳ですから、それを拒否するということは、現状を追認しないということですよね。

井上　だから護憲派は、国民投票で改憲案が否決された場合、安倍政権と同様に、「現状は変わらない」と居直るしかない。「現状」を集団的自衛権解禁と見るか個別的自衛権のみと見るかの違いは本質的ではない。国民投票による安倍改憲案の否決は、どっちもだめだということですから。護憲派も安倍政権と同様、憲法九六条による国民投票の審判を無視し、国民の憲法改正権力を簒奪する憲法破壊勢力だということが暴露されるでしょう。

もう、こんな欺瞞はあり得ないですよ。国民投票のバツの結論を尊重するつもりはないくせに、バツをつけましょうとは。国民を騙すのもいい加減にしろ！　と言いたい。大学で講壇から偉そうに教えている

「憲法学者」や「知識人」たちが、こんなペテン師的言説を、いけしゃあしゃあと語っているんだから。

――しかも、憲法の専門家以外はこの問題に口を出すなと、憲法を国民が論じるようになったら、その国民は不幸だとおっしゃっている。

井上 国際政治で無法国家は「ならず者国家（rogue state）」と呼ばれますが、「rogue」には詐欺師という意味もあります。英語で「rogue intellectuals」と呼びたくなる知識人が日本に跋扈《ばっこ》している。……もう、ちょっと私は駄目だ。憤死しそう。

――井上先生の血圧が心配なので、そろそろお開きとします。ありがとうございました。

（収録：二〇一八年八月三一日）

「立憲的改憲」九条案　六つの論点

山尾志桜里
倉持麟太郎

〈日本国憲法　第九条〉
日本国民は、正義と秩序を基調とする国際平和を誠実に希求し、国権の発動たる戦争と、武力による威嚇又は武力の行使は、国際紛争を解決する手段としては、永久にこれを放棄する。
二　前項の目的を達するため、陸海空軍その他の戦力は、これを保持しない。国の交戦権は、これを認めない。

〈山尾志桜里「立憲的改憲」　九条追加条項　第九条の二〉
一項　前条の規定は、我が国に対する急迫不正の侵害が発生し、これを排除するために他の適当な手段がない場合において、必要最小限度の範囲内で武力を行使することを妨げない。
二項　前条第二項後段の規定にかかわらず、前項の武力行使として、その行使に必要な限度に制約された交戦権の一部にあたる措置をとることができる。
三項　前条第二項前段の規定にかかわらず、第一項の武力行使のための必要最小限度の戦力を保持することができる。
四項　内閣総理大臣は、内閣を代表して、前項の戦力を保持する組織を指揮監督する。

五項　第一項の武力行使に当たっては、事前に、又はとくに緊急を要する場合には事後直ちに、国会の承認を得なければならない。

六項　我が国は、世界的な軍縮と核廃絶に向け、あらゆる努力を惜しまない。

理想を書くべきか、現実を書くべきか

山尾　立憲的改憲案の一部として、自衛権を統制する九条の条文を発表しました。条文案を作成するうえで、もっとも葛藤を感じた点があります。それは、理想と現実をどのように共存させ、条文として書き込むのか、ということでした。

憲法論議において、「護憲派」と呼ばれる人たちには、これまで理想を尊ぶあまり、現実から目をそらし続けてきたという側面が否めません。戦力不保持・交戦権否認という美しい目標を死守することのみを優先するがあまり、自衛権が現に存在する以上、それを統制しなければならないという、憲法の本来的機能に意を配らなかった。

その間隙をつくように自衛権の範囲は拡大を続け、二〇一五年の安保法制によって集団的自衛権すら行使可能とされ、憲法上自衛権の発動は制御不能に陥ってしまいました。

他方で、そういった「護憲派」の人たちの考え方を「ただの理想主義者だ」と批判しながら、自衛隊明記改正を試みる「安倍改憲」があります。

平和国家としての理想も打ち捨て、自主独立国家としてのアイデンティティーも持たないまま、ただ現状を追認するだけ。しかも「何も変わらない」はまったくのウソでむしろ憲法上フルスペックの集団的自衛権すら許容する。無自覚に他国の戦争に加担しつづける状況を固定化し、当事者として戦争に巻き込まれるリスクをより高める改憲案です。こんな改憲案を、現実に即しているという理由で、良しとする人た

ちもいます。

憲法とは、理想を書くものなのか、それとも現実を書くものなのか。その疑問について、『立憲的改憲』（ちくま新書）の中で対談させていただいた中島岳志先生から、考えるヒントをいただきました。憲法には「絶対平和」という崇高な理想を掲げればよい。この理想が掲げられているからこそ、理想に向かうための実現可能な方策が必要となる。憲法はこの二重性によって成り立っているのだ、と。

そこで、私は理想と現実を混同せず、むしろ両者を両立させる九条案を作ろうと思いました。これが今回の九条案のコンセプトの一つです。

もう一つ理解していただきたいのは、今回の条文案は、白地に書くとしたら自分にとってこれがベスト、というものではありません。戦後七〇年の議論の積み重ねに一定の敬意を払い、できるだけ多くの人々が納得できるような文案を追求しました。したがって、今回の提示から、さらにさまざまな方に吟味いただき、より多くの人の共感を得られるような変更や進化を遂げていきたいと思っています。これが私の条文案だ、これにみんなついて来るべきだ、などと言うつもりはまったくないのです。

それでも、条文案を作ることは大変有意義でした。言葉を選択する具体的な作業を通じて、私自身、新たな論点を発見したり、先送りしていた問題への解答を迫られたりもしました。憲法論議では、実際にこうした作業をやってみることがとても大事だと痛感しています。

旧三要件での個別的自衛権に限定する

山尾　その上で、いくつか論点を挙げて、お話ししていきます。

まず一点目は、そもそも自衛権の実体的発動要件を憲法で規律すべきか否か、という論点です。井上達夫先生からは、「安全保障に関する政策選択（たとえば個別的自衛権か集団的自衛権か）は国際情勢をふまえた実質的な政策論議で決められるべきである」「むしろ文民統制や国会の事前承認など自衛戦力を統制する手続き的規範を盛り込むべきだ」というご意見をいただきました。

これには一理も二理もあると思います。国際的に見ると、自衛権の範囲を憲法で縛る国はあまり多くはありません。一方、憲法において、武力行使に国会承認を要求するなど、戦力に対する手続き的統制を行うことは、世界の常識です。

憲法上、戦力を保有することを認めるなら、どんな政権でも無視できないような、武力行使にあたって必要な手続きを、あらかじめ国民の意思で決めておく必要があると言えるでしょう。

ただ、手続きさえ踏まえれば、個別的自衛権であれ、安保法制が認める集団的自衛権の一部であれ、あるいはフルスペックの集団的自衛権であれ、憲法上はすべて許されるということでよいのでしょうか。国民の意思として、武力行使の実体的要件についての本質的なルールを憲法に定めず、その時々の政権が国際情勢に応じて法律を作成し、武力行使の範囲を自由に判断するということで、本当に良いのでしょうか。

ちなみに小林よしのり先生は、日本がアメリカに利用されている以上、集団的自衛権を今解除すると危ない。逆にアメリカとの関係が正常化すれば、主体的な判断で集団的自衛権を行使することもあり得べし、というお考えだと理解していますが、そういう立場もあり得ると思います。

国際情勢や環境によって、武力行使を容認する範囲は変えるべきだとすると、それは憲法に書くべきでしょうか。もし書くとすれば、どこまでを書くべきでしょうか。

私は、「旧三要件」だけは憲法に書くべきだと考えています。旧三要件とは、安保法制以前に定められていた、武力行使の発動を例外的に認めるにあたって必要とされる、三つの条件のことです。私の条文案における「九条の二の一項」は、そのような意図で作られています。

おそらくこの点がもっとも大きな議論を巻き起こすのではないかと思います。

外国の圧力による集団的自衛権行使の「お誘い」を、日本が断れるような状況は、当分のあいだは訪れないだろうと私は思います。一方で、個別的自衛権を方便に日本が自ら侵略戦争を開始するかといえば、これも当分の間あり得ないと思います。

であれば、武力行使を個別的自衛権に限定する、この一線だけは少なくとも憲法に明記しておくことで、国民の安全は相当程度守れるのではないかと思いました。

伊勢﨑賢治先生は、憲法に武力行使の範囲を明示すること自体には賛成でした。しかし、むしろ「日本の戦力は外には一歩も出さない」という地理的制約をかけるべきだ、というご意見です。

これもまた、一つの見識だと思います。ただ、地理的制約を憲法において宣言してしまうと、現実の脅威に対応できなくなる可能性があるとも思います。

具体的には、例えば北朝鮮のミサイルが今まさに発射直前という状況を考えた場合、今まで個別的自衛権における武力行使として、政府解釈でも認められてきた敵ミサイル基地への先制攻撃が、できなくなる可能性があります。

これを憲法において宣言してしまうことが、果たして安全保障上のメリットにつながるのだろうか。少なくとも、アメリカとの軍事的一体化が進み、アメリカの先制攻撃により日本が当然のように報復攻撃の対象となり得る、現在の国際的な構図を変えないと、現状で敵ミサイル基地への先制攻撃を一切封印するのは、安全保障上厳しいのではないか、という懸念です。

もう一つ。憲法には、できるだけ多くの人が理解し、納得しうる規定が必要です。その意味でも旧三要件なら、多くの国民にとって納得しやすいラインだろうと考えています。むしろ、まったく新しい線引きを国民全体の共通理解とするのは非現実的です。

さらにもう一つ。どのような線引きをしても、判断に迷うような「グレーゾーン」はどうしても残ります。新しいラインを引くということは、また新たなグレーゾーンの議論が起きるということでもあります。少なくとも個別的自衛権と集団的自衛権とのあいだのグレーゾーンについては、それなりに議論も成熟している点であり、まったく新たな概念でゼロからの議論の成熟を待つよりも、幾分かは現実的政策議論に耐えられるはずです。

そこで、私は「旧三要件の範囲の個別的自衛権」というラインを明記することにしました。

交戦権をどこまで認めるのか

山尾　二つ目の論点、これもまた非常に難しい、重たい論点ですが、旧三要件・個別的自衛権の範囲で、戦力の保持、そして交戦権の行使を認めるのか、認めないのか。先生方の間でもいろんな意見がありました。

例えば駒村圭吾先生は、「憲法レベルで戦力と交戦権を認めるように変えるなら、その大きな変化が国際社会にどう映るのか、しっかり考えるべきだ」と繰り返し警鐘を鳴らしてくださいました。一方で、戦闘を衝突と言い換えさえすれば合憲、というような雑駁《ざっぱく》な議論が、この国の安全保障や外交政策に関する熟議を妨げてきたことも否定できません。

さまざまな議論を重ねる中、やはり私は、日本国民が自ら設定したルールの範囲内で、一定の戦力や交戦権を持つことを自認し、自らの力で統制すべきだと考えるようになりました。戦力・交戦権の不在というフィクションから目を覚ましてこそ、自覚的に統制できるのだ、ということです。

ただそれも、あくまで戦後七〇年の議論の積み重ねを踏まえ、九条一項二項は残す。その上で個別的自衛権の範囲に限定した戦力・交戦権のみを認める。そういう方向の条文を作れないだろうか、と私は考え続けました。その結果生まれたのが、この「九条の二の二項」と「三項」です。

現行九条下でも交戦権が認められている

山尾　「九条の二の二項」では、要するに、その前の「九条の二の一項」で認める個別的自衛権は、交戦権の一部と重なりますよ、と言っています。

今まで個別的自衛権で行うことは、あくまで自衛権であって交戦権とは呼ばない、というのが政府の見解でした。でも、名称を使わないだけであって、実際には交戦権に該当するメニューを許容してきました。交戦権とは何か、まずそれを説明する必要があると思います。

「交戦権」について「国が戦争をする権利そのもの」を意味するとするならば、自衛のための戦争をのぞいては、現在では世界中どの国においても「交戦権」は持っていない、ということになります。国連憲章によって、いわゆる侵略戦争は違法化されたからです。

一方、国際法上「交戦権」と呼ばれる概念は、「国が戦争をする権利そのもの」ではなく、「交戦国が国際法上有する種々の権利の総称」を意味します。つまり、侵略戦争は禁止されているものの、自衛のための戦争がありうる中で、交戦国となった国が有するとされる一定の権利の集合体のことです。

そして、その中には「相手国兵力の殺傷及び破壊」「中立国の臨検《りんけん》・敵性船舶の拿捕《だほ》」「相手国の領土の占領」「そこにおける占領行政」といった具体的な行動が含まれています。

日本国憲法における「交戦権」についても、歴代政府はこの後者の解釈をとってきました。つまり、政府答弁をひけば、「憲法第九条第二項の『交戦権』とは、戦いを交える権利という意味ではなく、交戦国が国際法上有する種々の権利の総称であって、このような意味の交戦権が否認されていると解している」（昭和六〇年九月二七日答弁四七号）ということです。

しかし、この答弁の後、政府は次のように続けています。

「他方、我が国は、国際法上自衛権を有しており、我が国を防衛するための必要最小限度の実力を行使することが当然に認められているのであって、その行使として相手国兵力の殺傷及び破壊等を行うことは、交戦権の行使として相手国兵力の殺傷及び破壊等を行うこととは別の観念のものである」と。つまり、「相手国兵力の殺傷及び破壊」は可能だけれども、交戦権としてはこれを認めずあくまで自衛権として認めます、という解釈です。なぜなら交戦権と認めてしまうと、九条二項に違反してしまうからです。

では、臨検《りんけん》や拿捕《だほ》はどうでしょうか。舛添要一さんが国会議員だったときに、当時の石破防衛大臣とかなり詳細に議論をしています。石破さんの説明では、要するに日本国政府の理論では、臨検、拿捕はできません。ただ海上輸送規制として、敵国や第三国の船の検査をすることはできます。これは臨検、拿捕ではないので、没収はしません。預かるだけです。また日本は専守防衛なので、敵国の領海までは行きません。こういう説明でしたし、今現在もこの政府解釈は変わっていません。

つまり、自衛権の性質から一定の制限をかけたうえで、海上輸送規制として、臨検・拿捕に一部相当する行為が現在でも可能です。

相手国兵力の殺傷や破壊、臨検、拿捕、海上輸送規制、そして占領統治、占領行政、これらは国際法上では交戦権として扱われています。そして、今お話ししてきたように、相手国兵力の殺傷や破壊、海上輸送規制は現行憲法上も認められています。

これらは、国際法上まぎれもない交戦権のメニューの一部ですが、日本政府はこういったメニューを、「あくまで自衛権であって、交戦権とは呼ばない」というトリッキーな解釈を行うことによって、「国の交戦権は、これを認めない」としている憲法九条二項との矛盾をなんとか回避してきたのです。

交戦権だが交戦権とは呼びたくない？

山尾　整理すると、九条二項に「国の交戦権は、これを認めない」という記述があるので、フルスペックの交戦権については日本では認められていません。一方で、交戦権の一部に該当する、相手兵力の殺傷や破壊、海上輸送規制については認められています。

だからこれまでの政府答弁では、苦しい説明が繰り返されてきました。最終的には「自衛権から制約された交戦権と言っていただいても結構です」とまで内閣法制局長官も答弁しています。

こうした経緯を踏まえて、私は、この「九条の二の二項」で「個別的自衛権の行使に必要な限度に制約された交戦権の一部にあたる措置をとることができる」と書きました。つまり、今まで政府が「自衛権から制約された交戦権」と言っていた部分のことです。

苦し紛れの説明で神学論争に発展するくらいなら、正直に言うほうがいいと思います。国際法上は交戦権の行使に相当するものを、自衛権の行使と言い換えて事実上必要な範囲で認めてきたのが現状です。

大事なのは、交戦権と呼ぶか、自衛権と呼ぶかという名称の問題ではありません。私たちが交戦権に含まれる措置をどこまで必要と考えるか、またそれを考えるための環境を保障することこそが大事です。

現実的に思考する環境を保障するためにも、この条文案においては、日本の自衛隊は戦力に該当し、交戦権に該当する措置をとりうるのだ、ということを明記しました。危険物は危険物だと認めたほうが、それを扱う人間の判断を適正にすると思います。

いくら交戦権を認めないと言い募っても、北朝鮮からミサイルが飛来した場合に限らず、燃料が注入された段階で、敵のミサイル基地を先制攻撃することさえ、個別的自衛権の枠内で可能です。交戦権否認の憲法九条は、実は相手国兵力の殺傷・破壊を認めています。平和憲法が現実と向き合ったときの、条文と解釈のギャップを自覚するべきです。

そして、こうした措置をも認めるべきでないと考えるなら、憲法解釈を変えるしかありません。護憲派の皆さんは、本来ならこのジレンマと向き合う必要があります。

現行憲法でも、事実上相当のレベルまで交戦権が認められているという事実を、憲法の議論を通じて、国民全員がもっと知るべきだと思います。知ったうえで、どこまで認めるべきなのかを議論する必要があります。そういう意味でも、九条は憲法において最も重要な条文だと思います。

「自衛隊」を明記してはいけない理由

山尾　「九条の二の四項」は、内閣総理大臣が文民として、戦力を統制することを明記したものです。ここに、三つ目の論点がありました。私たちの九条案に、自衛隊という言葉を明記する必要があるかどうか、という論点です。

安倍加憲案のように、自衛隊を明記するだけで統制をかけなければ、フルスペックの集団的自衛権まで認めうる憲法に変わってしまうという問題はすでに指摘しました。

別の切り口の問題意識として、伊勢崎先生は戦力すなわち「フォース」を一切持たないという建前を維持しながら、追加項で自衛隊、すなわちセルフ・ディフェンス・フォースを持つという改正はナンセンスだと指摘しています。井上武史先生からも「自衛隊というような固有名詞で現存する組織名称を憲法に書くのは不適切」という意見をいただいています。

現行憲法でも、「衆議院」や「内閣」といった名称は書かれていますが、「財務省」といった省庁名は書かれていません。もし書かれていたら、省庁再編に憲法改正が必要になります。

私もこの感覚のほうが正しいと思います。自衛隊という固有名詞を憲法に書く必要はまったくありません。戦力を保持する組織、要するに英語で言う「フォース」を持ちますと憲法に書けばいいだけの話です。だから、私の案では「戦力」、すなわち英語で言う「フォース」を持つことを、『戦力を保持する組織』という言葉ではっきりと書きました。

なぜ九条二項は削除しないのか

山尾　もちろん現行憲法の九条二項では「陸海空軍その他の戦力は、これを保持しない」と書かれています。一方、私の案では現在の九条一項、二項はそのまま残すことが前提です。それゆえ、追加条項において戦力を持つということを書くと、これまでの九条二項と矛盾するのではないか、という疑問が生じます。

これは、悩みどころでした。もし白紙の状態から条文案を書けるなら、私は二項を変えます。一方、九条一項二項を残しても、条文の書き方によっては、矛盾を避けることができます。私の案では、現行九条一項二項について、どのような場合を例外と考えるのか、はっきりと示すことによって、矛盾点をできるだけ少なくするようにしています。これは完全に条文の書き方、テクニックの問題です。

現在の九条一項二項を残すか、書き直すか。そのどちらの方法を採用しても、こういったテクニックを駆使することによって、最終的な法の効果を同じにすることができます。

あとは、どちらがより多くの国民に支持されるのか、という説得力の問題です。元内閣法制局長官の阪田雅裕さんから実践的なご意見をいただきました。阪田先生は、どんな自衛隊を日本国の実力組織として認めるかという点こそ本質的に重要であり、書き方は立法技術上のサブスタンスである、と指摘してくださいました。

個別的自衛権をなぜ明記しないか

山尾　また、もう一点、条文案のメモ段階では、「個別的自衛権」という単語をそのまま使っていました。それを阪田先生にお見せしたところ、従来日本国憲法が認めてきた個別的自衛権よりも広い範囲を許容するものとして解釈されてしまう、というリスクをご指摘いただきました。

つまり、国際法で認められている個別的自衛権の範囲と、日本が憲法解釈で認めてきた個別的自衛権の範囲は、実は一致しません。日本のほうが狭いのです。

日本の個別的自衛権は、旧三要件で統制してきました。すなわち、①我が国に対する急迫不正の侵害があり、②これを排除するために他の適当な手段がないときに、③必要最小限度の範囲内で、武力行使を認めていたのです。

一方、国際法上認められている個別的自衛権は、もっと広い範囲の武力行使が可能です。イラク戦争ですら、個別的自衛権の発動として遂行されました。

それゆえ、国際法の用語である「個別的自衛権」という言葉を憲法に書けば、国際法における個別的自衛権を意味する解釈が可能となり、今までの武力行使の範囲よりも拡大解釈を許すリスクがある、こういうご指摘でした。

そこで、私の条文案からは個別的自衛権という言葉を削除し、むしろ旧三要件を明示することで拡大解釈のリスクを回避することとしました。そもそも、国民が主体的に自国の自衛権の発動を統制するのは当たり前のことですし、その統制が「個別的自衛権」として国際法のルール内におさまっていることをあえて憲法で明示する必要はない、ともいえるでしょう。

戦力の「手続き的統制」を導入する

山尾　四つ目の論点として、「九条の二の五項」で定める「手続き的統制」の問題があります。

ここで定める「手続き」とは、武力行使の際に必要な手続きのすべてではありません。あくまでその一部を、これだけは絶対に守らなければならないルールとして、憲法の条文に明記した、ということです。

少なくとも、武力行使にあたっては「事前の国会承認」が必要だと考えています。

ただ、国会承認を待っていたら間に合わない、という緊急事態にも対応が必要です。その場合は「事後ただちに」国会承認を得ればよい、という例外を設けました。

ちなみに、自民党の今の条文案では、この手続き的統制について「自衛隊の行動は、法律の定めるところにより、国会の承認その他の統制に服する」と書かれています。

一見、国会承認を憲法上必要としているかのようにみえますが、まったく違います。「国会の承認その他の統制」でよいわけですから、事前承認である必要もないし、そもそも国会承認である必要もありません。「国会の承認」は、ただの例示です。本当にどういった手続きが必要なのかは、「法律の定めるところにより」決まる。すなわち法律に丸投げされていることに注意が必要です。

内閣単独での開戦を可能にする危険性を考えると、少なくとも、国会の議決を得ることは必要不可欠の手続きとすべきです。

実はほかにも論点があります。開戦には国会の承認を得なければならない。でも戦争は終わらせることのほうが難しいものです。その場合、武力行使についての国会承認は、無期限に有効としてもよいのでしょうか。それとも、六〇日ごと、あるいは九〇日ごとなど、具体的な期限を設け、その都度の国会決議によって、承認を更新していくべきでしょうか。

また国会承認の更新という手続きを考える際には、状況について一定の情報開示を行う必要もあるでしょう。こういった情報開示と更新手続きについても、議論を経る必要があるように思います。

軍縮と核廃絶の意志を宣言する

山尾　五つ目の論点に進みます。「九条の二の六項」には、「我が国は、世界的な軍縮と核廃絶に向け、あらゆる努力を惜しまない」と書きました。九条一項二項を残すとはいえ、私の九条案では、個別的自衛権・旧三要件に限って、戦力と交戦権を認めています。そうした憲法に変えるからこそ、変わらない理想を書き込む必要性を感じました。

不変の理想とは、軍縮と非核です。この理想を国民が確認し、諸外国に向けて発信することには大きな意義があるはずです。先にお話ししたように、理想を掲げてこその、理想に向けた現実的政策選択があるということです。日本は統制された自衛権を持つが、それは軍縮と非核、ひいては絶対平和という理想に向けた過渡的手段なのだ、という宣言と受け取っていただければよいかと思います。

ただ、条文の書き方や言葉選びについては、さまざまな考え方に配慮する必要性があるでしょう。例えば、主語として「我が国は」とすべきか、「日本国民は」とすべきかについてもずいぶん議論しました。今回は、憲法は国民が国家を統制するものという考え方により親和的になるよう、国民が国家に対してなすべき努力を規定する、という形式を採用しています。

また、米朝対話がむしろ日本の安全保障の不安定さを高め、北朝鮮の「核カード」がなお無効化されていない中、日本は核の問題とどう向き合うのか、正面から議論する契機となることも期待しています。

日米地位協定の改定と憲法裁判所の設置

山尾　最後の論点として、九条とセットで考えるべき点を挙げておきます。安倍改憲案をはじめ、現在の憲法論議における最大の争点は「自衛権の統制」です。ただ、「自衛権の統制」に関わるのは、憲法九条だけではありません。あと二つ、重要な規定があります。

その一つが、日米地位協定の問題です。

いくら国民が国家権力を統制しても、その国家権力が独立した対外的主権を持たなければ無意味です。外国の戦争には加担しないと憲法で宣言するならば、その宣言を実効化するために、日本国内の米軍基地から戦地に向けて、米軍機が飛び立っていく状況を変えなければなりません。

米国による先制攻撃に対する報復が、日本国に向かってもおかしくない、という国際状況を変えなければ、先制攻撃はしないという宣言すら難しいのが現実です。

日米地位協定の正常化抜きに、主権国家として自らの安全保障をコントロールすることはできない。だからこそ、自衛隊明記などという幼稚な議論で憲法論を終わらせず、地位協定と憲法を、ともに変えていくための議論が必要です。

もう一つは、いわゆる憲法裁判所の設置です。現在のように、内閣に指名・任命権を握られた最高裁判所が、内閣にまつわる多くの憲法疑義について、「統治行為論」で判断を回避する、という状況を変えなければなりません。

そもそも、現在の仕組みでは、内閣に違憲的な振る舞いがあっても、誰かの具体的な権利侵害に至らないかぎり、裁判に訴えることすらできません。だからこそ、中立公正な人事からなる憲法裁判所をつくり、個別の権利侵害に至らない段階で裁判に訴えることができ、憲法違反か否かについて「統治行為論」で逃げない裁判の仕組みをつくるべきです。「憲法を守れ」と叫ぶばかりではなく、守らせる憲法をつくるため、憲法保障を感情論ではなく制度論で語ることが大事です。

少なくともこの二点については、九条改正とセットで議論すべきだと思います。

私からは冒頭これくらいにして、倉持さん、この改憲案を作成していった中で気づいた点や補足があると思うのでお願いします。とくに、安保法制のとき、質問を作ったり、参考人として公聴会で意見陳述したご経験を踏まえ、補足をお願いします。

安保法制で可能になったことを不可能にする

倉持　敵基地において日本に対するミサイルへの燃料注入が開始されたら、敵基地への攻撃も日本には可能です。ただ、現行憲法の九条一項二項を見て、果たしてそのように読めるでしょうか。

すでに解釈の限界を超えてしまった憲法に、現実を統制する規範としての力が本当にあるのでしょうか。解釈改憲が許されないのは、その法規範が予定している外枠の限界を、解釈で越えてしまうからです。本来その外枠を越えるには国民の意思が介在していなければならないのに、解釈改憲はこの大前提を破壊してしまいます。九条と自衛隊の存在という矛盾、そして、安保法制を阻止できなかったことは、九条という法規範が統制不全となっていることの証左ではないのでしょうか。

仮に、この「立憲的改憲」の九条案が憲法に書き込まれたなら、安保法制において容認された集団的自衛権、存立危機事態防衛の部分が、明確に違憲だと判断されると思います。つまり、立憲的改憲は、憲法の統制力を回復するための改憲なのです。

安保法制成立の際に議論を呼んだ論点が、ほかにも二つありました。

一つは後方支援の問題です。安保法制によって、自衛隊が後方支援を行う範囲が非常に広がりました。それまでの「周辺事態法」から「重要影響事態法」という名称に変わり、後方支援を行ううえでの、地理的制限をなくしてしまいました。日本の近海だけでなく、世界中どこでも、自衛隊は米軍の後方支援ができます。さらに、これまで自衛隊の支援活動エリアは「後方地域」と限定されていましたが、それを「現に戦闘を行っている現場以外」と大きく緩和しました。

つまり、「戦闘地域」と「非戦闘地域」という従来の区別を廃止して、「現に戦闘を行っている現場」でさえなければ、直前まで戦闘を行っていた現場であれ、直後に戦闘が行われる危険性が高い現場であれ、自衛隊は活動できる、ということです。この変更により、攻撃を受ける危険性が低い「戦場の後方」だけでなく、前線になり得るような地域でも、自衛隊は活動できることになりました。

ほかにも、後方支援活動の中身の拡大として、たとえば発艦準備中の戦闘機にも自衛隊による給油が可能になりました。これらは明確に、唯一の同盟国である米軍への支援を意図しています。つまり、安保法制によって、自衛隊と米軍の一体化が非常に進んだと言えます。

今回の「立憲的改憲」九条案作成において、後方支援を通じた米軍と自衛隊の一体化を防ぐ具体的な条文を入れるかどうか、迷いました。

ただ、後方支援がなぜ「違憲」となりうるかと言えば、九条一項で禁止された武力行使に該当しうるからです。前線では戦争（武力行使）をやっていて、後方からそれを支援する活動は、たとえ後方であっても「武力行使と一体化」していれば、九条一項違反です。

だから、政府は安保法制のときに、九条一項の解釈をもゆがめたのです。九条一項の解釈をゆがめた以上、これを改憲によって是正するには、九条一項に手を加えねばならないかもしれません。

ですから、この後方支援を通じた米軍との武力行使の一体化を統制するためには、今後九条一項をも見据えた深い検討が必要だと思います

（今回の九条案では、九条一項の例外として、旧三要件の範囲であれば、制限された個別的自衛権として武力行使を容認します。逆に、集団的自衛権の発動としての武力行使については、違憲の判断を明確に下せると思います。これによって、安保法制の「前」までのわが国の憲法解釈に巻き戻し、その規範を憲法上固定化することが可能になります）。

有事を平時と言い換える現行憲法の「欺瞞」

もう一つは武器等防護の論点です。この前の安保法制で改正された自衛隊法で、「九五条の二」という条文が追加されました。

自衛官は自分たちの武器そのものを守ることができます。その「武器」の中には、戦闘機や艦船なども

入っています。これが安保法制において改正されて、「米軍等の武器等防護」も可能になりました。「米軍等の武器等」には、米軍の戦闘機や艦船が入ります。

これは当時の黒江防衛政策局長が答弁しています。アメリカのイージス艦にミサイルが飛んできた場合、わが国に対しての攻撃がなかったとしても、「武器等防護」として、自衛官はそのミサイルを撃ち落とせます。しかし、これは、散々議論され今回の安保法制で認められた、いわゆる「存立危機事態」における限定的集団的自衛権の行使としても認められない措置です。

これにはいろんな問題があります。まず、このときの法文上の主語は「自衛官」です。つまり、「自衛隊」と規定してしまうと、組織的な武力行使に該当してしまい、九条と抵触します。米軍防衛のために、組織的な武力行使はできませんが、個々の「自衛官」が「個人の判断で」応戦することは可能だと言うことです。

ここには、稲田防衛大臣が「戦闘」と言うと九条違反になるので「衝突」と言った、あの発言と同じ嘘があります。自衛隊を自衛官といえば九条に抵触しない、などということがまかり通るのでしょうか。

これによって、米軍を狙ったミサイルを、自衛官個人の判断で撃ち落とすことが可能だ、という建前ができあがります。ただし、軍事行動を完全に個人の判断で行うことなどありえません。もし誤射などがあった場合、「自衛官」個人が責任を追及されるのでしょうか。

しかも「この規定は有事では使いません」と、当時の防衛大臣である中谷さんは答弁しています。「有事ではないミサイル攻撃」とは、一体何なのでしょうか。

要するに、有事を前提とすると、憲法との矛盾が明らかになってしまうから、政府としてはこういう答弁をせざるを得ない、ということです。だから、平時に自衛官が個人の責任で武器を使用する、という建て付けにせざるを得なかったのです。

現在も、ミサイルを撃ち落とすことも基本的に平時の警察権の発動として行うことになります。現行憲法では、有事を認めることができません。平時の「ふり」をしなければ、安全保障関連の法律を作れません。

この自衛隊法「九五条の二」は、「当時どうしても通したかった法案」と言われていました。九五条の二を使えば、限定的集団的自衛権の行使に関する存立危機事態の認定も、国会の承認も必要なく、実質的な集団的自衛権を行使することができ、米艦防護を実施することができます。自衛官個人の責任で迎撃ミサイルの発射ボタンを押すという建前のもと、フルスペックの集団的自衛権を密輸入する規定です。

二〇一七年の五月に、自衛隊は米艦防護を実施しましたが、これも九五条の二を適用しています。

この平時の米艦防護を統制するために、どのような憲法にするべきかについては、今後の課題だと考えています。「後方支援」と「武器等防護」という概念によって、アメリカの戦争に協力することが可能になってしまっています。これを違憲にするような「新九条」が本来必要です。

憲法違反が常態化した現状を変える

倉持　例えば憲法一三条には「すべて国民は、個人として尊重される」と書かれています。また一四条には「すべて国民は、法の下に平等であって」と書かれています。でもLGBT差別解消法すら成立しない現状で、こういった条文は果たして守られているでしょうか。

一五条には「すべて公務員は、全体の奉仕者であって、一部の奉仕者ではない」とあります。しかし、この国会では、総理の答弁と矛盾するような公文書が破棄されたり、隠されたりすることが続発しました。

こういった例は多数あります。二四条には「両性の本質的平等」という規定があります。でも、この社会では選択的夫婦別姓すら認められていません。四十一条には「国会は、国権の最高機関」と書かれています。今は明らかに、国会より安倍総理の権力のほうが上ではないでしょうか。

六九条には「内閣は、衆議院で不信任の決議案を可決し、又は信任の決議案を否決したときは、十日以内に衆議院が解散されない限り、総辞職をしなければならない」と書いてあります。でも実際には首相はいつでも国会を解散できます。

八一条には最高裁判所の違憲審査権に関する規定がありますが、事実上機能しているとは言えません。ほか、八九条に「公金その他の公の財産は、宗教上の組織若しくは団体の使用、便益若しくは維持のため、又は公の支配に属しない慈善、教育若しくは博愛の事業に対し、これを支出し、又はその利用に供してはならない」とあります。国有地を私立の幼稚園や獣医学部にあげてはいけないと、憲法に書かれているんです。守られているでしょうか。

この憲法には素晴らしい理想も書かれているかもしれません。ですが、日本社会は戦後七〇年をかけて、憲法を守る社会ではなく、守らなくてもよい社会を築いてきてしまっています。

それを正しましょうと言うと、改憲はすべてけしからんと言う人々から批判を受けます。ですが、九条に限らず、これだけ憲法が無視されている状況を放置して良いのでしょうか。改善するために、自分の頭で考え、自分の手を動かしていかなければ、どんな理想的な憲法であっても、自分のものという感覚が根付いていかないでしょう。公文書の改ざんに官僚の抵抗が少ないのも、こういったことと関係があると思います。

これらを議論するきっかけとして、立憲的改憲の立場から、憲法の条文以外にも、総合的な提案をして行きたいと思います。

（収録：二〇一八年八月五日）

［著者・道場師範紹介］

小林よしのり（こばやし・よしのり）

一九五三年、福岡生まれ。漫画家。大学在学中にデビューして以来、人気漫画家として『おぼっちゃまくん』等のヒット作を世に送る。一九九二年の『ゴーマニズム宣言』以降、保守論客としてその言動が注目を集める存在に。二〇一〇年より「身を修め、現場で戦う覚悟を作る公論の場」として「ゴー宣道場」を開催。二〇一八年四月から「週刊ＳＰＡ！」誌上に『ゴーマニズム宣言』の連載を再開。

井上達夫（いのうえ・たつお）

一九五四年、大阪生まれ。東京大学大学院法学政治学研究科教授。サントリー学芸賞、和辻哲郎文化賞を受賞、日本を代表する法哲学者。自称リベラルの欺瞞を鋭く批判した『リベラルのことは嫌いでも、リベラリズムは嫌いにならないでください』（毎日新聞出版）以来、「朝まで生テレビ！」等で積極的な言論活動を行う。欺瞞や不正を許さない情熱的な舌鋒により「怒りの法哲学者」と呼ばれる。他の著書に『憲法の涙』（毎日新聞出版）など。

山尾志桜里（やまお・しおり）

一九七四年、宮城生まれ。東京大学法学部卒。司法試験合格後、二〇〇四年より検察官として任官。その後二〇〇九年に当時民主党から衆院選に出馬、初当選。無所属を経て、現在は立憲民主党所属、三期目を務める。衆院憲法審査会の委員にも名を連ね、憲法改正、特に九条をめぐって、自衛権の範囲を個別的自衛権に限定し、政権の権力を縛る「立憲的改憲」を主張。近著に『立憲的改憲』（ちくま新書）がある。

枝野幸男（えだの・ゆきお）

一九六四年、栃木生まれ。東北大学法学部を卒業後、司法試験に合格。一九九三年に日本新党から出馬し初当選。その後新党さきがけを経て九六年に民主党に入党。政調会長、幹事長等を歴任した後、鳩山内閣の行政刷新担当大臣として初入閣。菅内閣では官房長官を務め、東日本大震災・福島第一原子力発電所事故の対応にあたった。

二〇一七年、民進党が希望の党に合流し事実上解党した後、自ら代表となって立憲民主党を結党。同年の第四八回衆議院選挙において野党第一党となる。二〇一八年夏には通常国会終盤での本会議演説が『緊急出版！　枝野幸男、魂の3時間大演説「安倍政権が不信任に足る7つの理由」』（扶桑社）として出版された。

伊勢﨑賢治（いせざき・けんじ）

一九五七年、東京生まれ。早稲田大学大学院理工学研究科修士課程修了。卒業後に留学したインドの住民運動に関わり国外退去処分を受ける。以後、国際ＮＧＯに所属し、アフリカの開発援助等に奔走。二〇〇〇年より東ティモール暫定行政府の県知事を務めたほか、二〇〇一年よりシエラレオネで国連派遣団の武装解除部長、二〇〇三年から外務省の依頼でアフガニスタン軍閥の武装解除を担うなど、国際交渉・国際法・安全保障に通じる『紛争解決人』として脚光を浴びる。現在、東京外国語大学大学院等で教鞭を取るほか、ジャズトランペッターとしても精力的にライブ活動を行っている。

主な著書に『主権なき平和国家』（集英社クリエイティブ）、『新国防論』（毎日新聞出版）など。

山元一（やまもと・はじめ）

一九六一年、東京生まれ。早稲田大学政治経済学部政治学科卒。東京大学大学院法学政治学研究科博士課程修了。博士（法学）。東大では比較憲法学の権威、樋口陽一に師事する。二〇〇八年より慶應義塾大学法務研究科教授。

日本国憲法のほか、フランス憲法、グローバル法を専門とし、近年ではパリ政治学院（フランス）その他フランスの大学の招聘教授として毎年授業を行っている。著書に『現代フランス憲法理論』（信山社）など。

井上武史（いのうえ・たけし）

一九七七年、大阪生まれ。京都大学法学部卒。京都大学大学院法学研究科修了。博士（法学）。京都大学助教、岡山大学大学院准教授を経て、現在九州大学大学院法学研究院准教授。

日本国憲法のほか、非営利団体法、憲法裁判所論、立憲主義論を専門とし、二〇一六年には衆議院法制局の委託により、フランスの憲法改正実務について現地調査を行った。

主な著書に『結社の自由の法理』（信山社）、『一歩先への憲法入門』（有斐閣）など。

〈ゴー宣道場師範〉

高森明勅（たかもり・あきのり）

一九五七年、岡山生まれ。神道学者。神道宗教学会理事。日本文化総合研究所代表。

「ゴー宣道場」では二〇一〇年の第一回から師範として参加。著書に『私たちが知らなかった天皇と皇室』（ＳＢビジュアル新書）、『天皇「生前退位」の真実』（幻冬舎新書）、『謎とき「日本」誕生』（ちくま新書）ほか多数。

笹幸恵（ささ・ゆきえ）

一九七四年、神奈川生まれ。ジャーナリスト。太平洋戦争や軍・自衛隊をテーマにした記事を多数発表。「ゴー宣道場」には第一回より参加、司会を務める。著書に『女ひとり玉砕の島を行く』（文藝春秋）、『沖縄戦　二十四歳の大隊長』（学研パブリッシング）など。

泉美木蘭（いずみ・もくれん）

一九七七年、三重生まれ。作家。東日本大震災の取材をきっかけに「ゴー宣道場」に参加、二〇一三年より師範を務める。著書に『会社ごっこ』（太田出版）、『エム女の手帖』（幻冬舎）、『AiLARA「ナジャ」と「アイララ」の半世紀』（Echelle-1）など。

倉持麟太郎（くらもち・りんたろう）

一九八三年、東京生まれ。弁護士法人Ｎｅｘｔ代表弁護士。二〇一五年、衆議院平和安全法制特別委員会において参考人として意見陳述を行う。「ゴー宣道場」には二〇一六年より参加。今回の憲法シリーズのコーディネーター役を務める。共著に『二〇一五年安保〜国会の内と外で〜』（岩波書店）など。

属《ぞく》国《こく》の9条《じょう》
ゴー宣《せん》〈憲《けん》法《ぽう》〉道《どう》場《じょう》
Ⅱ 黒帯《くろおび》

印　刷　2018年10月10日
発　行　2018年10月20日

著　者　小林《こばやし》よしのり、井上達夫《いのうえたつお》、山尾志桜里《やまおしおり》
枝野幸男《えだのゆきお》、伊勢﨑賢治《いせざきけんじ》、山元一《やまもとはじめ》、井上武史《いのうえたけし》

発行人　黒川昭良
発行所　毎日新聞出版
〒102-0074
東京都千代田区九段南1-6-17 千代田会館5階
営業本部　03（6265）6941
図書第二編集部　03（6265）6746

印刷・製本　光邦

ISBN978-4-620- 32540-8